Labowitz Zehn Tore zum Glück

SPHINX

Shoni Labowitz

Zehn Tore zum Glück

Mit der Kabbala in ein erfülltes Leben

Aus dem Amerikanischen von Diane von Weltzien

Die Originalausgabe erschien unter dem Titel
Miraculous Living
bei Simon & Schuster, New York.

Für meine meistgeschätzten Wunder
Phillip, Marc und Arik

Die Deutsche Bibliothek – CIP-Einheitsaufnahme
Labowitz, Shoni:
Zehn Tore zum Glück : mit der Kabbala in ein erfülltes Leben /
Shoni Labowitz. Aus dem Amerikan. von Diane von Weltzien. –
München : Hugendubel, 1998
(Sphinx)
Einheitssacht.: Miraculous living <dt.>
ISBN 3-89631-236-7

Lektorat: Claudia Göbel, München
Umschlaggestaltung: Zembsch' Werkstatt, München, unter Verwendung
eines Motivs der Bavaria Bildagentur, München
Produktion: Tillmann Roeder, München
Satz: SatzTeam Berger, Ellenberg
Druck und Bindung: Huber, Dießen
Printed in Germany

ISBN 3-89631-236-7

Inhalt

Einführung 10
Methode 15

INTENTION 21

Atemmeditation 23
Beginnen Sie mit der Leere 24
Pflegen Sie das Nichts 28
Machen Sie sich die Reinheit Ihrer Seele bewußt 31
Bauen Sie Ihre Barrieren ab, und entdecken Sie die Unendlichkeit der Kraft 34
Baden Sie in der Stille 40
Erkennen Sie, daß Sie heilig sind 45
Reisen Sie auf den Schwingen des Geistes 48

WEISHEIT 51

Meditation zur Leerung des Geistes 53
Leeren Sie Ihren Geist, und steigern Sie Ihre Weisheit 54
Verschaffen Sie sich Zugang zum göttlichen Geist 58
Bedienen Sie sich des rechten Geistes zur rechten Zeit 61
Suchen Sie Weisheit jenseits der Dualität 64
Hören Sie die Weisheit sprechen, und erleben Sie, wie Wahrheit geschieht 67
Besteigen Sie den göttlichen Streitwagen 70
Denken Sie daran: Nichts ist sicher 73

VERSTEHEN 77

Meditation über die Stille 80
Trennen Sie, um zusammenzuführen 81
Erschaffen Sie Muster 86
Erkennen Sie Gott 89
Erkennen Sie sich selbst 92

Gehen Sie über Vernunft und Logik hinaus 96
Üben Sie Achtsamkeit 99
Erkennen Sie vergängliches Wissen, empfangen Sie essentielles Verstehen 102

MITGEFÜHL 107

Lichtmeditation 110
Nehmen Sie grenzenlose Liebe an 111
Schließen Sie Frieden mit dem Leiden 116
Kultivieren Sie rechtes Tun 121
Werden Sie zu Gnade und Mitgefühl 124
Dienen Sie selbstlos 128
Lassen Sie Fehler los 132
Ver-Geben Sie 136

KRAFT 141

Meditation über die Führung 144
Üben Sie sich in Selbstdisziplin und Unterscheidungsvermögen 145
Pflegen Sie Kraft und kritisches Urteilsvermögen 148
Suchen Sie Gerechtigkeit, ohne zu richten 152
Befreien Sie die Opferlämmer 157
Befreien Sie sich selbst 160
Nehmen Sie Liebe und Angst an 163
Reisen Sie jenseits der Angst 166

HARMONIE 171

Zentrierungsmeditation 174
Definieren Sie den Mittelpunkt, und erkennen Sie Ihre Reise 175
Erhalten Sie Gleichgewicht und Harmonie aufrecht 177
Leben Sie mutig und offenherzig 182
Vertreiben Sie die Verwirrung 188
Hören Sie mit dem Herzen 192
Beten und genesen Sie 196
Sehen, hören und berühren Sie Schönheit 200

ERFOLG 205

Meditation zur Erweckung des Bewußtseins 208
Bewahren Sie sich eine klare Ausrichtung 209
Üben Sie sich in Selbstverantwortung 214
Motivieren Sie sich 217
Manifestieren Sie die Kraft Ihres Willens 220
Gehen Sie sparsam mit Ihrer Energie um 224
Bedienen Sie sich der Werkzeuge der Transformation 227
Üben Sie persönliche Freiheit, und vergegenwärtigen Sie sich die Unendlichkeit der Möglichkeiten 231

HERRLICHKEIT 235

Meditation über das Bewußtbleiben 237
Lassen Sie los und treten Sie beiseite 238
Nehmen Sie Gott als Ihren Partner an 242
Eröffnen Sie sich die Herrlichkeit Ihrer Seele 246
Beseelen Sie Ihr Ich 249
Tragen Sie Freude in die Welt 252
Leben Sie bewußt 255
Bedienen Sie sich einer auf das Wesentliche beschränkten Sprache und reiner Handlung 258

KREATIVITÄT 261

Meditation über die Flamme 263
Erkennen Sie, daß Sie aus Gott heraus geboren sind 264
Lieben Sie sich selbst 269
Kultivieren Sie den göttlichen Akt der Sexualität 274
Pflegen Sie Ihre Beziehungen 277
Finden Sie Ihren Seelengefährten 280
Fühlen Sie sich mit Gott wohl 284
Reisen Sie mit leichtem Gepäck und atmen Sie tief 287

ERHABENHEIT 291

Meditation über die Vollkommenheit 294
Enthüllen Sie die Majestät des Menschen, der Sie sind 295
Erweitern Sie Ihre Realität 298

Träumen Sie größere Träume 304
Handeln Sie nach Ihrer Rede 307
Kehren Sie um, lösen Sie Ihre Schuld ein und definieren Sie sich neu 311
Heißen Sie Neuanfänge willkommen 315
Wissen Sie, daß alles eins ist 318

LivingWaters 320
Danksagung 324
Glossar 327
Literatur 328
Die Autorin 331

Dann werden die Augen der Blinden aufgetan
und die Ohren der Tauben geöffnet werden.
Dann werden die Lahmen springen wie ein Hirsch,
und die Zunge der Stummen wird frohlocken.
Denn es werden Wasser in der Wüste hervorbrechen
und Ströme im dürren Lande.
Und wo es zuvor trocken gewesen ist,
sollen Teiche stehen,
und wo es dürre gewesen ist,
sollen Brunnenquellen sein.
Wo zuvor die Schakale gelegen haben,
soll Gras und Rohr und Schilf stehen.
Und es wird dort eine Bahn sein,
die der heilige Weg heißen wird.

Jesaja 35,5–8

Einführung

Ich weiß, daß es möglich ist, ein magisches, mystisches Leben erfüllt von bedingungsloser Liebe zu leben. Ich weiß, daß es gelingen kann, über die Grenzen der eigenen Herkunft hinauszugelangen und zugleich das Beste, das man ihr verdankt, anzuerkennen und zu ehren. Und ich weiß, daß fast ein halbes Jahrhundert erforderlich war, um mich zu dem Menschen zu machen, der ich heute bin, daß ich aber nur einen Augenblick des Bewußtseins brauchte, um zu erwachen.

Als ich Mitte Zwanzig war, nahm ich an einem interkonfessionellen Friedenstreffen teil, und ein Journalist fragte mich dort nach meinem Namen und meiner Religion. Mein Name bereitete mir keine Schwierigkeiten, aber mich über eine Religion zu definieren fiel mir schwer. Ich empfand mich als universalistische, humanistische, taoistische, feministische Kabbalistin, die zufällig als Jüdin geboren worden war. Zum damaligen Zeitpunkt wollte ich mich nicht durch die Religion einengen lassen, die mich so außerordentlich beeinflußt hatte und von der ich dennoch so wenig wußte.

Während der ersten neun Jahre meiner Schulzeit hatte ich die Hälfte eines jeden Tages mit religiösen Studien zugebracht. Der Lehrplan meiner Kindheit fußte auf der Maxime: »Setz dich hin, lerne, gehorche, stelle nicht in Frage und, vor allem, fürchte Gott.« Gott war eine Autoritätsfigur, die manchmal wertend, manchmal mitfühlend, manchmal zornig, manchmal eifersüchtig und immer weit entfernt war. Die Rabbis in meiner Schule und in der Gemeinde waren allesamt Männer, die Gott in einer männlichen Metaphorik und Sprache beschrieben. Sie lehrten mich aus ihrer Integrität heraus, und man erwartete von mir, so zu glauben, wie sie es taten. Doch sosehr ich es auch versuchte, ich konnte mir einen Gott nicht vorstellen, der zugleich Bestandteil meiner eigenen Phantasie und der ihren war. Ich fühlte mich zu Regeln und Ritualen gezwungen, die mir bedeutungslos erschienen. Als ich zu meiner eigenen Weiblichkeit erblühte, empfand ich mein Verhältnis zu diesem Gott, den ich lieben und akzeptieren sollte, als noch entfremdeter.

Ich glaubte, der Judaismus meiner Kindheit sei in Stein gemeißelt und dürfe niemals in Frage gestellt werden. In meiner Naivität ging ich davon aus, daß es nur zwei Wahlmöglichkeiten gab: eine traditionelle Jüdin zu bleiben oder aber die Gemeinde zu verlassen. Während der College-Zeit trat ich aus. Es war in Ordnung, eine Zeitlang ein säkulares Leben zu führen, aber ihm fehlten der Glanz und die Magie, welche durch die Verbindung zu einer über einen selbst hinausreichenden Kraft entstehen. Ich empfand mich als zu eindimensional. Instinktiv wußte ich, daß im Universum und in mir selbst noch mehr war, als man mit einer rein säkularen Weltsicht zu erfassen vermag. Ich wußte, daß es eine göttliche Kraft gab und ich mußte Ihn/Sie/Es finden.

Man glaubt es kaum: Während meiner Suche nach Gott verliebte ich mich in einen Rabbi und heiratete ihn. Doch dieser Rabbi unterschied sich von den übrigen; er erforschte ebenfalls den Randbereich der ihm auferlegten religiösen Begrenzungen. Gemeinsam suchten wir Gott in der Kunst, der Musik und in der Natur. Doch Gott schien sich noch immer jenseits unserer Reichweite zu befinden. Wir experimentierten mit den Ritualen unserer Kindheit, tasteten in ihnen umher und suchten auch weiterhin nach Sinn. Ich erinnere mich an die Angst, die ich als Kind vor den Freitagnachmittagen hatte: Dann rief meine Großmutter so, daß alle es hören konnten: »Laßt ab von dem, was ihr gerade tut. Es ist jetzt an der Zeit, die Sabbatkerzen anzuzünden!« Ich war ärgerlich, weil Gott mir nicht genug Zeit gab, damit ich meine Seele auf das Empfangen des Sabbatlichtes vorbereiten konnte – Zeit, mich zu waschen, mich anzuziehen, die Woche abzuspülen, damit ich mich auf schöne Weise auf das Licht der Kerzen konzentrieren konnte. Als Erwachsene stellten mein Mann Phillip und ich uns die Gelassenheit und Heiligkeit vor, mit der wir die Lichter gern angezündet und den Sabbat begrüßt hätten. Wir wünschten uns eine Weise, die uns das Ritual befreiender, persönlicher und freudiger beginnen lassen würde; und wir sehnten uns noch immer nach einer engeren Verbindung mit Gott.

Eines Tages, als unsere Kinder noch klein waren und Phillip noch Rabbi in einer gewöhnlichen konservativen Gemeinde war, saß ich in einem Nachmittagskurs über die Osterphilosophie in der katholischen Barry-Universität. Mein Körper begann aus einem ehrfurchtgebietenden Erwachen heraus zu erzittern. Während eines Gesprächs über Taoismus durchbrach meine tiefe Sehnsucht die Barrieren jahrelanger orthodoxer jüdischer Indoktrination und fand zu dem weit im Inneren gespürten Bewußtsein, daß Gott und ich eins sind. Der Weg, das Tao, der Weg des Einen – es gibt keinen anderen. Gott und die Luft sind eins; Gott und der Klang sind eins; Gott ist in allem. Gott ist in mir. *Gott ist in mir?*

Ich hatte gehört, daß die Christen glauben, »das Königreich des Himmels wohne im Inneren«. Wie konnte ich als Jüdin mit meinem Jeschiwa-Hintergrund sagen: »Gott ist in mir?« Vater, der Rabbi, kicherte. Mutter, die Rebezen, hielt es für eine neue Modeerscheinung, die vorübergehen würde. Friend, der Rabbi, sagte, daß es Götzendienst und daher verboten sei. Doch mein Mann, der Rabbi, wußte, daß ich im Begriff war, eine neue Sprache der Spiritualität zu finden, und er hielt meine Hand, als wir einander in einen Garten erneuerten Erwachens und in ein spirituell gesundes Leben führten. Die Reise hat mich dazu veranlaßt, überall auf der Welt östliche Traditionen zu erforschen, und sie hat mich wieder zurück zu einem neuen Bewußtsein gebracht, welches besagt, daß das Unendliche in jedem, in allem und überall anzutreffen ist.

Entlang des Weges zu Gott und zum Einssein Gottes mit allen Dingen begegneten mir viele andere spirituell Suchende mit unterschiedlichsten Werdegängen und verschiedenster Glaubensrichtungen. Was am meisten an meinem Herzen zog, war die ungeheure Zahl von Juden, die sich, wie ich, mit ihrem Judentum in wachsendem Maße unwohl fühlten. Wie ich suchten sie nach einem Gott, mit dem sie sich wohl fühlen konnten, nach einem Gott, der sie emporhob, statt sie zu verurteilen, der sie liebte, statt ihnen angst zu machen, der ihnen unter die Haut ging und half, statt in weit entfernten Himmeln zu schweben. Wie ich blickten sie auf die östlichen Traditionen, um die Wunden der Entfremdung von einer Religion zu heilen, die sie als einengend empfanden.

Auf meiner Reise, deren Ziel es war, den Gott in mir selbst und das Einssein im Universum zu finden, wurde ich von Buddhismus und Taoismus angezogen, reiste nach Indien und Nepal und beschäftigte mich mit Meditation und Yoga. Die spirituellen Praktiken der östlichen Traditionen unterstützten mich darin, alte Barrieren und Ängste abzubauen, so daß ich langsam meine eigene Herkunft und meine Ursprünge durch die Brille der Liebe zu sehen vermochte. Es gelang mir, auf vollkommen neue Weise zum Judaismus zurückzukehren und ihn zu ergründen. Und durch die Erforschung stellte ich fest, daß der buddhistische Weg des Bodhisattva – die Hingabe allen empfindungsfähigen Lebens an die Tugend – auch ein Bestandteil der Magie und Herrlichkeit des mystischen Judaismus ist.

Eines der ersten Wunder, das geschah, bestand daraus, daß Phillip mir ein Buch reichte, in dem ich einen Beitrag fand, der meine Seele direkt ansprach. Er war von Rabbi Zalman Schachter-Shalomi. Ich wußte, ich hatte meinen Lehrer gefunden, und ich verlor keine Zeit, ihn aufzusuchen. Durch Rabbi Zalman Schachter-Shalomi lernte ich den kabbalistischen Lebensbaum kennen. Ich fand heraus, daß der Baum eine alte Schablone für ein kraftvoll, freudig und geistig gestaltetes Leben darstellte. Als ich den Weg des Baumes einschlug, veränderte sich mein Leben. Was chaotisch gewesen war, wurde einfacher; was verwirrend gewesen war, wurde klarer; was dissonant gewesen war, wurde harmonischer; und was auf traurige Weise gewöhnlich gewesen war, wurde heilig und außergewöhnlich. Dieser heilige Weg ist der bequemste und freudigste Ort, von dem aus ich auch weiterhin dienen und leben will. Er führt mich zu einem Gott, der mich in jedem Augenblick meines Lebens bedingungslos liebt. Folglich haben sich Wunder ereignet und finden in meinem Leben auch weiterhin statt. Dieser Weg wird in den alten kabbalistischen Lehren als die Reise durch die Zehn himmlischen Tore des Lebensbaumes bezeichnet.

Der wundervollste Aspekt dieses Weges ist es, daß jeder Mensch Zugang zu seiner Weisheit erlangen kann, um wunderbar zu leben. Ich lade Sie dazu ein, ihn mit mir zu beschreiten.

Möge die Reise durch die Seiten dieses Buches Ihren Gedanken Flügel verleihen, Ihren Worten Bedeutung, Ihren Taten Heiligkeit und Ihrem alltäglichen Leben unendliche Möglichkeiten.

Beim Schreiben dieses Buches bediente ich mich, wo immer möglich, einer geschlechtsneutralen Sprache. Die Zitate zu Beginn jedes neuen Kapitels können Abweichungen vom ursprünglichen Text enthalten, um die gewünschte Wirkung zu erzielen. Wo ich auf hebräische Texte zurückgreife, handelt es sich um meine eigenen Übersetzungen direkt aus dem Hebräischen oder um die Essenz der Lehre, die in der zitierten Quelle wiedergegeben wird. Manche Zitate habe ich außerdem um in gerader Schrift hervorgehobene Wörter ergänzt, von denen ich meine, daß sie die Bedeutung der Passage verdeutlichen oder erweitern.

Außerdem werden Sie feststellen, daß die Reise in diesem Buch auf eine Weise beschrieben wird, die offen ist für andere spirituelle Traditionen. Obgleich dies zu Anfang möglicherweise beunruhigend sein kann, hoffe ich doch, daß Sie im Beschreiten des Weges diese Offenheit verstehen und willkommen heißen werden.

Methode

Jeder von uns wählt den mystischen Pfad, der seine Seele anspricht. Wir gelangen zu diesem Pfad über die unterschiedlichen Straßen unserer Lebenserfahrungen. Sie haben vielleicht wie ich geglaubt, daß Ihr Leben sich ordentlich vermessen vor Ihnen ausbreitet und daß die Richtung, die Ihre Eltern oder die Gesellschaft Ihnen vorgab, Sie dorthin bringen würde, wohin Sie gelangen müssen.

Dann geschah etwas. Das ist immer so. Möglicherweise mußten Sie den plötzlichen Verlust eines geliebten Menschen erleben, die Qualen einer körperlichen oder emotionalen Krankheit, die verheerenden Auswirkungen einer verpaßten Gelegenheit. Oder aber Sie wurden sich langsam der Tatsache bewußt, daß in Ihrem Leben etwas fehlte, daß die Straße, die Sie bisher bereisten, zu schmal ist und Sie zu einem Ort führt, an den Sie inzwischen gar nicht mehr gelangen möchten. Welche Straße Sie auch genommen haben, um zu Ihrem gegenwärtigen Standort zu gelangen, Sie befinden sich nun an einer Weggabelung und stellen sich viele Fragen: Wer bin ich, und was ist der Sinn meines Lebens? Ich habe es bis hierher geschafft – und jetzt? Welchen Zweck habe ich hier zu erfüllen? Und ist *da oben* überhaupt irgend jemand, der sich meine Fragen anhört?

Am Anfang der Zeit gab es einen Baum, der im Garten Eden wuchs. Dieser Baum hatte zehn Äste, und jeder dieser Äste war mit einer besonderen Kraft Gottes begnadet. Als die Mystiker über den Symbolgehalt dieses Baumes meditierten, erkannten sie, daß jeder dieser zehn Äste zu einem der Zehn himmlischen Tore führte. Jedes Tor öffnete sich zu einem Pfad hin, der die Mächte des Himmels mit jenen der Erde und die Kräfte Gottes mit jedem menschlichen Wesen verband. Indem die Mystiker diese Tore durchschritten und auf die Pfade des Baumes gelangten, betraten sie eine Welt wunderbarer Pracht, welche Schönheit und Wunder der

Natur enträtselte und ihr Leben um Freude, Bedeutung und Sinn bereicherte. Der Baum aus dem Garten Eden ist ein göttliches Vorbild für das Muster, nach dem auch wir unser Leben zu gestalten vermögen. Indem wir uns der alten Weisheit des Baumes nähern, können auch wir in eine Welt der Pracht und Freude gelangen, uns das göttliche Muster erschließen und unsere am höchsten geschätzten Träume in wunderbare Realitäten verwandeln.

Täuschen Sie sich nicht: Das Wissen, welches Sie auf dem Weg über den Baum erlangen werden, ist machtvoll, und wenn Sie seine Vorstellungen wirklich in die Tat umsetzen, dann muß sich Ihr Leben ändern und wunderbar werden.

Jedes Kapitel dieses Buches ist einem der zehn Äste des Baumes gewidmet und führt zu einem der Zehn himmlischen Tore. Jedes Tor vermittelt Einblicke und Meditationen, welche Ihre Ausflüge in das neu bewußt gemachte Gebiet Ihres Geistes, Verstandes, Herzens, Körpers und Ihres alltäglichen Lebens erleichtern werden. Indem Sie die Reise durch die Tore des Lebensbaumes antreten, werden Sie den wunderbaren Segen eines von Gott berührten Lebens erkennen. Sie werden das lernen, was Sie bereits wissen, woran Sie sich jedoch erst wieder erinnern müssen: daß Sie *eins sind mit Gott und allem Lebendigen.*

Die ersten drei Tore führen Sie in die Welt des Wissens und der Intuition. Die Reise beginnt beim Tor der Intention. Alle Gedanken beginnen mit der Intention; Intention ist die Voraussetzung für Ihre Entschlossenheit, die mystische Reise anzutreten. Das Durchschreiten dieses Tores ermöglicht es Ihnen, langsam loszulassen – die alten und begrenzten Lebensweisen abzustreifen und sich den grenzenlosen neuen Möglichkeiten des Wachstums und Abenteuers zu öffnen. Sie lernen das Glück der Leere verstehen und erschließen sich die Reinheit Ihrer eigenen Intentionen. Sie erkennen die unendlichen Möglichkeiten, Ihren Willen mit dem Gottes in Übereinstimmung zu bringen und sich ruhiger zu fühlen, gelassener und offener für ein Leben aus der Fülle all dessen, was das Leben zu bieten hat. Mit einer erfrischenden neuen Offenheit, Leere und Klarheit schreiten Sie zum zweiten Tor voran, dem Tor der Weisheit. In der Weisheit lassen Sie Ihre Vorstellungen davon los, wie die Dinge sein müssen, und erweitern sie zu einer dynamischeren und substantielleren Sichtweise dessen, wie die Dinge *sind*. In der Weisheit führen Sie Ihren Geist zu einer neuen Wahrnehmung des Universums. Sie gelangen über die fünf greifbaren Sinne hinaus zu mystischen Begegnungen mit tieferen Wahrheiten, bedeutsameren Realitäten. Sie finden Zugang zum göttlichen Geist des Universums und öffnen sich den unendlichen Möglichkeiten himmlischen Lebens hier auf Erden. Dann schreiten Sie fort zum dritten Tor, dem Tor des Verstehens. Im Verstehen gehen Sie das Kaleidoskop alltäglicher Gedanken und Vorstellungen durch und erkennen die heiligen Muster und Ordnungen, mit denen Sie Ihr Leben nach und nach bewußt als lebenswichtigen Organismus in dieser Welt organisieren und definieren können. Sie verstehen, wie Sie Ihre Intention artikulieren und Zugang zu Ihrer Weisheit erlangen können, um neue Begriffe, Vorstellungen und Überzeugungen hervorzubringen, die Ihnen Ihr Leben leichter, handhabbarer und bedeutsamer machen. Sie begreifen die Beziehung, in der alle Teile Ihres Selbst zueinander stehen, indem Sie Ihre einzigartige Rolle im größeren Theater der Menschheit definieren. Durch die ersten drei Tore – Intention, Weisheit und Verstehen – erhalten Sie Einblicke, die Sie darin unterstützen, Ihren Geist zu klären, Ihre Gedanken zu vereinfachen und ein Gefühl inneren Friedens zu entwickeln, während zugleich Ihre Intuition und Ihr Verstehen für die Tatsache geweckt werden, daß Sie Bestandteil einer weit größeren Geschichte der Wunder und Möglichkeiten sind.

Durch die nächsten drei Tore – Mitgefühl, Kraft und Harmonie – gelangen Sie in die Welt der Gefühle. Mitgefühl ist der Humus, auf dem Kraft wächst. Harmonie ist die Gelassenheit, die ihren Ursprung im Gleichgewicht von Mitgefühl und Kraft hat. Auf Ihrer Reise durch das Tor des Mitgefühls erfahren Sie, was es bedeutet, tief zu empfinden und großzügig zu geben, während Sie zugleich frei von Erwartungen bleiben. Im Mitgefühl nehmen Sie das Licht in der Dunkelheit wahr, das Geschenk in jedem Problem, die positive Gelegenheit in jeder neuen negativen Situation. Sie geben und empfangen mitfühlend bedingungslose Liebe auf eine Weise, welche die Wunder und Formen des Lebens begehrt, akzeptiert, anerkennt und nährt. Gewappnet mit den Einsichten des Mitgefühls begeben Sie sich zum fünften Tor, dem Tor der Kraft. In der Kraft erlangen Sie den Mut, um Risiken einzugehen, um auf Ihre eigene heilige Kraft zuzugreifen, und ermächtigen auch andere zu diesem Schritt. Sie sind die heilige Kriegerin, der heilige Krieger im Kampf gegen Ihre Ängste und überwinden sie. Mit Einblicken in Selbstdisziplin, Unterscheidungs- und kritisches Urteilsvermögen machen Sie den Weg frei zwischen den Hindernissen und Herausforderungen in Ihrem Leben, und handeln gerecht und ohne die Strenge des Urteils. Beim Durchschreiten des sechsten Tors, des Tors der Harmonie, berühren Sie den Geist in Ihrem eigenen Herzen und spüren, wie er mit dem Geist im Herzen des Universums in Gleichklang gebracht wird. Durch die in der Harmonie erlangten Einblicke sind Sie besser gerüstet, um in Ihrem Leben das Gleichgewicht aufrechtzuerhalten und unabhängig von äußeren Einflüssen oder innerem Aufruhr mit sich selbst in Frieden zu sein. Sie sind fähig, die Schönheit in sich selbst zu erfahren und sie in Ihren Mitmenschen zu wecken. Mit der Gelassenheit, die hervortritt, wenn Mitgefühl und Kraft durch Harmonie ins Gleichgewicht gebracht werden, setzen Sie Ihre Reise zu den nächsten drei Toren fort.

Indem Sie Ihren Weg zu den Toren des Erfolgs, der Herrlichkeit und der Kreativität fortsetzen, treten Sie in die Aktivität der physischen Welt ein. Der siebte Ast, der Erfolg, enthält die Einsichten, die zur Schaffung von Vorzüglichkeit in Ihrem Leben erforderlich sind. Sie lernen, wann Sie loslassen und wann Sie festhalten müssen, während Sie zugleich konzentriert, motiviert und verantwortlich bleiben. Sie erfahren, wie wichtig es ist, spirituelle Fähigkeiten und Hilfsmittel zu verwenden, um Ihr Bewußtsein zu steigern und sparsam mit Ihrer Kraft umzugehen. Das Tor des Erfolgs ermöglicht es Ihnen, alle durch die vorangegangenen sechs

Tore gewonnenen Einsichten auf eine Weise in Ihr Leben zu integrieren, die Sie befähigt, bewußter zu leben und aus einer größeren Freude und Freiheit heraus zu handeln. Die feste Einplanung des Erfolgs in Ihr Leben wird Ihnen dabei helfen, zum achten Tor, dem Tor der Herrlichkeit, voranzuschreiten. In der Herrlichkeit entwerfen Sie Ihr Leben und verschönern Ihre Welt mit spirituellem Reichtum, freudiger Bedeutsamkeit und positiver Zielsetzung. Sie erschaffen eine Alltagsstruktur, welche die Unterstützung Gottes hat und Staunen, Pracht und Wunder faßt, welche im Universum Ihrer Erfahrungen verborgen sind. Das neunte Tor ist die Kreativität. Hier erhalten Sie Zugang zu den schöpferischen Kräften, welche die Menschheit zu dem machen, was sie ist, zu Fertigkeiten und zu einer neuen Beziehung zu sich selbst und anderen. In der Kreativität führen Sie Ihrem Ich die Seele zu und der Welt die Freude, Sie finden zu größerer Vertrautheit mit Ihrem Selbst und lernen, sich mit Gott wohl zu fühlen.

Das zehnte und letzte Tor ist das Tor der Erhabenheit. Dieses Tor öffnet sich hin zur Würde und Ehrfurcht des Lebens. Die Erhabenheit ist die Erde; sie ist der Urgrund, von dem aus alles Leben ausgeht und über den hinweg alles Leben verläuft und wiedergeboren wird. In der Erhabenheit erneuern Sie Ihr Leben, kehren zu ihm zurück, erfüllen es und definieren es neu.

Indem Sie die Reise durch die zehn Tore aufnehmen, bringen Sie sich selbst voran, schieben sich, führen sich, ziehen sich und befreien sich, um fortgesetzt im Augenblick zu leben und in Ihrer Göttlichkeit zu bleiben.

Ich empfehle Ihnen, sich bei Ihrer Reise durch die Tore und Ihrer Lektüre der Einsichten an die vorgegebene Reihenfolge zu halten. Jedes Tor bringt Sie auf den richtigen Weg zum nächsten. Jede neue Einsicht fußt auf der vorangegangenen. Lassen Sie sich Zeit. Denken Sie gründlich über jede Einsicht nach und lassen Sie sich vollständig auf sie ein, bevor Sie zur nächsten weiterschreiten. Wenn Sie die gewonnenen Einsichten in Ihrem Alltag zum Einsatz bringen, dann werden Ihnen die zahlreichen Wahlmöglichkeiten auffallen, die

Sie zuvor nie bemerkt haben. Nehmen Sie sich, bevor Sie sich der nächsten Einsicht zuwenden, ein paar ruhige Augenblicke für die Meditation, die zu Beginn jedes neuen Kapitels beschrieben wird. Über Ihre Erfahrungen zu meditieren wird Sie darin unterstützen, Ihre mystischen Erkenntnisse gänzlich zu verstehen und sie in Ihren Alltag zu integrieren. In der Folge werden Sie klarer sehen, besser hören und deutlicher spüren. Nachdem Sie das Buch beendet haben und seine mystischen Vorstellungen zu schätzen wissen, können Sie es jederzeit an einer beliebigen Stelle aufschlagen, um Weisung und Inspiration zu erlangen.

Da ich mit Ihnen den reichen Schatz dieser spirituellen Reise teile, hoffe ich, daß Sie sich als Funken Gottes zu erkennen vermögen, der, da er sich mit dem Göttlichen vereinigt und wiedervereinigt, einen direkten Zugang zu den Wundern des Universums hat. Mögen die Einblicke, die Sie durch die Lektüre dieses Buches gewinnen, Ihr Verstehen für die Spiritualität und ihre praktische Anwendung auf eine spirituell gesunde Lebensweise fördern. Indem Sie in der Wahrheit Ihres Geistes leben, ermutigen Sie auch andere dazu, in der Wahrheit ihres Geistes zu leben. Dann wird das Vermächtnis des Baumes, der im Garten Eden wuchs, bis in alle Ewigkeit fortdauern. Möge Ihre Reise gesegnet sein.

Intention

Die Tradition verlangte es, daß ein Mann, der König wurde, oder eine Frau, die Königin sein sollte, einen für andere sichtbaren Heiligenschein haben mußte, damit er oder sie mit ihrem Titel angesprochen werden konnte. Also ließen sie eine Krone fertigen, die glänzte und strahlte. Trugen sie die Krone auf ihrem Kopf, dann sagte sie damit: »Sieh mich an, sieh, wie ich strahle.« Als Kinder Gottes sind wir jedoch alle als Lichtträger ermächtigt. Wenn wir das Unendliche berühren, dann ist es nicht mehr notwendig, eine Krone zu tragen. Von uns geht bereits das Licht Gottes aus.

Rabbi Zalman Schachter-Shalomi

Der Weg, der mitgeteilt werden kann, ist nicht der ewige Weg.
Der Name, der genannt werden kann, ist nicht der ewige Name …
Allzeit ohne Wünsche, sieht man das Geheimnis.
Allzeit voller Wünsche, sieht man die Erscheinungsformen.
Ihr Ursprung ist derselbe, unterschiedlich sind ihre Namen …

Lao Tse

Wo nimmt eine bewußte Lebensführung ihren Anfang? Bei der Intention. Intention ist der Wunsch, ein Ereignis herbeizuführen, es geschehen zu machen, bevor es Wirklichkeit geworden ist. Durch das Tor der Intention erfahren Sie den Wunsch nach Potential, noch bevor es entstanden, den Wunsch nach Luft, bevor sie zu Atem geworden, den Wunsch nach der Idee, noch bevor sie zur Vorstellung geworden ist, den Wunsch nach einem Klang, noch bevor er vernommen werden kann, und den Wunsch nach einem Bild, noch bevor es sichtbar wird. Sie sind aus Gottes Intention geboren, und das, was Sie hervorbringen, hat seinen Ursprung in Ihrer Intention. Bevor Sie sich auf ein neues Territorium begeben, sei es auf der Ebene des Verstandes, des Körpers oder des Geistes, bedarf es der Intention. Bevor auch nur eine Idee, ein Wort oder eine Handlung möglich ist, rufen alle Aspekte Ihrer selbst Ihnen zu: »Was ist deine Intention?« Wenn Sie Ihre Intention kennen, kennt Ihr Geist seinen Zweck, Ihr Verstand bestimmt seine Ziele und Ihr Körper handelt entsprechend.

Mit einer reinen, klaren Intention können Sie jedes beliebige Ziel erreichen. Die reinste Intention entstammt dem aufrichtigen Wunsch, Ihren Willen mit dem Gottes zu verbinden. Wenn Sie Ihre Intention mit Gottes Intention in Übereinstimmung bringen, dann verbindet sich der Himmel mit der Erde und unendlich viele Möglichkeiten entstehen.

Wie können Sie erkennen, ob Ihre Intention sich mit der göttlichen deckt? Sie wissen es, wenn Sie offen und empfänglich für die unendlichen Möglichkeiten sind, die Gott durch Sie lebt. Sie wissen es, wenn Sie ruhig und still genug werden, um Ihre innere Stimme zu hören. Sie wissen es, wenn tief in Ihrer Seele Freude, Frieden und Gelassenheit mitschwingen.

Vor dem Tor der Intention stehend, sind Sie im Begriff, die Einblicke zu erhalten, die Ihnen helfen, Ihren Geist zu klären und zu öffnen und die Grenzen der Person zu überschreiten, die Sie bisher waren, um all das zu werden, was Sie überhaupt sein können. Der Schritt in die Intention kommt dem Schritt näher zu Gott und der Vereinigung Ihres Willens mit dem göttlichen gleich. Vereinigung und Wiedervereinigung mit Gott ist die Essenz der Intention. Beides steht Ihnen offen, indem Sie jede der folgenden Einsichten nutzen, um das erste Tor auf Ihrer Reise zu einem wunderbaren Leben aufzuschließen.

Bevor Sie sich nun der ersten Selbsterkenntnis zuwenden, nehmen Sie sich ein wenig Zeit für die Atemmeditation. Sie wird Ihnen dabei helfen, zu entspannen, sich zu zentrieren, nach innen zu gehen und zu spüren, wie Gott durch Sie atmet. Um von dieser Meditation wirklich zu profitieren, lesen Sie die Anweisungen aufmerksam. Machen Sie Pausen zwischen den Sätzen, und spüren Sie dem nach, was Sie gelesen haben. Dann verbringen Sie einen Augenblick eingehüllt in den resultierenden Frieden. Kehren Sie nach jedem der folgenden Einblicke zu dieser Atemmeditation zurück.

Atemmeditation

Nehmen Sie sich einen Moment Zeit und setzen Sie sich bequem auf einen Stuhl oder auf den Boden. Spüren Sie, während Sie langsam ein- und ausatmen, wie der Atem in Ihren Körper strömt. Gestatten Sie Ihren Atemzyklen, gleichmäßig und frei zu fließen. Lauschen Sie in der Stille auf Ihren Atem, und machen Sie sich bewußt, daß es der Atem Gottes ist, der in Ihren Körper fließt. Atmen Sie langsam ein, und spüren Sie, wie der Atem Gottes durch Ihren Kopf eindringt und durch Ihren ganzen Körper strömt. Stellen Sie sich den Atem Gottes und sein Fließen durch Ihren Körper bildlich vor. Hören, spüren und sehen Sie den Atem, bis sein Klang, das in Ihnen ausgelöste Gefühl und sein Anblick in Ihrem Körper eins werden ... Halten Sie inne. Entspannen Sie sich, und tun Sie sich gütlich an dem Atem, der Ruhe, der Stille, dem Frieden.

Beginnen Sie mit der Leere

Am Anfang …
war die Erde wüst und leer.

1. Mose 1,1–2

Höchste Vollkommenheit erscheint unvollkommen,
Ihre Anwendung kann nicht vermindert werden.

Lao Tse

Waren Sie jemals so übersättigt, daß Sie sich nicht mehr bewegen konnten? Vielleicht haben Sie sich so voll mit Speisen gefühlt, daß Sie nichts mehr essen konnten, so voller Gedanken, daß Sie nicht mehr zu denken vermochten, so angefüllt mit Lärm, daß Sie nichts mehr hören wollten, so voller Fakten, daß Sie nicht mehr richtig reagieren konnten. Wenn Sie vollgestopft, überschwemmt und überreizt sind, dann ist es an der Zeit, sich zu leeren und neu zu beginnen.

Halten Sie einen Augenblick inne. Lauschen Sie Ihrem Atem. Öffnen Sie Ihr Herz. Räumen Sie Ihren Verstand von Gedanken frei. Und dann entspannen und leeren Sie sich, bevor Sie den nächsten Gedanken denken oder den nächsten Satz lesen.

Leere ist der erste Schritt für den, der sich nach innen wenden und Gott berühren will. Sobald Sie Ihren Verstand vom Durcheinander, Ihr Herz von Erwartungen und Ihren Körper von übertriebener Stimulierung gereinigt haben, werden Sie zu einem leeren Gefäß, das bereit ist, Gott zu empfangen. Nur wenn Sie leer sind, können Sie Gottes Bild widerspiegeln, seiner Stimme Echo werden und gefüllt mit seinem Licht sein. Erwartungen, Ängste, Verwirrung und Durcheinander lassen keinen Platz für irgend etwas anderes. Die Zenlehre veranschaulicht es: Wenn Sie dem Universum eine gefüllte Reisschale entgegenstrecken, kann sie nicht gefüllt werden; ist sie jedoch leer, dann wird das Universum sie füllen. Lassen Sie los, setzen Sie frei, geben Sie auf und seien Sie bereit, sich von der unendlichen Quelle füllen zu lassen. Leere ist der Weg zu Gott.

Es kann mühsam sein, mit der Leere zu beginnen, vor allem wenn Sie an einen gehetzten, überladenen Lebensstil gewöhnt sind. Sich diese Einsicht zunutze zu machen ist wie die erstmalige Anwendung eines neuen Schlüssels. Seine Kanten sind noch nicht abgeschliffen, und er läßt sich noch nicht mit Leichtigkeit drehen. Sie müssen geduldig sein, den Schlüssel vorsichtig bewegen, bis er nicht mehr auf Widerstand stößt – bis der »Punkt der Leere« im Schloß erreicht ist und die Tür sich öffnet. So wie sich auch der Schlüssel, der die Tür aufsperrt, in den leersten Bereich des Schlosses schiebt, so sucht auch der erste Einblick in den Öffnungsprozeß der Intuition nach der Leere in Ihrem Inneren. Man braucht Geduld, um sich zu leeren. Regelmäßige Meditation wirkt unterstützend. Sie können mit der Atemmeditation von Seite 23 beginnen. Mit zunehmender Übung werden Sie die innere Leere als einen im höchsten Maße angenehmen, der Gelassenheit förderlichen, aufschlußreichen und natürlichen Geisteszustand empfinden. Alles, was Sie sagen oder tun müssen, wird automatisch zu Ihnen kommen, sobald Sie sich erst einmal geleert haben.

Der Zustand der Leere schließt Erwartungen aus. Er bedeutet, vollkommen leer zu sein, auch von Erwartungen an das, was als nächstes geschehen wird. Er ist ein Sprung ins Unbekannte, verbunden mit dem Glauben daran, daß Sie sanft in Gottes Arme fallen werden.

Bevor die Welt erschaffen wurde, war die Erde wüst und leer. Dann wurde die Leere von Licht erfüllt, von Farben und entstehenden Formen und von Bäumen, Pflanzen und Tieren. Erst danach hauchte Gott den Formen seinen Atem ein, und das Leben entstand. Aus dem Leben erwuchs Bewußtsein und aus dem Bewußtsein die Intention, der Wunsch, mit Gott eins zu sein.

Jede Empfängnis beginnt mit der Leere, und sobald sie erfolgt ist, wiederholt sie sich niemals auf die gleiche Weise. Der Schoß einer Mutter ist leer, bevor er gefüllt wird; er ist voll, bevor er sich leeren kann. Dennoch ist jede Empfängnis wieder vollkommen neu. Das ist die Art und Weise, die zur Entstehung eines Menschen führt, die neue Ideen und Taten in Ihnen hervorbringt und die Vollständigkeit Gottes im Universum gebiert.

Es gibt Zeiten, in denen Sie eine innere Stimme hören oder eine innere Vision der Möglichkeiten für eine strahlendere Zukunft haben werden. Die Klarheit erscheint Ihnen so groß, daß Sie meinen, sie sehen, berühren, spüren zu können. Doch brauchen Sie Zeit, um Ihre Ecken und Kanten abzuschleifen, um Ihr Durcheinander zu ordnen und sich darauf vorzubereiten, dem Ruf der Vision zu folgen. Hören Sie im Chaos Ihres Alltags überhaupt Ihre innere Stimme, spüren Sie einen inneren Drang, der oder dem Sie folgen, um neuer Visionen für sich und andere willen? Wie reagieren Sie? Sind Sie bereit, sich zu leeren, um durch die unendliche Quelle gefüllt zu werden?

Überprüfen Sie vergangene Ereignisse in Ihrem Leben und stellen Sie fest, auf welche Weise Sie sich geleert und darauf vorbereitet haben, die Fülle Gottes zu empfangen. Machen Sie sich die Gelassenheit bewußt, die eine Folge des Leerseins an sich selbst und des Gefülltseins durch die unendliche Quelle ist. Nehmen Sie sich jetzt einen Moment Zeit, um Ihren Körper zu entspannen und Ihren Verstand zur Ruhe zu bringen. Leerwerden, Loslassen und Öffnen ist eine unablässig erforderliche spirituelle Übung, um Gottes Fülle zu empfangen. Mit zunehmender Geschicklichkeit entwirrt diese Praxis nicht nur das Durcheinander und glättet die Ecken und Kanten einer begrenzten Seinsform; sie bringt Sie auch näher zu Gott und zu Ihrem eigenen göttlichen Wesen. Wenn Ablenkungen, Herausforderungen und Ärger Ihr Bewußtsein überfluten, dann fragen Sie sich: »Bin ich wirklich dabei, mich zu leeren?« Denken Sie morgens und abends und so oft wie möglich in der Zwischenzeit daran, innezuhalten und sich zu leeren. Indem Sie dies tun, können das

Durcheinander, das Chaos und die Erwartungen des alltäglichen Lebens durch ein tiefes Gefühl des Friedens ersetzt werden, welches von der Fülle Gottes ausgeht.

Üben Sie sich heute mindestens einmal in der Atemmeditation (Seite 23).

Pflegen Sie das Nichts

Mein Angesicht kannst du nicht sehen;
denn kein Mensch wird leben, der mich sieht.
2. Mose 33,20

Keiner hat Gott gesehen und es überlebt.
Um Gott zu sehen, muß man nicht existent sein.
Hazrat Inayat Khan

Sie kommen aus dem Nichts. Im Nichts gibt es keine Trennung, keine Differenzierung; alles ist reine Energie. Die Heimreise zum Nichts ist ein Bewußtseinszustand. Es ist, als tauche man in den kosmischen Schoß ein, in dem alle Kreativität im Samen angelegt ist. Es ist der Ort des Unbekannten, der Sie ruft und Ihnen um Ihrer Transformation und Ihres inneren Wachstums willen ein Zeichen gibt. Wann immer Sie von einem vertrauten Territorium in eines wechseln, in dem Sie noch keine Erfahrung haben, das Nichts erwartet Ihre Rückkehr. Im Buddhismus wird dieser Ort der Leere *bardo* genannt. Im mystischen Judaismus wird er als *Tohuwabohu* bezeichnet, die Formlosigkeit und Leere, die der Schöpfung vorangeht, dem Tod folgt und der Übergangszustand vor der Wiedergeburt ist.

Nichts ist kein Mangel, sondern vielmehr eine Fülle, die unsere Fähigkeit des logischen Erfassens übersteigt. Es gibt keine Kategorie oder ein Behältnis, welches das Nichts fassen könnte. Es ist ein Zustand unendlichen und unermeßlichen, noch nicht existenten Potentials und gelangt durch reine Emanation in Ihre Realität. Wo nichts ist, da kann auch nichts verborgen sein. Wenn Sie also das Gefühl haben, sich selbst zu verlieren, stellen Sie fest, ob dieser Verlust auf den Wiedereintritt ins Nichts und auf Ihre neuerliche Anbindung an die unendliche Quelle zurückgeht oder aber auf die Bindung an äußere Stimuli, welche die Ausmaße der Person, die Sie sind, einschränken. Wer sich im spirituellen Zustand des Nichts verliert, der empfindet Freude und Begeisterung.

Das Nichts muß nicht beängstigend sein, denn es ist das Licht Gottes, das in Ihnen verborgen ist. Gottes Licht wird außerhalb der fünf Sinne, wie sie Ihnen vertraut sind, wahrgenommen. Die Fülle Gottes kann nicht begrenzt sein auf die zeitlichen, physischen Formen der Wahrnehmung. Das Licht Gottes geht aus spirituellen Qualitäten hervor, die in dem Potential verborgen sind, das jenseits dessen liegt, was Sie sehen, hören, fühlen, schmecken oder riechen. Sich bis zum Nichts zu leeren, setzt die Bereitschaft voraus, ruhig und still zu werden.

Während Ihrer Wanderung durch die Wüste warteten die Israeliten manchmal drei Tage, bevor sie ein neues Gebiet betraten. Daß sie innehielten und warteten, ist ein Hinweis auf die Notwendigkeit, sich zu leeren, zum Nichts zurückzukehren und still zu werden, um die für den nächsten Schritt erforderliche Führung zu finden. Dieses Innehalten verschaffte ihnen die Gelegenheit, ruhig zu werden, um vor dem Eintritt in das neue Gebiet die Anweisungen Gottes entgegennehmen zu können.

Mit jeder neuen Begebenheit in Ihrem Leben werden Sie im Nichts empfangen, in der Stille gebadet und zum nächsten Schritt geführt. Bei regelmäßiger Meditation werden Sie sich bei sich und mit dem zu Hause fühlen, was Ihnen als einem aus Gott geborenen Menschen am vertrautesten ist. Erfreuen Sie sich heute, vor und nach der Atemmeditation, der Leere. Indem Sie Ihren Ursprung erkennen und zum Nichts zurückkehren, werden Sie tiefe Gelassenheit finden und das Gefühl bekommen, als die Person, die Sie gegenwärtig sind, vollständig zu sein.

Üben Sie sich darin, sich ins Nichts hinein zu leeren, indem Sie Ihren Körper entspannen, Ihr Herz beruhigen und Ihren Verstand in unterschiedlichen Abständen während des Tages zur Ruhe bringen, vor allem dann, wenn Sie sich unter Druck fühlen und merken, daß Sie sich von Ihrer göttlichen

Essenz entfernen. Hören, sehen und spüren Sie Gottes Atem, der Sie in die Stille führt, während Sie die Atemmeditation üben.

Üben Sie sich heute mindestens einmal in der Atemmeditation (Seite 23).

Machen Sie sich die Reinheit Ihrer Seele bewußt

Mein Gott, der Odem, den Du in mich gegeben hast, ist rein;
Du hast ihn in mir gebildet, Du hast ihn mir eingehaucht,
Du bewahrst ihn in meinem Innern …

Talmud

Die formlose Form,
Das bildlose Abbild,
Er entschwindet und schäumt hervor.

Lao Tse

Indem Sie Ihr Herz öffnen und Ihren Geist klären, erkennen Sie nach und nach, wie wichtig es ist, mit der Leere zu beginnen. Machen Sie sich bewußt, daß in der Leere die Reinheit liegt. Die unendliche Quelle, Gott, haucht dem reinen menschlichen Gefäß Licht ein und bildet die Seele (den Odem). Auf ihrer höchsten Ebene ist die Seele reines Licht und reine Energie, direkt verbunden mit dem reinen Willen der unendlichen Quelle. Die Seele ist der Teil im Inneren, der Gott als die Quelle der Schöpfung kennt und für Gott durch Sie das Leben »spielt«. Die Seele kennt Gott als die Quelle all dessen, was ist, war und sein wird. Mit Ihrer Anerkennung als ihr Fürsorger gedeiht die Seele und macht Sie aufmerksam auf den göttlichen Funken, der im Heiligtum Ihres Körpers wohnt.

Zweck der Seele ist es, Sie mit der göttlichen Essenz zu verbinden. Verschmilzt Ihre Seele mit dem Göttlichen, gibt es nur noch Reinheit. Manchmal jedoch ist diese Reinheit schwer zu spüren. Möglicherweise fühlen Sie sich überflutet von Chaos und Verwirrung, und Ihre Wahrnehmung der Person, die Sie wirklich sind, erfolgt durch den Filter des Selbstzweifels, alter negativer Einstellungen und einengender Gedanken. Machen Sie sich klar, daß die Seele nicht fehlgehen kann. Die einzige der Seele auferlegte Begrenzung ist Ihre eigene begrenzte Wahrnehmung der Person, die Sie sind. Sie sind nicht von der Seele und diese ist nicht von Gott abgetrennt. Wenn Sie anerkennen, daß der Gott der Liebe und des Mitgefühls Sie mit einer reinen Seele geschaffen hat und mit der Intention der Größe, die aus der Verbindung mit der unendlichen Quelle resultiert, machen die alten Filter einem positiveren Gefühl des Selbst Platz.

Gott und die Seele stehen Ihnen jederzeit zur Verfügung. Doch nur wenn Sie offen und leer sind, können Sie voll und ganz empfangen. Klammern Sie sich daran fest, wie Sie sein oder hätten sein sollen, so versperren Sie sich den Zugang zu dem einzigartigen Geist, der in Ihnen wohnt. Wer in den Rückständen nicht ausgedrückter Gefühle, unerfüllter Träume und nicht gelebter Leben verhaftet ist, dem fällt es schwer, offen und empfänglich zu bleiben, die Hand auszustrecken und das Unendliche zu berühren. Um sich für den Geist Gottes im eigenen Inneren zu öffnen, bedarf es der Bereitschaft zur Stille, der Leerung des Gefäßes, welches Sie darstellen, und der Empfänglichkeit gegenüber dem Reichtum, der Sie erwartet.

In 2. Könige 4,1–7 wird von einer verarmten Witwe berichtet, die zum Propheten Elisa kommt und ihn um Hilfe bittet. Als sie ihm mitteilt, daß sie nichts im Haus habe als ein klein wenig Öl, rät er ihr, es zu verschenken. Er weist sie klar an, alle leeren Gefäße von ihren Nachbarn einzusammeln und diese mit dem Öl zu füllen. Sie kehrt nach Hause zurück, läßt sich von den Nachbarn deren leere Gefäße geben und fängt an, sie mit der kleinen verbliebenen Menge Öls zu füllen. Es geschieht das Wunderbare: je mehr Öl sie austeilt, desto mehr Öl ist vorhanden. Der Ölvorrat nimmt dermaßen zu, daß sie all die Krüge füllen kann, die ihr zur Verfügung stehen. Erst nachdem sie alle Gefäße gefüllt hat, versiegt das Öl.

Die Geschichte von der Witwe verweist auf die umfassendere Geschichte, die sich durch die Beziehung zu Gott entwickelt. Indem sie ihren Glauben an den Mangel und die Begrenzung aufgab, wurde die Witwe zur Zeugin der Fülle, die möglich wird, wenn man sich für Gott öffnet. Auch in unserem Leben wird Gottes Schönheit, Liebe und Reichtum um so mehr durch uns hindurchfließen, je mehr wir uns zu leeren und für Gott zu öffnen vermögen.

Machen Sie sich bewußt, wie es sich anfühlt, eine reine Seele zu beherbergen, offen zu bleiben und tagein, tagaus Gottes Schönheit, Liebe und Fülle zu empfangen. Wenn Sie die Atemmeditation üben und dabei tief einatmen, konzentrieren Sie sich dabei auf das Gefühl, welches Sie bei der Vorstellung haben, daß Gott in Ihnen atmet. Erkennen Sie, daß Sie, je offener Sie sind, um so mehr Reinheit einatmen und den Reichtum all dessen, was Gott Ihnen zu geben hat, empfangen können.

Wenn Sie morgens aufstehen, preisen Sie Gott dafür, daß er Sie mit einer reinen Seele erschaffen hat. Indem Sie sich sagen: »Meine Seele ist rein«, erreichen Sie diesen Ort in Ihrem Inneren, der mit Integrität, Mitgefühl und Offenheit agiert. Üben Sie sich in der Atemmeditation. Stellen Sie sich beim Einatmen vor, daß Gott die Reinheit Ihrer Seele mit bedingungsloser Liebe umfängt.

Üben Sie sich heute mindestens einmal in der Atemmeditation (Seite 23).

Bauen Sie Ihre Barrieren ab, und entdecken Sie die Unendlichkeit der Kraft

Und Ich sah,
und siehe,
es kam ein ungestümer Wind von Norden her,
eine mächtige Wolke und loderndes Feuer,
und mitten im Feuer war es wie blinkendes Kupfer.

Hesekiel 1,4

Die höchsten Töne sind kaum zu hören;
Die höchste Anschauung hat keine Form.

Lao Tse

Was bedeutet es, bereit zu sein? Ein Leben lang bereitet man sich auf irgend etwas vor – darauf, auszugehen und heimzukommen, sich zu sammeln und etwas zu analysieren, zu sein. Es fällt leicht, vorbereitet zu sein, wenn man weiß, was von einem erwartet wird. Aber wie schwer ist es, für das Unbekannte bereit zu sein. Wenn sich Ihnen eine neue Art und Weise des Sehens, Fühlens und Hörens aufdrängt, dann ist dies eine Aufforderung, sich darauf vorzubereiten, ein neues Territorium zu betreten, das Sie erst noch erkunden müssen. Der Schritt ins Unbekannte verlangt von Ihnen, Barrieren abzubauen und auf Ihre Wahrnehmungsfilter zu verzichten.

In Ihrem Inneren befindet sich ein Gottesfunke, der darauf wartet, freigesetzt zu werden. Er ist geborgen in einer Schale, die wir *klippah* nennen. Diese äußere Hülle ist wie ein Schleier, der Ihr Potential verbirgt, das erst noch geboren werden muß, Aspekte Ihres Lebens, die erst noch gelebt werden müssen, unbekannte Gebiete, die erst noch erforscht werden müssen. Die *klippah* ist die Illusion einer Vollständigkeit, die Wachstum verhindert, Kreativität behindert und den Fluß der unendlichen Kraft blockiert. Erst wenn Sie die äußere Hülle entfernen, wird Ihr innerer Gottesfunke freigesetzt, kann Ihre Seele aufsteigen und können Sie sich für eine neue Seinsweise öffnen. Dann sind Sie bereit, mit dem Vertrauen darauf und dem Glauben daran, daß Gott Sie führen wird, in das Unbekannte einzutreten.

Die Entfernung und Durchdringung der äußeren Hülle ist ein fortgesetzter Prozeß. Als der Prophet Hesekiel die Stimme Gottes hören wollte, mußte er vier verschiedene Schalen, *klippot,* entfernen. Er erlebte die äußeren Hüllen als Begebenheiten außerhalb seiner selbst, die innere Geisteszustände reflektierten. Indem er eine Schale nach der anderen abbaute, transformierte er sie von einer negativen zu einer positiven Erfahrung, die ihn Gott von einem zum anderen Mal näherbrachte.

Die erste *klippah* war das Chaos. Hesekiel erlebte das Chaos als ungestümen Wind in der Natur, der die Turbulenzen in seinem Geist wiedergab. Durch stille Meditation löste er das Chaos auf und verwandelte den Sturm in einen ruhigen, subtilen Atem, der durch seinen Körper floß. Erinnern Sie sich an Augenblicke, in denen auch in Ihrem Leben Chaos herrscht. Gedanken, Beziehungen und die Arbeit können chaotische Formen annehmen. Das Chaos spiegelt sich in Ihrem Inneren als stürmische Gedanken und aufgeregtes Atmen und äußerlich als turbulente Aktivität wider. Um dieses Chaos aufzulösen, müssen Sie ruhig werden, Ihren Verstand klären und Ihren Atem entspannen. Stille Meditation löst die *klippah* des Chaos auf.

Die zweite *klippah* war Verwirrung. Diese erlebte Hesekiel als mächtige Gewitterwolken in der Natur und als getrübtes Denken, welches zu einer Verwirrung im Inneren führte. Er löste die Wolken der Verwirrung auf und durchdrang sie, indem er sie in die Vorstellung von Gottes fördernden und schützenden Armen transformierte, die ihn aufhoben und zu erfrischend neuen Lebens- und Verstandesbereichen brachten. Wie oft schon sind Sie durch die Barrieren der Verwirrung blockiert worden? Verwirrung tritt dann ein, wenn wir vergessen, daß wir eine Verlängerung Gottes sind, und glauben, ganz allein ohne eine Karte zu sein, mit deren

Hilfe wir unseren Weg finden können. Um die Verwirrung aufzulösen, müssen Sie sich daran erinnern, daß Sie nie allein sind. Die unendliche Quelle ist immer für Sie da. Indem Sie sich öffnen, um die Quelle zu empfangen, tritt Gott in Sie ein und weist Ihnen den Weg. Es gibt Zeiten, da fühle ich mich verwirrt, und ich halte inne, werde still und fühle die Anwesenheit Gottes, die mich umgibt. Manchmal denke ich, die Verwirrung ist ein Segen, denn sie zwingt mich, innezuhalten und mich mit Gott neu zu verbinden. Um die *klippah* der Verwirrung aufzulösen, müssen Sie Ihre Verbindung mit Gott neu beleben und Ihren Glauben daran, daß Gott, selbst in der Verwirrung, für Sie sorgt.

Dann erlebte Hesekiel die dritte *klippah,* unangebrachte Leidenschaft. Dieser äußeren Hülle begegnete er in der Form eines lodernden Feuers in der Natur und eines zwanghaften Begehrens in ihm. Er verwandelte die unangebrachte Leidenschaft und das lodernde Feuer in eine brennende Leidenschaft für die Vereinigung mit Gott. Je mehr Hesekiel sich nach Gott sehnte, desto leichter fiel es ihm, die Barrieren abzubauen, die ihn zum Gefangenen seiner zwanghaften Leidenschaften machten. Zu bestimmten Zeiten in Ihrem Leben werden Sie das Feuer der Leidenschaft als gesund empfinden. Bei anderer Gelegenheit verzehrt es Sie, und Sie werden in der Glut der zwanghaften und besitzergreifenden Zuneigung zu Geld, Liebe oder Macht verbrannt. Wenn Ihre Leidenschaft dazu führt, daß Sie von Dingen außerhalb Ihrer selbst beherrscht werden, handelt es sich um eine unangebrachte Leidenschaft, und unangebrachte Leidenschaften erschöpfen Ihre Kraft. Richtet sich Ihre Leidenschaft jedoch auf Gott und Göttlichkeit, dann entdecken Sie die Unendlichkeit der Kraft. Indem Sie sich nach Gott sehnen, heißen Sie eine unendliche Zahl von Möglichkeiten willkommen, manifestieren unendliche Liebe und empfangen große Sicherheit und eine Fülle von Segnungen.

Die vierte *klippah,* die Hesekiel auflöste, war die Illusion. Hesekiel erlebte die Illusion als einen ihn umgebenden Glanz, der seine reinsten Intentionen und wahrhaftigsten Gedanken widerzuspiegeln vermochte. Wenn seine Gedanken positiv und heilig waren, beleuchtete das Licht den Weg, der zur Essenz Gottes führte. Waren seine Gedanken anders ausgerichtet, verdunkelte sich das Licht und blockierte schließlich den Weg zur Essenz Gottes. Indem Hesekiel die letzte äußere Hülle auflöste, vermochte er klar sowohl die Reinheit seiner Gedanken als auch den Weg zu Gott zu erkennen.

Denken Sie über die Barrieren der Illusion in Ihrem eigenen Leben nach. Sie verbergen sich hinter den vielen Wahlmöglichkeiten, die wir zu haben meinen. Sie können zwischen positiven und negativen Gedanken wählen. Sie können entscheiden, ob Sie sich glücklich oder traurig fühlen wollen. Es steht Ihnen frei, sich auszusuchen, ob Sie das Positive in einer negativen Situation oder das Negative in einer positiven Situation sehen wollen. Wofür auch immer Sie sich entscheiden, für das Licht oder für die Dunkelheit, die äußere Hülle der Illusion wird Ihre Gedanken und Wünsche widerspiegeln. Sie gleicht dem Licht und ist doch nur durch eine Membran von der Dunkelheit getrennt. Wenn Sie sich in der *klippah* der Illusion festgefahren haben, müssen Sie Ihrem eigenen Geist treu sein und von dem am meisten durch Gott beseelten Bereich Ihres Inneren aus denken. Indem Hesekiel die vier äußeren Hüllen auflöste, beseitigte er die Barrieren und nahm die Schleier fort, um Gott zu berühren und um Wunder zu zeigen, so wie Sie das auch in Ihrem Leben tun können.

Die *klippot* treten in Ihrem Leben in einer Reihe von Formen in Erscheinung. Sie sind die Stolpersteine und Illusionen, die Sie davon abhalten, Ihre eigene göttliche Essenz zu erfahren. Hesekiel hat die Schablone hinter sich zurückgelassen, damit Sie Ihre Reise fortsetzen und die *klippot* aus Ihrem Leben entfernen können. Denken Sie daran, sich zu leeren, loszulassen und sich für neue Möglichkeiten zu öffnen, um die Stille zu integrieren, die Liebe zu hören und das Licht durch die Auflösung der äußeren Hüllen zu befreien. Machen Sie sich die positiven Veränderungen bewußt, die stattfinden können, wenn Ihre Wahrnehmung über die Barrieren hinweg zu den unendlich vielen Möglichkeiten der Lebenseindrücke vordringt.

Die *klippot* fragen: »Wie nahe willst du Gott wirklich kommen? Bist du bereit, die Barrieren abzubauen, um unendliche Kraft zu erfahren?« Indem Sie die äußeren Hüllen in Ihrem Leben auflösen, werden Sie sich stärker energetisiert fühlen und erkennen, daß Ihnen eine Quelle unendlicher Kraft zur Verfügung steht. Diese Kraft kommt aus dem göttlichen Zustrom, der alles im Universum durchdringt und die Quelle aller Materie ist. Wie die Elektrizität ist sie immer da. Sie ist unter Kontrolle und zurückgehalten, bis sie freigesetzt wird. Sie müssen nur den Schalter umlegen, sie anstellen und den Fluß in Gang bringen.

Sie erhalten Zugang zur unendlichen Quelle der Kraft, wenn diese Zutritt zu Ihnen bekommt. Sie hält sich für Sie bereit, wenn Sie Ihre eigenen Begrenzungen hinter sich zurücklassen, Ihre *klippah*, Ihre äußere Hülle öffnen und das freisetzen, was darin zurückgehalten ist. Dem Sohar, dem heiligen kabbalistischen »Buch des Glanzes« zufolge erhebt sich die Herrlichkeit Gottes in allen Reichen des Daseins, wenn Sie an der göttlichen Kraft festhalten und sich durch das einengende Gefühl der Andersartigkeit zu der Seite des Einsseins vorarbeiten. Rabbi Zalman Schachter-Shalomi vergleicht dies mit einem Licht, das entzündet wird, und mit einem für die ganze Welt neu hereinbrechenden Tag.

Diese Vorstellung, erreichbar zu sein, indem man sich durch die einengende andere Seite der Andersartigkeit vorarbeitet, so wie ein Neugeborenes sich durch den engen Geburtskanal drängt, nennt man *itkafia*. Es handelt sich um den festen Entschluß, die göttliche Kraft nicht in einer *klippah* einzusperren. Rabbi Zalman Schachter-Shalomi sagt, sich durch die *itkafia* vorzuarbeiteten, heißt kundtun, daß Sie es nicht zulassen werden, daß die drei Gewänder der Seele – der Gedanke, das Wort und die Tat – an einem einengenden Energiesystem aufgehängt sind. Sie werden sich auf die Seite des Einsseins begeben und der ganzen Welt einen neu hereinbrechenden Tag bringen.

Wie nehmen Sie sich in letzer Zeit wahr? Legen Sie Zeugnis ab über die Quelle Ihrer Kraft. Wo befindet sie sich in Ihrem Körper? In Ihrem Leben? Müdigkeit und Lustlosigkeit können ein Anzeichen dafür sein, daß Sie sich in einer *klippah* festfahren, die göttliche Kraft einsperren, als sei sie etwas von Ihnen Getrenntes. Auf welche Weise stehen Sie der unendlichen Kraft zur Verfügung? Auf welche Art wollen Sie Ihre *klippah* auflösen, die Illusion durchdringen und das Licht in Richtung auf das Gute energetisieren? Die Qualität Ihrer Intention ist entscheidend für das Anbrechen einer neuen Seinsweise.

Achten Sie auf die zahlreichen Gelegenheiten, bei denen die Unendlichkeit der Kraft in Ihrem Leben zu einer Möglichkeit wird. Es geschieht durch die Art, wie Sie durch die Gedanken, die Sie denken, für Ihre Seele sorgen; auf die Art, wie Sie Ihren Körper durch die Speisen, die Sie essen, nähren; und auf die Art, wie Sie durch die Handlungen, für die Sie sich entscheiden, Ihre Beziehungen fördern. Unendliche Kraft ist in den *klippot* all der Dinge verborgen, die Sie berühren. Je mehr äußere Hüllen Sie zu öffnen vermögen – ob dies geschieht, indem Sie naturbelassene Nahrungsmittel essen, heilige Gedanken hegen oder mehr gesunde Beziehungen aufbauen –, desto mehr unendliche Energie wird in die Welt freigesetzt.

Üben Sie sich heute mindestens einmal in der Atemmeditation (Seite 23).

Baden Sie in der Stille

Für den, der auf der Suche nach Weisheit ist,
heißt der erste Schritt Stillsein, der zweite Zuhören,
der dritte Erinnern, der vierte Üben, der fünfte Lehren.
Rabbi Solomon Ibn Gabirol

Wenige Worte zu gebrauchen ist natürlich.
Heftige Winde währen nicht den ganzen Morgen.
Starker Regen währt nicht den ganzen Tag.
Lao Tse

Indem Sie auf dem Weg der Intention gehen, werden Sie von Landschaften des Lichts zu Heiligtümern der Stille geführt. In der Stille heißt Sie das Schweigen willkommen, damit Sie die Innenräume Ihrer selbst erforschen können. Die Ruhe lädt Sie ein, sich energetisch aufzutanken, Ihren Verstand zu klären, Ihren Körper zu entspannen und zur Quelle Ihres göttlichen Wesens zurückzukehren. In der Stille wird alles klar. Die Stille ist der Motor, der das Gehirn zum Stehen bringt, damit Sie einen Blick nach innen werfen können. Wenn Sie die Gedanken beobachten, die ununterbrochen durch Ihren Verstand laufen, und die Energie, die sich ohne Unterlaß aus Ihnen in Ihre Umgebung ergießt, dann stoßen Sie auf eine Schicht bestehend aus Geplapper und Stagnation. Eine große Menge Energie wird ausgestoßen, und nur wenig davon wird erneuert. Wer sich Zeit für die Stille nimmt, der spürt, wie das Schweigen seine Energie erneuert und das ganze Körpersystem belebt. Ob Sie allein oder in einer Gruppe sind, verringern Sie Ihr Sprechen bewußt und gleiten Sie für einige Augenblicke ins Schweigen. Beobachten Sie die Stille. Zunächst mag sich dies unangenehm anfühlen, denn wahrscheinlich sind Sie daran gewöhnt, die Stille mit Geplapper anzufüllen. Doch in der Stille gelingt es Ihnen besser, die Schattierungen des Klangs wahrzunehmen und die tiefere Bedeutung dessen, was gesagt wird, klarer zu erkennen. Die Ruhe gibt Ihnen die Möglichkeit, zwischen dem Hören auf die Worte und dem Spüren der Energie in ihnen hin- und herzuwechseln. Sie macht Sie von der Zustimmung von außen unabhängiger und gibt dem Mitgefühl für andere mehr Raum. Der Druck, der entsteht, weil man sich gezwungen fühlt, anderen etwas vorzuspielen, nimmt ab, und der Wunsch, von Gott zu empfangen, tritt deutlicher hervor. In der Stille ist es Ihnen möglich, die innere Stimme Gottes zu hören, die zu Ihnen spricht. Mit wachsender Übung werden Sie die Stille zunehmend als tröstlich, belebend und erhellend empfinden, ob Sie nun alleine sind oder sich in der Gesellschaft anderer Menschen befinden.

Liegt eine Aufgabe vor Ihnen, und Sie sind sich nicht sicher, wie Sie mit ihr umgehen sollen, dann ist es an der Zeit, in die Stille zu gehen. Wenn Sie sich von Geplapper überwältigt und in verschiedene Verantwortlichkeiten »zerstückelt« fühlen; wenn Ihre Kraft abnimmt und Ihr Hals vom zu vielen Sprechen ausgetrocknet ist; wenn Sie keinen klaren Gedanken mehr fassen können und sich alles in Ihrem Kopf dreht, dann ist der Augenblick gekommen, um zu schweigen. Legen Sie während der Morgenstunden, im Laufe des Tages und der Woche eine Ruhepausen ein. Zu Beginn kommt es Ihnen möglicherweise komisch vor; Sie werden sich hin- und hergerissen fühlen, wenn das Telefon klingelt oder die Türglocke läutet und Sie sich gezwungen fühlen, darauf zu reagieren. Mit der Zeit werden Sie jedoch den Nutzen erkennen, der darin liegt, daß Sie für die Menschen Ihrer Umgebung und für sich Regeln aufstellen. Diese Richtlinien werden Sie darin unterstützen, in die Stille zu gleiten und den Klang Ihres Atems, das Gefühl Ihrer Kraft und das Bild stiller Gelassenheit um Sie zu genießen. Vielleicht wollen Sie sich, um einen Anfang zu machen, täglich eine Stunde oder mehrere Stunden ein- oder zweimal wöchentlich dafür freihalten.

Als Jona sich der Prophezeiung, der er geweiht war, widersetzte, floh er voller Entsetzen ans Meer. Dort bestieg er ein

Schiff, ging in einem Sturm über Bord und wurde von einem Wal verschluckt. In dem Augenblick, als er ins Meer geworfen worden war, stieg seine Seele in die oberen Reiche auf, wo sie Führung erhielt, und in dem Moment, als die Welle ihn in das Maul des Wals spülte, kehrte seine Seele zurück. Er gelangte in den Wal, als wäre dieser ein Tempel Gottes und seine Augen die Fenster, durch die Jona die Tiefe des Meeres und die inneren Ebenen der Bedeutung des Lebens erblicken könnte. Das war der Zeitpunkt, da er sich still zur Innenschau zurückzog. Der Aufenthalt im Wal war seine Inkubationsperiode, bevor er sich der Rückkehr und seinem Schicksal, für das er geboren worden war, in der äußeren Welt stellte. Als der Wal ihn ausspuckte, war er bereit, die Prophezeiung zu leisten, vor der er zuvor geflüchtet war.

Manchmal wird man durch äußere Umstände wie Verlust, Krankheit oder andere Wege, die Einsamkeit herbeiführen, zum Schweigen gebracht. Betrachten Sie diese Stille nicht als einengend oder zwingend: Fassen Sie sie lieber als Gelegenheit zu spiritueller Entwicklung und wachsendem Bewußtsein auf. In der Stille bekommen Sie Ihre eigene Sprache zu hören und außerdem Worte der Hoffnung und Erwartung. Sie erleben sich selbst dabei, wie Sie diese Worte in lebendiges Handeln und erhellenden Dienst überführen. Zu mir kommen oft Menschen mit schwierigen Dilemmas und überwältigenden Herausforderungen, und sie sind gezwungen, Entscheidungen aus ihrer inneren Wahrheit heraus zu treffen – Entscheidungen im Hinblick auf Scheidung, Abtreibung, Arbeitsplatzverlust oder eine lebensbedrohliche Krankheit. Und mitunter hilft ihnen all das Geschwätz in der Welt nicht dabei, rechtzeitig vernünftige Entscheidungen zu treffen, die für sie so dringend erforderlich wären. Ich führe sie in einen tiefen meditativen Zustand, in dem sie ruhig werden, die Wahrheit aus der Tiefe ihrer eigenen Seele hören und die Antwort finden können, die sie brauchen, um in ihrem Leben die richtige Abzweigung zu nehmen.

In meinem eigenen Leben gibt es ebenfalls Zeiten, in denen ich ruhig werden und mich in die Stille zurückziehen muß. Als ich damit anfing, mich im Schweigen zu üben, stellte ich einmal die Woche für eine Stunde das Telefon ab und klebte einen Zettel an meine Bürotür, auf dem es hieß: »Ich bin in der Stille.« Damit hatte ich nicht zum Ausdruck bringen wollen, daß ich nicht arbeite, sondern nur, daß ich nicht sprechen mochte. Jeder, der etwas von mir wollte, legte mir einen Zettel auf den Tisch. Wissen Sie, was geschah, als ich aufhörte zu sprechen? Ich hatte mehr Kraft. Und dann wurde die eine Stunde pro Woche zu einem Vormittag pro Woche. Und ich stellte fest, daß ich produktiver war. Ich bewältigte all die Arbeit, all das Schreiben, Antworten, Planen, Verwalten und Leiten, ohne mich durch Geplapper ablenken zu lassen. Ich schrieb anderen Notizen, und sie schrieben mir Notizen, und ich fühlte mich so viel konzentrierter und kraftvoller.

Dann, vor einigen Jahren, wollte ich herausfinden, was geschieht, wenn man eine ganze Woche lang schweigt. Ein Freund lieh mir seine Wohnung, und ich hielt mich dort eine ganze Woche lang in der Stille auf. Es handelte sich um meinen eigenen persönlichen Retreat, und wissen Sie, was ich während dieser Woche herausgefunden habe? Daß ich über meine Vorstellung in Räume gelangen konnte, die ich niemals zuvor untersucht hatte. Und aus diesen phantasierten Erkundungen gingen Träume und Visionen hervor, die mich schließlich dazu veranlaßten, eine Gemeinschaft, einen Ort spiritueller Gesundheit ins Leben zu rufen und dieses Buch zu schreiben.

Möglicherweise gelingt es Ihnen nicht, einen ganzen Morgen oder gar eine vollständige Woche lang zu schweigen, aber Sie könnten es jede Stunde fünf Minuten lang tun oder auch jetzt für ein oder zwei Augenblicke. Ich rate Berufstätigen wie Ärzten, Rechtsanwälten und Kollegen, die stark unter Streß stehen, zwischen den Klienten oder vor und nach jeder Sitzung eine Pause einzulegen und sich einen Moment der Stille zu nehmen. In diesem kurzen Zeitraum können Sie ein Wunder berühren, herbeiführen oder den Raum für es schaffen.

Verbringen Sie heute eine Zeitlang in der Stille. Legen Sie die Zeit fest und genießen Sie sie in dem Bewußtsein, daß dies eine heilige Zeit für Sie ist. Üben Sie Schweigen im Schutz Ihrer eigenen vier Wände oder in der Abgeschiedenheit der Natur. Je mehr Erfahrungen Sie mit der Stille haben und je mehr Sie sich der dadurch erzielten Vorteile bewußt werden, desto mehr möchten Sie sie vielleicht in die Gemeinschaft mit anderen einführen. Machen Sie sich das Schweigen zunutze, wenn Geplapper die Ruhe vertreibt, Probleme Lösungen vermeiden und Geräusche die Konzentration stören. In der Stille ist das Ich ruhig, und die Seele gibt Ihren Eintritt in den inneren Raum Gottes wieder.

Üben Sie sich heute mindestens einmal in der Atemmeditation (Seite 23).

Erkennen Sie, daß Sie heilig sind

Ihr sollt heilig sein,
denn ich bin heilig, der Herr, euer Gott.

3. Mose 19,1

Die Weisen wissen, ohne zu reisen,
Benennen, ohne zu sehen;
Wirken, ohne zu handeln.

Lao Tse

In jeglicher Existenz ist Heiligkeit. Rabbi Abraham Joshua Heschel, der Mystiker und Gelehrte des zwanzigsten Jahrhunderts, sagt, daß alles an Gott »befestigt« ist und damit einer Wirklichkeit nahesteht, »die jenseits allen Denkens und Fühlens liegt«. Heiligkeit ist nicht sichtbar und sieht doch alles. Man kann sie nicht berühren, und doch berührt sie alles. Man kann sie nicht hören, und doch ertönt ihre Melodie überall in der Schöpfung. Sie ist in der Welt und aus der Welt. Heiligkeit heißt, mit Gott vereint sein und in allen Dimensionen des Lebens der spirituellen Harmonie begegnen.

Sie sind heilig, unabhängig davon, was Sie denken, sagen oder tun. Dies wird in Psalm 24,1 zum Ausdruck gebracht, wo es heißt: »Die Erde ist des Herrn und was darinnen ist, der Erdkreis und die darauf wohnen.« Sie sind heilig, weil Sie mit Gott gefüllt sind; und da Gott heilig ist, sind Sie heilig. Gott forderte Mose auf, den Israeliten zu sagen: »Ihr seid heilig; denn ich, der Herr, euer Gott, bin heilig.« Sie sind heilig, weil Sie Gott entstammen.

Durch die Gewänder der Seele gelangt Heiligkeit in diese Welt. Die Seele ist bekleidet mit Gedanken, Worten und Taten. Wie Sie die Gewänder Ihrer Seele in Ihrem alltäglichen Leben gestalten, wirkt sich darauf aus, wie bewußt Sie die

Heiligkeit in dieser Welt wahrnehmen. Ihre Gedanken, Worte und Taten wirken sich auf Ihre Seele aus. Die Art, wie Sie sich um Ihre Seele kümmern, berührt Gott. Und Gott wirkt sich auf die Welt aus. Daher betrifft Ihr Bewußtsein von der Heiligkeit in Ihnen und von der Heiligkeit jeglicher Existenz alles überall. Haben Sie Ihre Heiligkeit erkannt, dann denken, sprechen und handeln Sie aus Ihrer Heiligkeit heraus.

Heiligkeit hüllt Sie in den fünf physischen Richtungen ein: rechts, links, vorne, hinten und innen. Sie sind umgeben von Heiligkeit in der Form von Engeln, die Sie vielleicht nicht sehen, die jedoch Sie wahrnehmen können; Engel, die Sie vielleicht nicht hören, die jedoch Sie hören können; Engel, die Sie vielleicht nicht berühren können, die jedoch Sie zutiefst berühren. Jede Richtung im Raum wird von einem anderen Stellvertreterengel Gottes bewohnt: von Michael auf Ihrer rechten, Gabriel auf Ihrer linken Seite, Uriel vor Ihnen, Raphael hinter Ihnen und von Schekina, die von oben über Ihrem Kopf kommt, um in Ihnen zu wohnen.

Heiligkeit besteht im Reich der reinen Emanation. Sie strömt aus von den kleinen Andeutungen, die von der Fürsorge für die Seele herrühren, von der Liebe zur Menschheit, vom Wissen um das Wunder in jedem einzelnen Augenblick und vom Leben in der Freude. Stellen Sie sich eine Welt vor, in der jeder und alles aus dem Bewußtsein der eigenen Heiligkeit heraus handelt. Die meisten Menschen erkennen die Heiligkeit von herausragenden Augenblicken – der Geburt eines Babys, des Erblühens einer Blume, eines wundervollen Sonnenuntergangs. Doch Heiligkeit ist auch in den gewöhnlichen Augenblicken und Episoden des alltäglichen Lebens anzutreffen. Jeder Augenblick ist ein sich entwickelndes Wunder, und jeder Mensch ist Heiligkeit in Aktion. Sind Sie dazu in der Lage, die Heiligkeit des Stuhls, auf dem Sie sitzen, zu erkennen? Er wurde von Menschen entworfen, die nach dem Angesicht Gottes erschaffen wurden und die für ihre Tätigkeit Produkte aus dem Universum Gottes verwendeten. Erkennen Sie die Kassiererin im Supermarkt und die Empfangsdame in Ihrem Büro? Auch sie sind ebenso zerbrechlich, veränderlich und heilig wie ein Neugeborenes, eine Rose, ein Sonnenuntergang oder sogar wie Sie.

Stellen Sie sich vor, wie Sie mit dem Bewußtsein durch diesen Tag gehen, daß Sie Gott in jeder Sekunde in allem, was Sie denken, sagen und tun, begegnen. Selbst wenn Sie zu einem anderen sprechen oder dieser zu Ihnen, die Worte sind nur aus Heiligkeit geformte Gewänder Ihrer Seele. Je mehr Sie sich der Heiligkeit jeglicher Existenz bewußt werden, desto mehr legen Sie darüber in der Großzügigkeit Ihrer Gedanken, im Einfühlungsvermögen Ihrer Worte und in der Heiligkeit Ihrer Taten Zeugnis ab.

Üben Sie sich heute mindestens einmal in der Atemmeditation (Seite 23).

Reisen Sie auf den Schwingen des Geistes

Ihr habt gesehen,
was ich mit den Ägyptern getan habe
und wie ich euch getragen habe auf Adlerflügeln
und euch zu mir gebracht.

2. Mose 19,4

Wache über sie und verliere sie nicht;
du wirst mit dem absoluten Eins über dir verbunden sein,
und die Lebendigkeit des absoluten Eins
ist mit dem Himmel verbunden.

Huainanzi

Diese folgende Einsicht handelt vom Einsatz Ihrer Vorstellungskraft. Halten Sie einen Augenblick inne. Spüren Sie, wie der Atem Gottes durch Sie atmet. Fühlen Sie, wie Sie von der Anwesenheit Gottes umschlossen sind. Stellen Sie sich Gottes Arme als Flügel vor, die sich liebevoll um Sie legen. Nun malen Sie sich bei jedem Ein- und Ausatmen aus, wie Sie sanft auf die Flügel des göttlichen Geistes gehoben werden.

Durch Ihre Vorstellungskraft machen Sie Gott und das Universum der unendlichen Möglichkeiten lebendig. Sie können sich vorstellen, wer Gott ist, die Welt, in der Er lebt, und was Gott Ihnen bedeutet. Die himmlischen Sphären stellen sich Ihnen durch Ihre Vorstellungskraft dar. Sie kommen zu Ihnen als Symbole, die sich in der Form unterschiedlicher Bilder verbergen. Sie kommen zu Ihnen als Engelsflügel, als Lichter und Auren verborgen hinter den Toren und in den Gängen, Palästen und Gärten Ihres Innenlebens. Und sie umfangen Sie liebevoll mit den Flügeln ihres Geistes.

Die Schekina, die hebräische Göttin, besitzt Flügel, die Ihre Seele von einem Bewußtseinszustand zum nächsten tragen.

Wer in die Tradition des Judaismus initiiert wird, der tritt ein auf den Schwingen der Schekina. Ein Paar, das sich in der heiligen Umarmung befindet, wird von den Flügeln der Schekina umfangen. Und wer das letzte Mal vor dem Tod Atem holt, der lehnt sich zurück in die liebevolle Umarmung ihrer Flügel.*

Propheten und Mystiker aller Zeiten haben auf den mittleren Punkt zwischen den beiden Flügeln der Cherubine, auf den heiligen Bogen meditiert, um transzendente Bewußtseinszustände zu durchqueren. Auch heute noch umhüllen sich die Mystiker mit einem Gebetsmantel, um sich von den Flügeln des Geistes umschlossen und in ein höheres Reich des Seins transportiert zu fühlen.

Stellen Sie sich einen Lichtmantel vor, legen Sie ihn sich in Gedanken um und fühlen Sie sich geborgen, umhüllt von den Flügeln der Schekina, der Göttin, die in Ihren Körper eindringt, durch Ihr aurisches Feld nach außen strahlt, Sie während des Tages schützt und führt. Wenn Sie sich abends zurückziehen, machen Sie sich ihre Anwesenheit und ihre erneuernden Kräfte bewußt. Wann immer sie sich leeren, öffnen und loslassen, spüren Sie, daß die Stellvertreterengel Gottes Sie umgeben und Sie auf höhere Ebenen des Seins heben. Sie werden auf die Flügel des großen Geistes, der Schekina, Gottes, gehoben.

Ob Sie wach sind oder schlafen, Sie steigen die spirituelle Leiter des Lebens hinauf und hinab und werden dabei von den Flügeln des göttlichen Geistes umfaßt, aufgehoben und gehalten. Die spirituelle Leiter hat vier Sprossen, über die Sie in die vier Welten der Erfahrung gelangen. Die unterste Sprosse ist die physische Welt. Die nächste ist die emotionale, in der Träume ihren Anfang nehmen. Die dritte Sprosse ist die intuitive Welt, in der die Vorstellungskraft freigesetzt wird. Und über die vierte gelangen Sie in die Welt reiner Emanation und reinen Lichts, wo alle Dinge möglich sind.

* Wenn ich das Wort »Göttin« verwende, beziehe ich mich auf den weiblichen Aspekt von Gott; Gott und Göttin sind voneinander abhängige Aspekte des heiligen Einen.

Wie bei Jakobs berühmtem Traum befinden sich die Engel beständig auf dem Auf- oder Abstieg auf den Sprossen der spirituellen Leiter des Lebens. Wenn Sie auf den Flügeln ihrer Geister reisen und die Leiter hinaufsteigen wollen, benötigen Sie hierzu lediglich Ihre Intention. Ist Ihre Intention rein, dann helfen die Engel Ihnen, über die Grenzen Ihrer gewöhnlichen physischen Welt hinaus in das Herz Ihrer Träume und in das Reich Ihrer Vorstellungskraft zu gelangen. In diesem vorgestellten Reich sind alle Dinge möglich.

Üben Sie sich heute mindestens einmal in der Atemmeditation (Seite 23).

Weisheit

Herr, wie sind deine Werke so groß und viel!
Du hast sie alle weise geordnet …

Psalm 104,24

Schau, er kann nicht gesehen werden – er ist flüchtig.
Lausche, er kann nicht gehört werden – er ist geräuschlos.
Greife zu, er kann nicht gehalten werden – er ist unfaßbar.
Diese drei können nicht festgelegt werden;
Sie verschmelzen zu einem.

Lao Tse

Nun, da Sie durch das Tor der Intention gegangen sind, stehen Sie auf der Schwelle zur Weisheit. Hier gibt es weder Treppenabsatz noch Stufen. In der Weisheit gibt es nichts, was man festhalten, verstehen oder formen könnte. Weisheit ist gedacht, noch bevor sie vollständig Form annimmt, und wird erfahren, noch bevor sie verarbeitet und vervollkommnet ist. Weisheit ist das, was zur Tür hereinkommt, wenn Sie eine plötzliche Einsicht haben, die ein Problem löst, Ihr Leben um eine neue Dimension bereichert oder eine neue Seinsweise widerspiegelt – eine Einsicht, von der Sie so überzeugt sind, daß Sie es in Ihrem Bauch spüren können, auch wenn Sie keine rationale Erklärung dafür haben. Wenn Sie sich der Weisheit öffnen, werden Sie einen ungeheuren Strom neuer Wahrnehmungen, kreativer Gedanken und innovativer Ideen in Empfang nehmen.

Stellen Sie sich an den Eingang zur Weisheit, als befänden Sie sich im Zentrum eines Kaleidoskops, in dem Formen und Farben um Sie herumwirbeln. Erfreuen Sie sich an der üppigen Vielzahl von Farbschattierungen, Farbwerten und -tönen, die zahlreiche Kurven und Linien zu neuen und fantasievollen Formen zusammenstellen. Wollten Sie eine Form aus der Gesamtheit herauslösen und definieren, würden Sie den Informationsfluß zum Stillstand bringen. Gleichermaßen verhält es sich mit der Weisheit. Sie ist die Brunnenquelle intuitiver, scharfsinniger Gedanken, noch bevor sie analysiert und rationalisiert sind. Weisheit hüllt Ihren kreativen Geist ein und setzt Ihren Selbstausdruck frei. Formen, Gestalten, Muster, Eindrücke und Klänge stimulieren Ihren Verstand ohne Unterlaß und steigern Ihre Intelligenz.

Die Kabbalisten gehen von drei Aspekten der Intelligenz aus: Weisheit, Verstehen und Kenntnis. Zunächst sät Weisheit Gedanken. Mit dem Verstehen empfangen Sie die neue Idee in dem analytischen Teil Ihres Gehirns, betrachten dort ihre Eigenschaften und Auswirkungen rational. Schließlich sammeln Sie mit der Kenntnis das Wissen, das notwendig ist, um die neue Idee in die Tat umzusetzen. Um aller drei Aspekte der Intelligenz teilhaftig zu werden, ist es entscheidend, beim Gang durch das Tor der Weisheit offen und empfänglich zu bleiben. Die Einsichten, die Sie hier gewinnen, werden Ihnen im dritten Tor, jenem des Verstehens, deutlicher begreiflich.

Bevor Sie sich der ersten Einsicht des Tors der Weisheit zuwenden, nehmen Sie sich jetzt etwas Zeit, um die Meditation zur Leerung des Geistes durchzuführen. Sie wird Ihnen helfen, neuen Ideen entspannt, offen und empfänglich gegenüberzutreten. Lesen Sie den Text langsam. Machen Sie nach jedem Satz eine Pause, und versuchen Sie das zu spüren, was Sie soeben gelesen haben. Dann geben Sie sich einen Augenblick lang dem daraus entstehenden Frieden hin. Wiederholen Sie die Meditation zur Leerung des Geistes immer, wenn Sie die nächste Einsicht gelesen und durchdacht haben.

Meditation zur Leerung des Geistes

Halten Sie einen Augenblick inne, und setzen Sie sich bequem auf einen Stuhl oder auf den Boden. Spüren Sie, wie der Atem sich in Ihrem Körper ausbreitet, während Sie langsam ausatmen. Gestatten Sie dem Atem gleichmäßig und frei zu fließen. Machen Sie sich in der Stille den sanften Wind bewußt, der den Atem ruhig in Ihren Körper hinein- und aus ihm fortträgt. Wenn ablenkende oder fesselnde Gedanken auftauchen, beobachten Sie sie unverkrampft und lassen sie durch Ihr Bewußtsein ziehen. Wenn die Gedanken kommen und gehen, in Ihren Geist eintreten und ihn wieder verlassen, führen Sie Ihr Bewußtsein zum sanften Rhythmus Ihres Atems. Kehren Sie immer wieder zu Ihrem Atem zurück. Gestatten Sie es Ihrem bewußt wahrgenommenen Atem nach und nach, Ihren Geist zu leeren. Halten Sie inne. Entspannen Sie sich, und erfreuen Sie sich der ruhigen Klarheit eines nicht mehr überladenen, sondern nun leeren und entspannten Geistes. Weisheit gebiert neue Realitäten.

Leeren Sie Ihren Geist, und steigern Sie Ihre Weisheit

... es ist nicht intendiert, daß du mit einer endgültigen oder gegebenen Form zum Abschluß kommst, und sei sie auch von der höchsten Ordnung ... Je unverständlicher sie sind, desto höher ist ihre Ordnung, bis du zum Treiben einer Kraft vordringst, die nicht mehr länger deiner Kontrolle unterliegt, sondern vielmehr deine Vernunft und deine Gedanken kontrolliert.

Abraham Abulafia

Leere dich und sei erfüllt.
Erschöpfe dich und sei erneuert.
Besitze wenig und gewinne viel.
Besitze viel und sei verwirrt.

Lao Tse

Stellen Sie sich einen Becher vor, der bis zum Rand mit Wasser gefüllt ist. Malen Sie sich nun aus, daß dieser Becher ein Loch hat. Was passiert? Der Becher vermag das Wasser nicht mehr länger zu halten. Statt dessen kann eine unendliche Menge Wasser durch ihn hindurchfließen. Verstopft man das Loch, bleibt das Wasser erhalten; wird das Loch geöffnet, kann das Wasser abfließen. Wäre der Becher andauernd verschlossen, so würde das Wasser darin faulig. Durch das empfindliche Zusammenspiel von leer und voll jedoch bleibt das Wasser lebendig.

So wie eine unermeßliche Menge Wasser durch einen Becher fließen kann, so vermag auch unendlich viel Weisheit durch einen offenen Geist zu fließen. Sobald Sie sich an einer alten Idee, Gedanken oder Wahrnehmung festhalten, verstopfen Sie Ihren Verstand und verhindern den Fluß neuer Ideen, Gedanken und Wahrnehmungen. Damit Weisheit durch Ihren Verstand fließen kann, müssen Sie ihn durchlässig machen, die Beschränkungen durch alte Wahrnehmungen auflösen und Ihren Geist leeren. Ein leerer Geist zieht grenzenlos viel Weisheit an.

Es gibt Zeiten, da erzeugt das Festhalten an Gedanken einen »Verkehrsstau« des Geredes in Ihrem Geist. Möglicherweise fällt es Ihnen nicht leicht, Ihren Geist von dem täglichen Geplapper zu befreien. Ist dies der Fall, dann erhalten Sie Führung, um innezuhalten, sich zu entspannen und zu meditieren. Es kann jedoch sein, daß Ihnen zu diesen Zeiten auch die Meditation schwerfällt, vor allem wenn Ihr Geist sich an Gedanken festhält und Gedanken fest mit Gefühlen verbunden sind, die Sie wiederum daran hindern, sich Zugang zur unendlichen Weisheit Gottes zu verschaffen. Dann können Ihnen Gebet, ernsthaftes Lesen und Musik dabei helfen, Gedanken loszulassen, Ideen aufzugeben und den Geist zu leeren.

Wenn Sie mit dem Leeren Ihres Geistes beginnen, müssen Sie alles loslassen, selbst den Wunsch, sich zu leeren. Sie können es sich nicht *vornehmen*, sich zu leeren, Sie können sich nur leeren – so wie man es sich auch nicht vornehmen kann zu denken, sondern eben einfach denkt. Die Folge des Loslassens ist das Vordringen zu einer sehr viel tieferen Bewußtseinsebene. Auf der höchsten Ebene der Leere ist gar nichts mehr verstehbar, und es herrscht nur noch der Eindruck einer strahlenden Kraft vor. Sie gelangen zur Wirksamkeit einer Kraft, die nicht mehr länger Ihrer Kontrolle untersteht; vielmehr werden Ihre Vernunft und Ihre Gedankenkraft von *ihr* kontrolliert. Bei zunehmender Übung führt Sie die Reise zur Leere in einen immer tieferen Bewußtseinszustand, der Ihnen das Gefühl gibt, daß ein Schleier fortgenommen und Platz gemacht wurde, so daß die Feinheiten Ihres Geistes Sie in Licht hüllen können.

Je leerer Ihr Geist ist, desto vollständiger ist er. Die Wesensart Ihres Geistes ist die Leere. Es gibt einen Augenblick, bevor der Gedanke entsteht, der mit Leere gefüllt ist. Aus der Leere entsteht Stille, aus ihr Klarheit, und Klarheit wiederum bewirkt neue Ideen. Wenn das Meer in Bewegung ist, vermischen sich die Sedimente auf dem Meeresboden mit dem Wasser, und alles wird trübe. Ist die See jedoch ruhig, sinken die Schwebstoffe auf den Grund und klares Wasser gewinnt die Oberhand. Gleiches gilt auch für den Geist und seine Denkprozesse. Wenn der Geist ruhig, leer und still ist, steigen klare Gedanken auf, und Weisheit wird empfangen. In der gewaltigen Leere ist Ihr Geist offen, nachdenklich, von strahlender Intelligenz und mit Erleuchtung beseelt.

In unserer Gesellschaft fällt es uns schwer, den Geist zu leeren, weil wir fürchten, das zu verlieren, was in ihm ist. Ist Ihr Geist jedoch randvoll, dann ist Verwirrung die Folge. Gelegentlich mag es so scheinen, als ob Verwirrung der natürliche Seinszustand ist; das trifft jedoch nicht zu. Verwirrung kann daher rühren, daß man sich an Gedanken festklammert, welche den natürlichen Informationsfluß daran hindern, in Ihren Geist zu gelangen. Ist Ihr Geist leer, klammert er sich nicht fest, wandert umher oder verblaßt. Er bleibt offen, durchlässig und frei. Tiefe Einsichten finden statt, wenn ein freier Geist zum dynamischen, organischen Rhythmus in allen Dingen, – sichtbar und unsichtbar, bekannt und unbekannt – Beziehung aufnimmt, ihn integriert und sich auf ihn einstellt.

Die meisten Menschen erleben Phasen der Fixierung auf eine Vorstellung oder auf einen Ideenkomplex oder Zeiten der Besessenheit von einer Beziehung oder einem Verlust. Wenn dies geschieht, hält sich Ihr Geist dickköpfig an Gedanken fest, und die Gedanken klammern sich an einengende Empfindungen, die Sie darin blockieren, klar zu denken und frei zu leben. Sie werden zum Gefangenen eines klammernden Geistes, der durch seine selbsterzeugte Energie blockiert ist. Das ist kein Spaß. Wenn sich Ihr Geist in diesem Zustand befindet, haben Weisheit und Gedanken keinen Zugang, und nur langsames, rhythmisches Atmen kann ihm zu Entspannung verhelfen. Indem Sie regelmäßig bewußtes Atmen üben, helfen Sie Ihrem Geist, zu seinem natürlichen Zustand zurückzukehren. Stellen Sie sich vor, wie Ihr Atem in den Geist gelangt, die Bindungen lockert, um die Energie freizusetzen und Ihnen einen neuen Zugang zum Prozeß des klaren Denkens zu verschaffen. Erinnern Sie sich während des gesamten Tagesverlaufs immer wieder daran, daß der natürliche Zustand Ihres Geistes jener der Leere, Freiheit, Klarheit und Entspannung ist. Erhalten Sie im Verlauf von Gesprächen, Konferenzen und während des Nachdenkens den Rhythmus Ihrer Atmung aufrecht, bewahren Sie sich die Klarheit, und neue Ideen werden sich unweigerlich einstellen.

In der Leere können unendlich viele Gedanken mühelos vorbeifließen, und grenzenlose Weisheit vermag hervorzutreten. In der Leere sät sich die Weisheit freizügig aus, wird Verstehen leicht empfangen und Wissen mühelos ausgegeben. Üben Sie sich in unterschiedlichen Abständen während des Tages darin, Ihren Geist zu leeren, und machen Sie sich die Meditation zur Leerung des Geistes zunutze. Achten Sie darauf, wie es Ihnen mit regelmäßiger Meditation leichter fällt, Ihren Geist zu leeren. Erkennen Sie das wunderbare neue Bewußtsein, welches jedesmal in gewöhnlichen Alltagserfahrungen Fuß faßt, wenn Sie loslassen und leer sind.

Üben Sie sich heute mindestens einmal in der Meditation zur Leerung des Geistes (Seite 53).

Verschaffen Sie sich Zugang zum göttlichen Geist

Wenn ein Gedanke durch den Verstand einer guten Person hindurchzieht, dann wird er göttlich und verkündet: O Du bist göttlich.

Rabbi Levi Jizchak von Berditschew

Eines Mannes oder einer Frau Geist kann ihn oder sie zu einem Buddha oder zu einem Tier machen …
Kontrolliere daher deinen Geist
und laß ihn nicht vom rechten Weg abkommen.

Buddha

Gemäß der kabbalistischen Vorstellung gibt es zwei Aspekte von Geist. Es gibt den kleinen Geist, *mokhin d'katnut*, wörtlich die »Kleinheit des Geistes«, und den großen, den göttlichen Geist, *mokhin d'gadlut*, die »Größe des Geistes«. Der kleine Geist ist beschränkt auf die örtliche individuelle Erfahrung, die keinen Zugang zur größeren Quelle des Bewußtseins hat. Der kleine Geist verblaßt, wandert umher und schwankt. Der große, göttliche Geist, *mokhin d'gadlut*, öffnet für Verzückung, Ekstase und Kreativität. Das universelle Bewußtsein, welches vom göttlichen Geist ausgeht, schickt Gedanken von hoch oben und sät sie im göttlichen Geist aus.

Wie kann es gelingen, zu den Wurzeln des göttlichen Geistes vorzudringen? Zunächst einmal müssen wir erkennen, daß alle Weisheit und alles Denken aus dem metaphorischen Geist Gottes kommt. Jeder Gedanke ist mit einem Aspekt der Weisheit verknüpft, der von seinem eigenen bestimmten Platz hoch oben ausgeht. Was immer Sie in diesem Augenblick gerade denken, es besitzt eine korrespondierende Weisheit in der Quelle des göttlichen Geistes. Zweitens wird auch alle Inspiration, die dem menschlichen

Geist entstammt, auf einer unendlichen Zahl von Ebenen eingestuft in Abhängigkeit davon, wie offen und empfänglich der kleine Geist ist. Wenn Ihr Geist Weisheit auf der tiefsten Ebene sucht und offen ist, um die Weisheit dieses Niveaus zu empfangen, dann wird der Weisheitsgedanke, der auf der entsprechenden Ebene des göttlichen Geistes liegt, herausgelöst und in Ihren Geist hineingezogen. Das ist der Weg der Weisheit, die von den himmlischen Reichen hinab in Ihre Geisteserfahrungen fließt.

Wissen, welches im *mokhin d'katnut*, dem kleinen Geist, entwickelt wurde, ist sowohl vorübergehend als auch begrenzt, während die vom *mokhin d'gadlut*, dem großen, göttlichen Geist empfangene Weisheit ewig und unendlich ist. Wenn Sie im Tor der Weisheit stehen, dann ist Ihnen das Potential, mit dem göttlichen Geist zu verschmelzen, auf ehrfurchtgebietende Weise bewußt. In diesem himmlischen Tor stehen Sie auf dem Grat zwischen dem Unendlichen und dem Endlichen, zwischen Ewigkeit und zeitlicher Begrenzung. Sie haben die Gelegenheit, auf vielen Ebenen Weisheiten des göttlichen Geistes zu empfangen und sie zum Bestandteil der Experimentierstube Ihrer Erfahrungen zu machen.

Ihr Potential der Verbindung mit dem göttlichen Geist hängt von der Ebene ab, auf der sich Ihr Geist befindet. Wo ist Ihr Geist jetzt? Ist er auf einer Ebene, die Sie näher zu Gott bringt, oder auf einer, die Sie von Gott entfernt? Oder schwanken Sie in den Zwischenräumen umher und stürzen in geistige Trägheit ab? Sagt nicht Gott, um den Vers bei Jesaja nach Rizener Rebbe zu umschreiben: »Sind nicht Meine Gedanken da, um euch das zu geben, was in euren Gedanken ist? Warum also sind eure Wege nicht wie Meine Wege?«

Gottes Wunsch, Ihnen Geistesgröße zu geben, wartet auf Ihren Wunsch, sich zu öffnen und zu empfangen. Je offener Sie sind, desto größer ist die Gelegenheit für Sie, mit dem göttlichen Geist zu verschmelzen, Ihr Denken mit dem göttlichen Denken zusammenzuführen. Wenn die Kanäle für freifließende Ideen zwischen Ihnen und Gott durchlässig sind, denkt die Quelle des Denkens Gedanken in Ihnen, die Sie aufgrund Ihrer Aufnahmebereitschaft ebenfalls denken. Die Folge ist, daß der Himmel jubelt und daß Gott Sie sieht, Sie als Verkörperung seines Namens bezeichnet und ruft: »O du bist göttlich.«

Üben Sie sich heute mindestens einmal in der Meditation zur Leerung des Geistes (Seite 53).

Bedienen Sie sich des rechten Geistes zur rechten Zeit

Gedanken bevölkern den Geist in Gruppierungen wie Bündel,
eines auf dem anderen. Braucht man einen bestimmten
Sachverhalt, erinnert man sich daran,
indem man ihn von seinem Platz aus dem Geist nimmt.
Das allein schon ist ein großes Wunder, denn wo hat sich
der Gedanke bis zu diesem Augenblick aufgehalten?

Rabbi Nachman von Brazlaw

Wenn du Raum begreifst,
Lösen sich die festen Vorstellungen von Mittelpunkt und
Grenzen auf.
Wenn der Geist den Geist begreift,
Werden auf gleiche Weise alle geistigen Aktivitäten
verschwinden,
Du wirst in einem Zustand des Nichtdenkens bleiben,
Und du wirst den höchsten Bodhichitta (Erleuchtungsgeist)
erkennen.

Sri Tilopa

Rabbi Chajim von Krosno sah einst mit seinen Schülern einem Seiltänzer zu. Er war so tief in den Anblick versunken, daß sie ihn fragten, was es sei, das seine Augen an die törichte Schaustellung banne. »Dieser Mann«, antwortete er, »setzt sein Leben aufs Spiel, ich könnte nicht sagen warum. Gewiß aber kann er, während er auf dem Seil geht, nicht daran denken, daß er mit seiner Handlung hundert Gulden verdient; denn sowie er dies dächte, würde er abstürzen.«

Inmitten des Kaleidoskops aus Bildern, Erfahrungen und Klängen in Ihrem Geist werden Sie still und heimlich von einem Ruhepunkt in Raum und Zeit in die Beobachtung Ihres eigenen Geistes und in die Kontemplation seiner

Gedanken und Ideen gezogen. Tritt eine Idee oder ein Gedanke hervor aus den Bündeln in Ihrem Geist, so sind sie eine Folge der Kopplung ähnlich motivierter Gedanken hoch oben. Wenn ein Gedanke von dannen geht, so ordnen sich die verbliebenen Gedanken in Ihrem Geist in einem neuen Muster. Sie organisieren sich selbst, bis der nächste Gedanke oder die nächste Idee hinunterfährt. Alle Entdeckungen, Erfindungen, Visionen und Inspirationen finden auf diese Art und Weise statt. Ist Ihr Geist leer und offen, um mit dem göttlichen Geist zu verschmelzen, gelangen die passenden Gedanken zu Ihnen. Doch es kann auch vorkommen, daß Sie eine Idee suchen, diese aber leitet Sie in die Irre. Vielleicht waren Sie nicht offen genug, oder der richtige Zeitpunkt für die Inspiration oder für die Erfüllung der Aufgabe nach Gottes Plan war noch nicht gekommen.

Wie können Sie wissen, wann sich der richtige Gedanke oder die richtige Idee im rechten Geist zur rechten Zeit im Rahmen des göttlichen Plans befindet? In der linearen Zeit können Sie dies nicht wissen. Jenseits der Zeit spielt es keine Rolle. Ihre wirkliche Aufgabe ist es, Spiritualität zu entwickeln. Ihre Aufgabe ist es, sich weniger Sorgen um die Zeit zu machen und mehr Mühe darauf zu verwenden, klar und konzentriert zu bleiben. Das bedeutet, Erwartungen loszulassen und sich an Weisheit und Achtsamkeit um ihrer selbst willen zu erfreuen, statt sie an äußere Erwartungen zu knüpfen. Zwischen dem Kaleidoskop der Stimulation und dem Ruhepunkt der Kontemplation gibt es einen mystischen Augenblick, in dem der rechte Geist und die rechte Zeit mühelos miteinander verschmelzen.

Indem Sie die atmosphärischen Störungen in Ihrem Geist verringern, wird es Ihnen besser gelingen, den göttlichen Geist zu hören, zu sehen und zu berühren. Während Sie so Ihre Empfänglichkeit für die Weisheit der übermenschlichen Reiche fein abstimmen, singt Ihre Seele, Sie machen visionäre Erfahrungen, Ihr Geist wird von Gott berührt, und Intuition kann geschehen. Als die Israeliten am Berg Sinai mit Offenbarungen gesegnet wurden, war dies möglich, weil sie sich vorher gründlich darauf vorbereitet hatten. Sie hatten ihre beschränkende Sklavenmentalität zu einem leeren, klaren und auf freiheitlicher Fülle basierenden Bewußtsein entwickelt. Und als sie in Herrlichkeit wiedergeboren am Fuß des Berges Sinai standen, war der erste Klang, den sie hörten, das Aleph, der Ton der Stille. Im Klang der Stille berührten sie intuitiv den göttlichen Geist.

Halten Sie nun inne und denken Sie einen Augenblick lang nach. Wo ist Ihre Klarheit? Was liegt im Zentrum Ihrer Aufmerksamkeit? Im Inneren Ihres Geistes? In den atmosphärischen Turbulenzen oder im Ruhepunkt? Wie reagieren Sie auf verirrte Gedanken? Legen Sie wieder eine Pause ein, leeren Sie Ihren Geist und sammeln Sie sich. Je mehr Sie sich auch weiterhin für den rechten Geist öffnen und die Meditation zur Leerung des Geistes praktizieren, desto häufiger werden Sie wunderbare Entdeckungen und kreative Erfindungen machen, spielerische Visionen haben und tiefe Inspirationen erleben. Vergessen Sie nicht, sie kommen nicht aus Ihnen, sondern von einer über Sie hinausgreifenden Quelle, die Ihren rechten Geist zur rechten Zeit führt, ihm folgt und ihn begleitet.

Üben Sie sich heute mindestens einmal in der Meditation zur Leerung des Geistes (Seite 53).

Suchen Sie Weisheit jenseits der Dualität

Wäre Israel die Thora nicht gegeben worden,
hätten wir Bescheidenheit von der Katze,
Intimität von der Taube, Respekt vom Hahn und
Integrität von der Ameise lernen können.

Talmud

Die zehntausend Dinge tragen das Yin und umfassen das Yang.
Durch Verschmelzen ihrer Energien erreichen sie Einklang.

Lao Tse

Dualität ist eine Denkweise. Die wahre Wesensart des Geistes kennt keine Dualität. Doch gibt es ein Paradox, denn um das Einssein erkennen zu können, müssen Sie für einen Augenblick von der Erfahrung zurücktreten. Ein Fisch, der im Wasser schwimmt, weiß so lange nicht, daß er sich im Wasser befindet, bis er das Wasser verläßt. Doch sobald der Fisch das Wasser verlassen hat, muß er so schnell wie möglich wieder dorthin zurückkehren. Auf die gleiche Art müssen auch Sie, wenn Sie sich über etwas oder über jemanden Klarheit verschaffen wollen, zunächst von dem zurücktreten, was Sie in Erfahrung bringen wollen; danach müssen Sie sich damit zu einem verbinden. Beispielsweise müßte ich, wenn ich Sie erkennen wollte, weit genug von Ihnen fort sein, um Sie zu sehen, zu hören und deutlich zu spüren, wer Sie sind. Doch um wirklich zu wissen, wer Sie sind, müßte ich Sie auch ganz und gar empfinden und in den Teil Ihrer selbst eintreten, der auch ich bin.

Es ist leicht, in die Sackgasse des Entweder-Oder zu gelangen. Entweder ich bin Ihnen nahe oder ich bin weit fort von Ihnen. Entweder Sie sind gut oder Sie sind schlecht. Ich kann entweder das eine tun oder das andere. Das Denken in Entweder-Oder läßt keinen Raum für die Möglichkeiten, die entstehen, wenn beides gleichzeitig zutrifft. Mit Weisheit ist es möglich, die ganze Bandbreite der Optionen zu erfahren. Wenn Sie daran glauben, daß Sie durch die Grenzen und Beschränkungen eines anderen eingeengt sind, oder daß der Geist auf die Dimensionen des Gehirns beschränkt ist, oder daß Gutes vom Schlechtem unterschieden wird oder Schwarz von Weiß, dann sind Ihre Wahlmöglichkeiten begrenzt. Engen Sie jedoch Ihre Wahlmöglichkeiten ein, legen Sie auch Ihrer Wahrnehmung Fesseln an, und Ihr Leben wird beschränkt, eng und isoliert. Finden Sie jedoch zu der Erkenntnis, daß Grenzen eine Illusion sind und daß Gut und Schlecht einander zuneigen und daß Schwarz und Weiß nichts als Lichtschwankungen sind, so löst sich die Dualität auf, und Freiheit zieht ein. Wenn Sie Ihr Gehirn befreien und Grenzen über die Dualität hinaus überschreiten, können Sie das Leben als grenzenlos, magisch und belebend wahrnehmen, Sie können es freudig und freizügig mit allen Lebensformen in allen Aspekten der Intelligenz teilen, um dem Guten zu dienen und den Lichtfunken zu erwecken.

Im Hebräischen gibt es kein eigenes Wort für »sein«. Sein ist in jedem Wort impliziert. Sein ist immer in Ihnen, in allem und überall zugleich vorhanden. Wenn Sie dies bedenken, können Sie selbst in der gewöhnlichsten und einfachsten Handlung Ihre Weisheit in Harmonie mit den weisen Handlungen jener in Ihrer Umgebung bringen.

In der »Geschichte des siebten Bettlers« schreibt Richard Siegel so wunderschön über die Essenz der Nichtdualität:

Du hast mich einmal gefragt, wer ich bin
Wo ich war und welches meine Kenntnisse sind.
Die Antwort steht vor dir.
Ich bin in der Luft aufgehängt,
Und ich werde von der Erde getragen;
Ich werde vom Wasser getragen,
Und ich trage das Wasser;
Meine Gedanken strecken sich hinauf

Und treffen auf Gedanken, die hinabreichen;
Ich falle in die unendliche Weite der Liebe,
Und ich werde durch die Gabe der Liebe getragen;
Von dort, wo ich bin, da ist kein Berg und kein Tal,
Außer dem Berg und dem Tal.
Ich habe den Himmel heruntergeholt,
Und ich habe die Erde hinaufgehoben,
Und ich verbinde sie miteinander durch Liebe.
Und wo ich bin, da ist Frieden,
Aber kannst du sagen, wo ich nicht bin?
Bin ich nicht wie du?

Üben Sie sich heute mindestens einmal in der Meditation zur Leerung des Geistes (Seite 53).

Hören Sie die Weisheit sprechen, und erleben Sie, wie Wahrheit geschieht

(Die Weisheit spricht)
Hört, denn ich rede, was edel ist,
und meine Lippen sprechen, was recht ist.
Denn mein Mund redet die Wahrheit,
und meine Lippen sprechen, was recht ist.
Denn mein Mund redet die Wahrheit,
und meine Lippen hassen, was gottlos ist.
Alle Reden meines Mundes sind gerecht,
es ist nichts Verkehrtes noch Falsches darin.
Sie sind alle recht für die Verständigen
und richtig denen, die Erkenntnis gefunden haben.

Sprüche 8,6–9

Da ich Geistesnahrung suchte
und die Speerspitze des Intellekts schärfte,
bin ich auf dauerhafte Eltern gestoßen,
die ich nie mehr vergessen kann.

Chögyam Trungpa

Leeren Sie Ihren Geist, und öffnen Sie Ihr Herz für die Weisheit, die für Sie neue Realitäten mit sich bringt. Weisheit ist eine Lebensweise, die von Wahrheit durchdrungen ist. Wenn Ihre Gedanken sich in Übereinstimmung mit dem göttlichen Geist befinden, geschieht Wahrheit. Dies ist nicht die Folge einer inneren Neigung oder äußerer Einflüsse. Wahrheit ist unabhängig. Sie erkennen Wahrheit, indem Sie in Harmonie mit Ihrer ureigenen Essenz leben. Das ist es, was hinter der talmudischen Aussage steht, daß Gott einen Menschen entlang des Weges führt, den die betreffende Person gewählt hat. Erst wählen Sie Ihre Wahrheit, dann führt Gott Sie dorthin.

Der Talmud lehrt, daß Weisheit das Wissen um die Folgen des eigenen Handelns bedeutet. Die Konsequenzen können erkannt werden, wenn man sich die Beschaffenheit der Gedanken bewußt macht. Wenn Sie heilige Gedanken denken, dann werden Sie durch die himmlischen Sphären in die Höhe gehoben; wenn Sie niedrige Gedanken denken, dann werden Sie durch die himmlischen Sphären abgesenkt. Auch durch die Energie, welche von den Gedanken weitergeleitet wird, können Sie die Folgen Ihres Denkens erkennen. Gedanken haben eine ureigene energetische Beschaffenheit. Wenn Sie einem Gedanken erst einmal mit Worten zum Ausdruck verholfen haben, dann können Sie ihn nicht mehr rückgängig machen. Die Energie, die Sie mit ihm freisetzen, erreicht andere Menschen und kehrt wie ein Bumerang zu Ihnen zurück. Es gibt manche Kulturen, in denen die Menschen so sensibel auf negative Gedanken reagieren, daß Sie sich ducken, um sich vor wütenden oder beängstigenden Worten gegen sie in Sicherheit zu bringen. Die biblische Schöpfungsgeschichte verdeutlicht die Macht des Wortes: Als Gott sagte: »Es werde Licht«, da entstand das Licht wirklich.

Jedes Wort, das Sie sagen, erschafft im Himmel einen Engel, der dazu beiträgt, Ihre Worte in Wirklichkeit zu verwandeln. Ihre Gedanken sind, Kontrollknöpfen gleich, mit einer spirituellen Dienstleistungszentrale im Himmel verbunden, werden hier von der Erde durch ihren Inhalt wie durch einen Filter geschickt und bewegen sich auf den Gleisen von positiver oder negativer Energie. Seien Sie offenen Geistes, und gewähren Sie der großartigen Weisheit Zugang, wenn Sie Ihren nächsten Gedanken denken oder Ihr nächstes Wort sprechen. Die Folgen dieses Gedankens warten nur darauf, aktiviert zu werden. Das ist die Wahrheit.

Wahrheit umfaßt Ihr Leben von Anfang bis Ende. Wahrheit ist das Fundament und der Mittelpunkt, auf dem Sie stehen. Wenn Sie aus der Weisheit heraus sprechen, geschieht Wahrheit. Wie können Sie wissen, ob Sie in Übereinstimmung mit der Weisheit handeln? Eben, wenn gilt: »Ich rede, was edel ist, und meine Lippen sprechen, was recht ist.« Wie können Sie wissen, ob es Wahrheit ist, was Sie sprechen? Wenn es unabhängig ist von Manipulationen und in Harmonie mit Ihrer ureigenen Essenz.

Üben Sie sich heute mindestens einmal in der Meditation zur Leerung des Geistes (Seite 53).

Besteigen Sie den göttlichen Streitwagen

Auf der höchsten Ebene der Heiligkeit befinden sich jene Personen, die einen Zustand erreicht haben, in dem ihre gesamte Persönlichkeit und all ihre Handlungen untrennbar mit der göttlichen Heiligkeit verbunden sind. Von diesen Personen heißt es, daß sie zum »Streitwagen« für die Schekina geworden sind, und wie der Streitwagen sind sie dem Einen, der sich auf dem Fahrersitz, dem Thron der Herrlichkeit, befindet, vollständig ergeben, und sie sind selbst zu einem Bestandteil des Throns der Herrlichkeit geworden, obgleich sie aus Fleisch und Blut, Männer und Frauen *wie andere Männer* und Frauen *sind.*

Adin Steinsalz

Laß die Bewegungen des Körpers in die Echtheit münden,
Stell dein müßiges Geplapper ein,
laß deine Worte zu einem Echo werden,
Habe keinen Geist, aber sieh das Dharma des Sprungs.

Sri Tilopa

Sie wurden geboren, um das Licht Gottes zu empfangen und um zu dem Gefährt zu werden, durch welches Wunder geschehen. Je mehr Sie dem Licht gestatten, durch Sie hindurchzufließen, um so wunderbarer ist Ihre Realität. Der göttliche Streitwagen ist ein Gefährt des Lichts, über das Gott und Sie einander näherkommen. In diesem Fahrzeug haben nicht Sie die Kontrolle, denn Gott sitzt auf dem Platz des Fahrers. Mit diesem Fahrzeug wagen Sie den Sprung ins Unbekannte mit vollem Vertrauen darauf, daß Gott Sie auf dem Weg voranführt, welcher der Ihre ist. Ist jeder Ihrer Gedanken, jedes Ihrer Worte und jede Ihrer Handlungen in Übereinstimmung mit Gott, werden Sie selbst zum Streitwagen, in dem Gott fährt. Wenn Sie restlos mit Gott vereint sind, umgeben die Engelkräfte Sie mit demselben Netz aus Licht und Energie, aus dem auch der göttliche Streitwagen besteht.

In verschlüsselter Sprache beschreibt der Prophet Hesekiel seinen Aufstieg zum göttlichen Streitwagen. Er beginnt die Schilderung seiner Vision mit der Bemerkung, daß er sich im Exil befand. Rabbi Aryeh Kaplan vertritt die Auffassung, daß Hesekiel hier kein tatsächliches Exil meinte, sondern daß sein »Ich« aus seinem inneren Geist exiliert war. Das »Ich«, welches er meinte, war der gotterfüllte Teil seiner selbst, die Schekina, die weibliche Essenz Gottes. Er fühlte sich von dem intuitiven, heiligen, nährenden Aspekt Gottes in ihm entrückt. Es kam ihm so vor, als sei sein Ich (die Schekina) im Exil und er von seiner wahren Göttlichkeit im Inneren isoliert. Der Schekina-Aspekt Gottes wohnt jedem Menschen inne und ist Ihnen so nah wie Ihr Atem. In einer Welt, die von äußeren Einflüssen dominiert wird, fühlt sich auch die Schekina jedoch exiliert und jenseits Ihrer Reichweite. Mit dem göttlichen Streitwagen gelangt sie in Ihr Bewußtsein – und auch wieder hinaus. Um die Schekina heimzuführen und um wieder Zugang zu Ihrer Göttlichkeit zu erlangen, müssen Sie den Streitwagen neu erschaffen. Sobald Sie sich erneut mit der Schekina vereinigen, werden Sie zum Streitwagen, steigen näher zu Gott auf und decken die Immanenz Gottes in jedem einzelnen Aspekt des Lebens auf.

Haben Sie sich selbst allein auf der Basis der äußeren Welt definiert, fühlt sich Ihr gotterfülltes Selbst, Ihr Ichanteil, der die Schekina ist, isoliert und verbannt. In diesem Geisteszustand ist es schwierig, in die metaphysischen, astralen Reiche zu reisen. Befreien Sie sich jedoch von der zwanghaften Verbundenheit mit Ihrer Außenwelt und von der kontrollierenden Denkweise darüber, wie die Dinge sein sollten, dann werden Sie größeren Seelenfrieden und eine tiefere Verbindung mit dem Göttlichen in sich finden. Sie müssen lediglich innehalten, sich leeren und sich dem Geist Gottes in Ihnen öffnen. Dieser Seelenfrieden und diese Göttlichkeit sind die Essenz der Schekina, die in Ihnen wohnt. Die Schekina und Sie sind untrennbar. Jedesmal, wenn Sie sich daran erinnern, erhalten Sie neu Zugang zu Ihrer Göttlichkeit und werden zum göttlichen Streitwagen, über den sich Ihre Seele erhebt.

Im Verlauf des Prozesses der Neuerschaffung des göttlichen Streitwagens wurde Hesekiel zunächst die Schekina in ihm selbst zugänglich. Dann stand er am Ufer des Flusses Kebar, dessen Namen »Das, was vergangen ist« bedeutet. Als er dort am Fluß der Vergangenheit stand, wurde er eins mit Gott, eins mit dem Universum und eins mit dem Streitwagen. Von dort an wurde er von Engelskräften geleitet und zurück zum Anbeginn der Zeit geführt, wo er die wunderbaren Visionen von den vielen Aspekten Gottes hatte.

Auch Sie haben die Fähigkeit, sich neu mit der Schekina zu vereinen und zum göttlichen Streitwagen zu werden. Entfernen Sie sich mit reinem Bestreben, mit ruhiger Introspektion und Meditation von der Illusion äußerer Einflüsse und selbstverherrlichender Gedanken. Dann erlösen Sie Ihre weibliche Essenz, indem Sie in den Teil Ihrer selbst eintreten, der sich danach sehnt, ein empfängliches Gefährt Gottes zu sein. Als nächstes überprüfen Sie Ihre Intention, indem sie sich fragen: »Wer sitzt auf dem Kutschbock?« An dieser Stelle, an der Sie nun nicht mehr länger den äußeren Zielen verhaftet sind und sich nicht mehr an Erwartungen oder an der Kontrolle festklammern, können Sie in die verschiedenen Dimensionen von Welten in den Welten des Seins reisen und immer weiter zu den sich ewig weiterentwickelnden Wundern Gottes vordringen. Wenn Sie zum göttlichen Streitwagen geworden sind, steigen Sie in größere Höhen auf, erleben großartigere Visionen und noch wunderbarere Seinsweisen.

Wenn Sie Ihren Tag noch einmal Revue passieren lassen, ziehen Sie alles in Betracht, was Sie in dieser Einsicht erfahren haben. Dehnen Sie sich dorthin aus, wo Sie den Ort gefunden haben, an dem Sie in Gott eintreten und von einem göttlichen Streitwagen des Lichts eingehüllt werden.

Üben Sie sich heute mindestens einmal in der Meditation zur Leerung des Geistes (Seite 53).

Denken Sie daran: Nichts ist sicher

Denn
es sollen wohl Berge weichen
und Hügel hinfallen,
aber meine Gnade soll nicht von dir weichen,
und der Bund meines Friedens soll nicht hinfallen,
spricht der Herr, dein Erbarmer.

Jesaja 54,10

Der Weg fließt und treibt;
Er kann sich nach links oder nach rechts wenden.
Er erfüllt seine Aufgaben und bringt seine Angelegenheiten zum Abschluß,
Und doch hat er gerade darum keinen Namen.

Lao Tse

Ein weiser Mensch weiß, daß nichts sicher ist. Das Tao legt dar: Wenn man etwas festhalten kann, so kann man es auch verlieren. Nichts bleibt, wie es ist. Bitte lesen Sie den letzten Satz noch einmal; es handelt sich um ein Wortspiel. Nichts bleibt, wie es ist, doch das *Nichts* bleibt, wie es ist. Das Nichts und die Leere sind konstant. Der Weg zur unendlichen göttlichen Quelle beginnt in der Leere. Leeren Sie sich von vorgefaßten Meinungen und emotionalen Erwartungen. Was immer auch in der letzten Sekunde der Zeit geschehen ist, es kann nicht mehr sein, noch vermag es in genau der gleichen Form wiederzukehren.

Es gibt nichts, was sicher ist, nur Gott, und Gott ist das Fundament des Nichts. Jede Generation, jedes Individuum kommt auf eine eigene Weise, mit eigenen Visionen, Botschaften, Vorstellungen, eigenem Glauben und Vertrauen zu Gott. Ihre Vision oder Vorstellung von Gott ist die Basis und die Schablone Ihres Selbstbildes. Wenn Gott sich für Sie begrenzt und mit zahlreichen Gesetzen ausgestattet darstellt, ist Ihr Selbstbild ebenfalls eingeschränkt und von Regeln auf der Basis von »Du mußt« und »Du darfst nicht«, von »Du sollst« und »Du sollst nicht« bestimmt. Ist Ihre Vorstellung von Gott die einer ewig wandelbaren, frei fließenden, dynamischen und lebendigen Kraft der Kreativität, dann werden auch Sie zu einem grenzenlos wandelbaren, frei fließenden, dynamischen und lebendigen Geist. Sie und Gott spiegeln einander durch die Linsen Ihrer Wahrnehmung wider. Es wirkt Ihrem Wachstum und Ihren Möglichkeiten entgegen, wenn Sie versuchen, Sicherheit aufrechtzuerhalten, und wenn Ihr Gottesbild geringere als unendliche Ausmaße hat. Selbst in der Sicherheit muß noch Platz sein für Dynamik.

Die einzige Sicherheit, an der Sie sich festhalten können, liegt in dem Licht, welches Gott in das Fundament Ihres Seins gießt. Unendliches Licht kennt keine Begrenzungen und wird von keiner Form gefaßt. Der Prophet Jesaja beschreibt einen Gott, der Ihnen versichert, daß es selbst dann nichts gibt, woran Sie sich festhalten können, wenn Sie durch die himmlischen Tore schreiten und in Berührung mit der Weisheit der Alten gelangen, mit der Seele der Materie und dem Herz der Emotion. Die physikalische Landschaft Ihres Lebens, wie Sie sie jetzt kennen, wird unablässig ihre Beschaffenheit verändern und mit dem Voranschreiten der Zeit neue Formen hervorbringen. Nichts bleibt, wie es war; alle Dinge erblühen, steigen auf und erweitern stetig ihren Licht- und Wahrheitsgehalt.

Nichts ist bleibend, und die meisten Dinge, die tiefgehende Erfahrungen widerspiegeln, geschehen spontan und haben in einem ganzen Leben nur die Dauer von Sekunden. Fallen Ihnen Augenblicke in Ihrem Leben ein, die Sie festhalten wollten? Augenblicke des Lachens, der Freude, der Ekstase oder Momente tiefer mystischer Begegnungen und spirituellen Erwachens? Augenblicke, von denen Sie meinten, daß sie für immer fortdauern würden, sind zu flüchtigen Erinnerungen an die Vergangenheit geworden. Und doch wurden Sie in dieser einen Sekunde in eine neue Seinsweise transformiert.

Gehen Sie sanft mit sich um, so wie Gott sanft mit Ihnen umgeht. Es wird nicht von Ihnen erwartet, daß Sie sich mit einem Mal ändern, auch wenn Sie diese Möglichkeit zweifellos haben. Denken Sie daran, alles verändert sich und alles trägt Gott in sich. Vielleicht fühlen Sie sich unsicher, wenn Sie aus eigenem Antrieb oder eigenverantwortlich handeln – vor allem wenn Jahre hinter Ihnen liegen, in denen strukturierende Regeln und Vorschriften Ihren Weg bestimmt haben. Ich kann hier eine Beziehung zu meinem eigenen Leben und zum Prozeß des Schreibens an diesem Buch erkennen. Anfangs machte ich mir Sorgen, ob ein von mir geschriebener spiritueller Führer wohl die Zustimmung meiner inzwischen verstorbenen Eltern und von anderen Lehrern der Vergangenheit und Gegenwart erhalten würde. Ich meinte, unendlich viele Anmerkungen machen zu müssen, um zu beweisen, daß ich mein Thema gründlich kenne und in Übereinstimmung mit den strengen Richtlinien schreibe, anhand derer ich erzogen worden bin. Dann, im Prozeß des Schreibens, veränderte ich mich. Ich hörte auf, für meine Eltern und Lehrer zu schreiben, und fing an, für meine Kinder und deren noch ungeborene Kinder zu schreiben. Ich schrieb nicht mehr, um die Regeln zu erhalten, sondern um den Geist zu erlösen. Ich schrieb nun, um das Gestern zu bewahren, und fing an, die Wahrheit festzuhalten, an die ich glaube und nach der ich jetzt lebe. Die Reise, die ich in diesem Buch beschreibe, dient nicht nur dem Konsum durch eine breite Öffentlichkeit; sie ist auch für den persönlichen Gebrauch gedacht. Ich stelle mir diese Reise nicht nur vor; ich lebe sie. Und das einzige, was in meinem Leben sicher ist, ist, daß nichts sicher ist.

So oft verwandeln sich Regeln, die Befreiung versprechen, selbst zu Beschränkungen. Wenn Sie sich auf die Regel verlassen und die Intention vergessen, bleibt das Licht hinter den Schleiern und den Barrieren, den *klippot,* von Form und Struktur verborgen. Unter dem Netz der Struktur liegt eine Substanz aus Energie und Licht, die geradezu danach schreit, von Ihnen befreit zu werden. Sicherheit hängt von der Unsicherheit ab, und Sicherheit ist eine in der

Unsicherheit gefangene Illusion. Alles ist wandelbar – und ist damit genau so wie vorgesehen.

Die unendliche kreative Quelle erwartet Ihr Erwachen zu den Freuden dieses Augenblicks, die überall, wohin Sie nur schauen, verborgen sind. Stellen Sie fest, in welchem Bereich sich Ihr Selbstgefühl heute manifestiert. Ist es in der Unsicherheit und hält Ausschau nach einer äußeren Quelle, um eine sichere, stabile Struktur um Sie her zu errichten? Oder finden Sie es in der Freiheit der Selbstverantwortung und Ermächtigung zu einem kreativen, dynamischen Leben mitten im Fluß des Lebens? Liegt es in dem Bedürfnis, sich an Dingen festzuhalten, oder in dem Wunsch, so zu empfangen und zu teilen, wie Sie sind und wie Gott in Ihnen ist? Die Gewißheit, nach der Sie suchen, läßt sich nur im Nichts Gottes finden und in der Flexibilität, sich so zu bewegen und zu verändern, wie das Leben es tut.

Üben Sie sich heute mindestens einmal in der Meditation zur Leerung des Geistes (Seite 53).

Verstehen

Der Herr hat die Erde durch Weisheit gegründet und nach seiner Einsicht die Himmel bereitet.

Sprüche 3,19

Um sicheren Fußes durch das Labyrinth des menschlichen Lebens zu gelangen, bedarf man des Lichts der Weisheit und der Führung durch die Tugend.

Buddha

Da Sie sich nun vor dem himmlischen Tor des Verstehens befinden, begeben Sie sich auf das letzte Stück Weges für den Geist. Dieses Tor wird Ihnen die Kenntnisse vermitteln, mit denen Sie Ihr Leben verstehen, definieren, organisieren und mit einem Muster versehen können. All die Weisheit, die Sie bisher durch Imagination, Erinnerung, Sinneseindrücke und Erfahrungen angesammelt haben, werden Sie jetzt zu einem umfassenden Wandteppich der Formen und Farben verweben, der die Grundlagen dessen, wie Sie denken und handeln, maßgeblich verändern kann. Nun ist der Zeitpunkt gekommen, um Ihre Intention ins Auge zu fassen, um Ihre Weisheit geltend zu machen und auf praktische, bedeutsame Weise neue Konzepte in Ihr Leben einzubringen.

Die Kabbalisten beschreiben die Beziehung von Weisheit, Verstehen und Wissen als eine, die von der zarten Schönheit und dem Wunder der Fruchtbarkeit, des Ausreifens und der Empfängnis durchdrungen ist. In der Weisheit wird ein Gedanke empfangen, und im Verstehen wird er geboren. Verstehen korrespondiert mit der Logik in der Welt und mit dem rationalen Anteil Ihres Geistes. Die Weisheit, die im intuitiven Teil Ihres Geistes befruchtet wurde, durchdringt und umschließt nun seinen rationalen Teil. Weisheit vereint sich mit Verstehen, um Wissen hervorzubringen. Verstehen brütet wie ein Schoß die Weisheit der Vergangenheit aus und trägt seine Früchte im Wissen um die Zukunft. Wissen ist die Frucht, die aus Weisheit und Verstehen hervorgegangen ist.

Ihre Gedanken und Ideen von heute erzeugen die Muster, nach denen Sie morgen leben werden. Die Muster, die Sie jetzt hervorbringen, legen das Fundament für Ihr zukünftiges Denken und Leben. Um Ihre Zukunft zu verstehen, müssen Sie die Weisheit und Intention begreifen, die den Informationen Ihrer Vergangenheit innewohnen. Sie tragen die Weisheit, die in den Informationen der Vergangenheit enthalten ist, durch das Tor des Verstehens und werden so zu Kenntnissen über die Anwendung der Weisheit auf die Zukunft gelangen. Dies wird Ihnen gelingen, indem Sie die vielschichtigen Bilder und zahlreichen Möglichkeiten

Gottes, die potentielle Kraft, die Ihnen selbst innewohnt, und die Verknüpfung Ihrer Erfahrungen mit dem Einssein des Universums begreifen. Sie werden langsam erkennen, was wichtig und was unwichtig ist. Sie werden feststellen und formulieren, was nun für Sie von zentraler Bedeutung und was ohne Belang ist. Nachdem Sie das Tor des Verstehens durchschritten haben, werden Sie das benötigte Wissen besitzen, um bewußt zu denken, bewußt zu handeln und bewußt auf das nächste Tor und auf den nächsten Abschnitt auf Ihrem Weg zuzugehen.

Bevor Sie sich nun der ersten Einsicht im Zusammenhang mit dem Verstehen zuwenden, nehmen Sie sich etwas Zeit, um in Ruhe die Meditation über die Stille zu machen. Diese Meditation wird Sie darin unterstützen, das innere Geplapper zu beruhigen und die nach innen gerichtete Konzentration aufrechtzuerhalten. Bei regelmäßiger Übung wird es Ihnen, unabhängig von den Ablenkungen in Ihrem Leben, in wachsendem Maße leichter fallen, sich zu konzentrieren. Um den vollen Nutzen aus der Meditation zu ziehen, lesen Sie die Anweisungen langsam. Machen Sie nach jedem Satz eine Pause, und spüren Sie dem nach, was Sie soeben gelesen haben. Dann verbringen Sie einen Augenblick eingehüllt in den entstehenden Frieden. Wiederholen Sie die Meditation über die Stille nach jeder in diesem Kapitel vermittelten Einsicht.

Meditation über die Stille

Halten Sie einen Augenblick lang inne, und setzen Sie sich bequem auf einen Stuhl oder auf den Boden. Spüren Sie bei jedem Ein- und Ausatmen, wie die Atemluft langsam in Ihren Körper eindringt und ihn wieder verläßt. Gestatten Sie es dem Atem, frei und gleichmäßig zu fließen. Fühlen Sie bei jedem Ein- und bei jedem Ausatmen, wie Ihr Geist sich klärt und Ihr Körper der Entspannung nachgibt. Hören Sie das verbliebene Geplapper in Ihrer inneren Welt. Lassen Sie es zu, daß die Klänge und das Geplapper in die Entfernung davonziehen, bis sie immer weiter verblassen. Da die Geräusche schwächer und schwächer werden, spüren Sie, wie ihr verstummtes Echo mit dem flüsternden Atem des Universums verschmilzt. Hören Sie den gelassenen Klang der Stille, und spüren Sie den unhörbaren Strom von Licht, der Ihr Wesen durchdringt. Genießen Sie jetzt die warme Stille, die Ihre Seele nährt und Ihren Geist sättigt.

Trennen Sie, um zusammenzuführen

Alle himmlischen Lichter mögen voneinander getrennt erscheinen und gehen doch von der einen Quelle aus und sind ein einig Licht. Wer immer diese Lichter in seinem eigenen Geist voneinander getrennt hält, der hält sich selbst vom ewigen Leben fern.

Sohar

Allzeit ohne Wünsche, sieht man das Geheimnis.
Allzeit voller Wünsche, sieht man die Erscheinungsformen.
Ihr Ursprung ist derselbe, unterschiedlich sind ihre Namen ...

Lao Tse

Können Sie jemals sicher sein, ob das, was Ihr Geist sieht, wahr oder eine Illusion ist? Es bedarf subjektiver Geduld und objektiver Beobachtung, um die Welt zu kennen, in der Sie leben.

Es waren einmal zwei Cousinen, die ihr Leben lang in der Stadt gewohnt hatten. Sie hatten niemals ein Feld oder eine Wiese gesehen, bis sie sich eines Tages entschlossen, eine Fahrt über Land zu machen. Am Wegesrand sahen sie, wie ein Bauer eine wunderbar grüne Wiese in tiefe Furchen des Drecks verwandelte. Dann beobachteten sie, wie ein anderer Bauer guten Weizen nahm und ihn in den Schmutz warf. Da sie ein Leben lang in der Stadt gewohnt hatten, waren sie sehr erstaunt über den Wahnsinn, die wunderschöne Wiese umzugraben, und über die Verschwendung des guten Weizens, um die Löcher damit zu füllen. Eine der Cousinen entschied, daß sie von den Merkwürdigkeiten des Landlebens genug hatte und kehrte in die Stadt zurück. Die andere Cousine blieb lang genug, um das Wunder zu beobachten, das sich in den nächsten paar Wochen ereignete. Sie sah, wie auf dem Feld das Grün sproß und es sogar noch schöner war als zuvor die Wiese. Sie war so aufgeregt, daß sie ihrer Cousine schrieb, doch aus der Stadt zurück auf das Land zu kommen, um das Wunder zu sehen. Die ungeduldige Cousine folgte der Aufforderung, staunte ebenfalls über den wunderbaren Anblick und fing an, die Arbeitsmethoden der Bauern zu verstehen – jedenfalls bis der Weizen reif war und der Bauer seine Sense nahm, um ihn zu mähen. Die ungeduldige Cousine war verwirrt und kehrte entrüstet in die Stadt zurück. Doch die andere Cousine, welche die Zwischenstufen des Wachstums verstanden hatte, blieb auf dem Land. Sie sah dem Bauern geduldig dabei zu, wie er den Weizen in den Kornspeicher brachte und geschickt die Spreu vom Weizen trennte. Da die geduldige Cousine beobachtete, wie die Saat eine hundertfache Ernte einbrachte, begriff sie die Logik und durchschaute den Zusammenhang der einzelnen landwirtschaftlichen Prozesse. Dinge, die voneinander getrennt zu sein schienen, hatten sich nur als einzelne Schritte in einem abgeschlossenen Wachstumskreislauf erwiesen.

Denken Sie darüber nach, wie Sie selbst ein Ding auseinandernehmen, um es besser zu verstehen, und stellen Sie fest, daß Sie es anschließend wieder zusammenfügen müssen, um eine Veränderung zu bewirken. Sie zerlegen eine defekte Maschine, um den Fehler zu finden, aber nur, wenn Sie anschließend den ursprünglichen Zustand wiederherstellen, kann die Maschine die Leistung erbringen, für die sie konstruiert wurde. Auf die gleiche Weise können Sie eine Beziehung, eine Aufgabe oder einen Gedanken isolieren. Doch sie alle vermögen nur dann ihre maximale Leistung zu erbringen, wenn sie in ein einzigartiges Ganzes integriert sind.

Das Problem entsteht dann, wenn Sie, wie die ungeduldige Cousine in der Geschichte, aufgeben, bevor sich alles zu einem zusammenhängenden Bild fügt und Ihnen die Erfahrung des Abschlusses am Ende des Prozesses entgeht. Es ist wunderbar, die Zutaten für einen Kuchen vorzubereiten, die Nüsse zu kosten und am Schokoladenguß zu naschen. Aber bevor die Zutaten nicht auf die erforderliche

Weise vermischt sind, wird daraus kein Kuchen. Das erinnert mich an meine Teenagerzeit, als ich, ähnlich der Zutatenmischung eines Kuchens, ein stattliches Aufgebot von ganz unterschiedlichen Freunden hatte. Es waren Freunde aus der Schule, aus der Synagoge, Freunde für den Sonnabend und eine andere Gruppe für den Sonntag. Im Rückblick erkenne ich nun, daß jede Freundesgruppe einem anderen Teil meiner Persönlichkeit diente. Da waren so viele Aspekte meiner selbst, die voneinander abgeschnitten waren. Die spirituellen, religiösen, sozialen und kulturellen Teile meiner selbst waren durch tiefe Abgründe voneinander getrennt. Solange die Teile der Person, die ich war, isoliert voneinander und fragmentiert blieben, solange waren es auch meine Freundesgruppen. Als ich reifer wurde und die verschiedenen Aspekte meiner Persönlichkeit nach und nach anerkannte, fühlte ich mich in mir selbst heiler, was sich auch in meinen Beziehungen widerspiegelte. Es war nicht mehr erforderlich für mich, weiterhin eine Gruppe von der anderen fernzuhalten, einen Gedanken vom anderen zu trennen oder eine Kultur von der anderen zu isolieren. Wirklich interessant wurde es, als ich die Sonntagsfreunde mit den Sonnabendfreunden und die Schulfreunde mit den Freunden aus der Synagoge zusammenführte. Inzwischen sind meine religiösen, spirituellen, sozialen und kulturellen Erfahrungen nicht mehr voneinander zu trennen. Jetzt stehen meine Freunde, wie alle anderen Aspekte meines Lebens, für die Verbundenheit meines Glaubenssystems, meiner Persönlichkeit und meines Lebensstils.

Diese Wahl haben Sie ebenso, wie sie mir freistand. Wollen Sie in der Illusion verharren, daß Sie einen Teil Ihres Lebens von einem anderen trennen können, oder sind Sie bereit, sich breiteren Möglichkeiten zu öffnen, indem Sie alles in einem großen Ganzen integrieren? Zahllose Paare, die ich beraten habe, waren der illusionären Auffassung, daß ihre Spiritualität und ihre Berufe zwei unterschiedliche Dinge seien, oder aber daß ihre Spiritualität und ihre Ehe oder Paarbeziehung nichts miteinander zu tun haben. Das ist eine Illusion. Wenn Sie die Wahrheit leben, quillt sie aus jeder

Pore Ihres Seins hervor, erfaßt jeden Raum Ihres Geistes und fließt durch jeden Aspekt Ihres Lebens. Ebenso wie man unmöglich »ein bißchen schwanger« sein kann, gibt es so etwas wie eine losgelöste oder isolierte Erfahrung. Alle Erfahrungen haben etwas miteinander und dem allgemeinen Austausch des Lebens zu tun, jedes Ding hat Einfluß auf ein anderes.

Die Taoisten sagen, daß es für jedes Aufwärts auch ein Abwärts gibt; für jedes Rein ein Raus; für jedes Außen ein Innen. Gegenstände, Fragen und Beziehungen sind tatsächlich niemals voneinander zu trennen; wir nehmen sie nur auf diese Weise wahr. In der Vergangenheit mag es leichter für Sie gewesen sein, eine Struktur zu besitzen, die Ihnen Polaritäten diktierte, um Richtig von Falsch und Gut von Schlecht zu trennen. Werte und Einstellungen waren sauber verpackt und einheitlich in hübschen kleinen Schachteln verstaut. Doch, was Ihnen noch heute richtig erscheint, kann Ihnen schon morgen falsch vorkommen, und was für einen anderen gut sein kann, ist vielleicht für Sie schlecht. Durch beharrliche Beobachtung werden Sie erkennen, daß die Polaritäten Ihres Lebens und allen Lebens schließlich doch einander zuneigen.

Indem Sie das Unendliche berühren, verändern Sie die Definitionen der Wirklichkeit. Sie stellen Gut und Schlecht nicht mehr einander gegenüber und definieren auch keine neuen Grenzen mehr, um neue Erfahrungen unterzubringen. Dinge, die Sie in Ihrem Leben bisher als abgetrennt und losgelöst wahrgenommen haben, empfinden Sie jetzt nur mehr als zeitlich begrenzte Bilder der Wirklichkeit. Sie sind Sprungbretter auf dem Weg zu einer umfassenderen Geschichte der Person, die Sie sind, Teile eines Puzzles, die gemeinsam ein großes Ganzes ergeben. Wenn Sie jeden Teil Ihres Lebens achtsam leben, finden die isolierten Teile wieder zusammen und ermöglichen Ihnen eine reiche Ernte neuer Möglichkeiten und Wunder. Stellen Sie sich jetzt die wunderbaren Gelegenheiten vor, die geduldig auf Ihre Anerkennung warten, die großartigen Wunder, die Ihrer Neugier und Offenheit harren, und die verschiedenen

Erfahrungen, die auf Ihre Begeisterung, Weisheit und Ihr Verstehen warten. Betreten Sie das Heiligtum Ihres Geistes. Lassen Sie Ihre Erwartungen los, und erfreuen Sie sich der ruhigen Gelassenheit von Polaritäten, die einander zuneigen.

Üben Sie sich heute mindestens einmal in der Meditation über die Stille (Seite 80).

Erschaffen Sie Muster

Für jeden Teil des Körpers wie auch des Lebens gibt es einen parallelen Teil in den vielen »Gesichtern Gottes«.

Tikkune Sohar

Wenn du ohne Verlangen bist,
wenn du dich nicht in Extremen aufhältst,
Wirst du die Dharmas (Muster) in all den Lehren sehen.

Sri Tilopa

Nehmen Sie die Muster wahr, die aus Ihren Gedanken entstehen. Da Sie die Empfängerin oder der Empfänger göttlicher Intelligenz sind, haben Sie die Gelegenheit, eigene Muster zu erzeugen, die für Ihre Entwicklung einzigartig sind. Ein Gedanke vermag ein Bild umzukehren oder eine Situation auf den Kopf zu stellen. Selbst ein flüchtiger Gedanke reist auf einer Wellenlänge, die Ihre Entwicklung unterstützen oder behindern kann. Achten Sie auf Ihre Gedanken: Sie sind der Eingang zu den Mustern, die die Qualität Ihres Lebens bestimmen.

Unendlich viele Muster stehen Ihnen zur Verfügung. Es ist an Ihnen, darüber zu entscheiden, welche davon Ihrem Wachstum dienen und Ihnen beim Weiten Ihres Geistes, beim Öffnen Ihres Herzens und bei der Sorge für Ihren Körper helfen. Werden Sie zum Zeugen Ihrer Gedanken und der vielen Muster, die durch Ihr Bewußtsein fließen. Die Muster oder Schablonen, über die Sie funktionieren, durchziehen alles, was Sie denken, sagen und tun. Sie können sich selbst nicht entkommen und sich vor sich selbst nicht verbergen. Es steht Ihnen lediglich frei, sich mehr Klarheit darüber zu verschaffen, was Sie denken und welche Muster Sie in Ihrem Leben erzeugen. Achten Sie auf die Wahl, die Sie jeweils treffen.

Aus den aufgenommenen Informationen bilden sich in Ihrem Geist Gedanken, die Ihnen helfen, sich in eine positivere Richtung zu bewegen. Ein Gedanke führt zum anderen; eine Richtung führt zu einer weiteren Richtung; eine Handlung führt zur nächsten. Positive Gedanken führen in positive Richtungen und resultieren in positiven Handlungen, die sogar noch mehr positive Gedanken zur Folge haben. Das Universum des Guten steht Ihnen offen, und Sie sind frei, ihm zu dienen; es nimmt seinen Anfang bei den Gedanken, denen Sie in der Landschaft Ihres Geistes nachgehen, und bei Ihren Verhaltensmustern. Seien Sie nicht entmutigt, wenn Sie das Gleichgewicht verlieren oder in die Negativität abgleiten. Wenn Sie der Vergeßlichkeit anheimfallen, haben Sie die Macht, innezuhalten, sich zu leeren, das Muster zu verändern und sich selbst neu zu definieren.

Denken Sie einen Augenblick über das Muster nach, das Sie für sich selbst anhand der Lektüre dieses Buches erzeugen. Sie durchschreiten zehn Tore, die dem Muster des kabbalistischen Lebensbaumes folgen. Indem dieses Muster zu einem festen Bestandteil Ihrer Alltagserfahrung wird, beeinflußt und formt es die Art und Weise Ihres Denkens, Fühlens und Handelns. Ein integraler Bestandteil dieses Musters ist die Reihenfolge der Tore, durch die Sie reisen. Sie haben mit der Intention begonnen, Weisheit empfangen und stehen nun unter dem Tor des Verstehens. Je weiter Sie Ihre Reise durch die Zehn himmlischen Tore fortsetzen, desto mehr werden Sie das Muster vervollständigen, das Sie näher zu Gott bringen und Wunder in Ihrem Leben manifestieren wird.

Durch Naturbeobachtungen wurden in den religiösen Traditionen allzeit Wege gefunden, um von einem Energiemuster zum nächsten und von einer Lebensphase zur anderen voranzukommen. Dies wird häufig durch Feste und Feiern ritualisiert. Während der längsten Nächte und der kürzesten Tage des Winters, in denen die scheinbar tote Erde zum blühenden Leben zurückfindet, werden die Feste der Einweihung (Chanukka) und der Errettung (Purim) gefeiert. Im Jahresverlauf begegnen wir dem wöchentlich wiederkehrenden Muster des Innehaltens und der Erholung im Sabbat. Die Religionen haben schon seit langem das Bedürfnis nach der Schaffung und Veränderung individueller wie gemeinschaftlicher Muster erkannt.

Die Erzeugung von Mustern war die erste Aufgabe, die einem Menschen gegeben wurde. Gott verlangte von Adam, den Tieren Namen zu geben. Indem die Tiere ihre Namen erhielten, wurden Muster des Wiedererkennens geschaffen. Dann wurde der androgyne Mensch geteilt und vermochte sich selbst als männlich und weiblich zu sehen. Als Eva den Apfel vom Baum der Erkenntnis aß, erschuf sie ein divergierendes Muster, durch welches die Menschheit eine neue Welt betrat. Indem Gott Adam und Eva formte, erzeugte er Muster: Er setzte Adam zu Eva und Adam und Eva zu Gott in Beziehung. Die Muster sind die archetypische Intelligenz von Adam und Eva. In Ihnen ist die Schablone vorhanden, die Sie zur Mitschöpferin, zum Mitschöpfer mit dem Unendlichen macht. Mitschöpfer zu sein ist eine ehrfurchtgebietende Aufgabe; sie bringt Verantwortung für die Qualität Ihres Lebens mit sich und hat Auswirkungen auf das Wohlergehen anderer. Als Gottes Mitschöpfer wachsen Sie über vertraute, aber begrenzte Muster hinaus, um neue und weitere zu erschaffen. Verstehen rüstet Sie aus, um neue Schablonen zu erzeugen und Beziehungsmuster in Ihren Gedanken zu weben. Sie betreten Gottes Landschaft nun wie ein Minenarbeiter eine Diamantenmine, auf der Suche nach facettenreichen, funkelnden, diamantenen Gedanken, deren Form im uralten Fels verborgen ist.

Machen Sie sich bei der Meditation über die Stille stets die einander überlappenden Wechselwirkungen und formverändernden Muster bewußt, die aus der ruhigen Landschaft Ihres Geistes hervortreten und sich mit dem göttlichen Geist vereinigen.

Üben Sie sich heute mindestens einmal in der Meditation über die Stille (Seite 80).

Erkennen Sie Gott

F: Wer ist der Schöpfer?
A: Der eine Gott.
F: Welche ist Gottes Qualität?
A: Seine Größe.
F: Wo ist Gott?
A: Im Geist.
F: Das habe ich nicht gemeint …
A: Aber du hast mich in der Begrifflichkeit gefragt, die einem Geschöpf und nicht einem Schöpfer angemessen ist.

Rabbi Bachja ibn Pakuda

Irgend etwas war formlos vorhanden,
Vor Himmel und Erde geboren.
In der Stille und der Leere,
Unerschütterlich steht es für sich da,
Immer wiederkehrend ohne Unterlaß.
Vielleicht ist es die Mutter des Kosmos.
Ich kenne nicht seinen Namen.
Nenne es den Weg.
Da ich kein besseres Wort weiß, nenne ich es das Höchste.

Lao Tse

Gott zu erkennen heißt, das Unendliche, das Endliche, das Unveränderliche, das ewig Veränderliche, den lebendigen Einen, den ewigen Einen, das Alles, das Nichts, das Absolute, das Relative, das Immanente, das Transzendente, den Vater, die Mutter, den Bruder, die Schwester willkommen zu heißen – die Liste läßt sich endlos erweitern. Kein Wunder, daß es schwierig ist, Gott zu kennen. In einer Welt endloser Wahlmöglichkeiten und lärmenden Chaos, angefüllt mit verwirrten Menschen von geringer Selbstachtung, ist es für den einzelnen verständlicherweise schwierig, darüber zu entscheiden, wie das Gottesbild beschaffen sein soll. Es ist einfacher, sich ein begrenztes, aber vertrautes Gottesbild zu bewahren, als das Unbekannte zu riskieren. Also halten viele Menschen an dem Gottesbild ihrer Eltern und Großeltern fest, obwohl es vielleicht weder eine dynamische Kraft noch von Relevanz für ihr heutiges Leben ist. Sie sperren den Gott ihrer Eltern in eine alte Kiste und halten Ihn/Sie/Es verborgen unter einem riesigen Berg autoritärer Regeln. Wenn überhaupt, erinnert sich mit der Zeit kaum noch jemand an die Kiste; fast alle denken nur an die Regeln. Es sind wenige, die den Wunsch verspüren, tief genug zu graben, um die Schachtel öffnen zu können und Gott aus den alten Vorstellungen zu entlassen.

Damit Sie Ihre spirituelle Reise ehrlich fortsetzen können, ist es erforderlich, daß Sie sich Ihrem ursprünglichen Gott stellen. Es ist an der Zeit, sich durch den Berg hindurchzugraben und Gott aus der Kiste zu befreien. Es ist an der Zeit, daß Sie sich mit einem Gottesbild ermächtigen, das dynamisch, aufregend und für Ihr Leben von Bedeutung ist – mit einem Gottesbild, das Ihnen Lebensqualität, Zweck, einen freudigen Sinn und ein umfassendes Gefühl des unschätzbaren Enthusiasmus vermittelt. (Das Wort Enthusiasmus leitet sich von dem Griechischen *entheos*, »in Gott«, ab.)

Rabbi Zalman Schachter-Shalomi, der Begründer und inzwischen zurückgetretene spirituelle Führer des Jewish Renewal Network, des jüdischen »Erneuerungsnetzwerkes«, erklärte das Bedürfnis nach einer neuen Mythologie, die unseren Erfahrungen gerechter wird: »Wir können nicht mehr länger umherfahren und dabei unseren Blick nur auf den Rückspiegel heften. Das bedeutet, wir dürfen nicht länger vorangehen und uns dabei auf das konzentrieren, was in der Vergangenheit geschehen ist. Aber der neue Mythos muß Zugang zu allen Energien haben, die uns vorangegangen sind. »Wenn wir einen neuen Computer anschaffen, dann erkundigen wir uns, ob er auch die alten Files noch bearbeiten kann. Die alten Computer besitzen solche Möglichkeiten nicht; doch die neuen Computer müssen die Fähigkeit besitzen, die alten Files lesen zu können. Wir brauchen neue Computer, die nach oben hin kompatibel sind. Auf die gleiche Weise muß auch die neue Mythologie, wie der neue Computer, nach oben hin offen sein. Sie muß Zugang zur Pracht der Vergangenheit haben und diese in einen dynamischen, lebendigen Brunnen gießen, aus dem sich die Zukunft mit Mitgefühl, Authentizität, Bedeutung und Freude bedient.«

Der Prophet Jeremia sagte: »Du wirst Gott, deinen Gott, suchen, und du wirst diesen Gott finden, wenn du ihn von ganzem Herzen und mit deiner ganzen Seele suchst.« Sie sehen, hören und erkennen Ihren Gott in Ihrer eigenen Erfahrung eher als im Wissen oder der Sprache eines anderen Menschen. Im mystischen Judaismus ist Gott eine direkte Erfahrung in einer direkten Beziehung. Ein anderer vermag Ihnen Gott nicht authentischer nahezubringen, als Sie es allein können.

Niemand sonst kann Ihre Lebensreise für Sie auf sich nehmen, aber Sie sind nicht allein. Ihr sich entwickelndes Gottesbild ist für das Einssein mit Gott und die Gesamtheit der Gesellschaft ein lebenswichtiger Beitrag. Gott braucht Sie, Sie brauchen Gott, und wir brauchen einander in einer gotterfüllten Art des Seins. Erweitern Sie Ihr Gottesbild, und erweitern Sie Ihr Leben, sich selbst und die Wahrnehmungen in Ihrem Geiste. »Es ist nicht im Himmel … Es ist auch nicht jenseits des Meeres … Denn es ist das Wort ganz nahe bei dir, in deinem Munde und in deinem Herzen, daß du es tust.« Wenn Sie heute über die Stille meditieren, erschließen Sie sich die Pracht, erleben Sie Freiheit und erkennen Sie Liebe. Dann blicken Sie in den Spiegel, sehen sich selbst und erkennen den Teil von Gott, den Sie in sich tragen.

Üben Sie sich heute mindestens einmal in der Meditation über die Stille (Seite 80).

Erkennen Sie sich selbst

Der Herr hat mich schon gehabt im Anfang seiner Wege,
ehe er etwas schuf, von Anbeginn her.
Ich bin eingesetzt von Ewigkeit her,
im Anfang, ehe die Erde war.

Sprüche 8,22–23

Andere zu kennen bedeutet Weisheit,
Sich selbst zu kennen bedeutet Einsicht.

Lao Tse

Wenn Sie das sind, was Sie tun, und Sie aber nicht handeln können, heißt das, daß Sie nicht sind? Wenn Sie das sind, was Sie sprechen, und Sie aber nicht sprechen können, heißt das, daß Sie nicht sind? Wenn Sie das sind, was Sie denken, und Sie aber nicht denken können, heißt das, daß Sie nicht sind? Wer also sind Sie? Und wie können Sie wissen, ob Sie wirklich der Mensch sind, der Sie zu sein glauben? Dies sind einige der Fragen, über die ich nachzudenken begann, nachdem ich einen Vortrag des Psychiaters und Schriftstellers Dr. David Allen gehört hatte. Sie halfen mir zu verstehen, daß Gedanken, Worte und Taten die Nebenprodukte einer tieferen Essenz in uns sind. Wenn wir die oberste Schicht des Tuns, Sprechens und Denkens entfernen, legen wir den strahlenden Teil Gottes in uns frei.

Den Kabbalisten zufolge hat das Wissen um sich selbst mit dem Wissen um die Quelle des Selbst und mit dem Zweck, für den Sie geformt und gegossen wurden, zu tun. Als Gott Sie ursprünglich erschuf, haben Sie auf dem Weg durch die Leere ein kleines Stück von Gott an sich gebracht, das man als Gottesfunke bezeichnet. Dieser Gottesfunke, der mit Gott über eine Perlenschnur aus Licht verbunden ist, stieg durch die vier Welten hinab. In jeder dieser Welten wurde er mit organischer Aktivität eingekleidet, bis er schließlich, angetan mit Muskeln, Knochen und Fleisch in menschlicher Form, in der physischen Welt eintraf. (Diese Geschichte hat mir Rabbi Mitch Chefitz erzählt.) Nach Ihrer Ankunft in der physischen Welt sind Sie auch weiterhin über die unsichtbare Perlenkette aus Licht mit Gott verbunden. Diese Kette, *kavv'chut* genannt, ist die »Leitung«, über die Sie Möglichkeiten für Gott ausleben und Gott für Sie Möglichkeiten auslebt.

In allem lebt ein Gottesfunke. Die gesamte Schöpfung ist eine »Leitung« für das Licht und hält Ausschau, um es freizügig mit einer bereitwilligen Seele zu teilen. Das unsichtbare Lichtband ist eine Schleife, die von Gott zu Ihrem Gottesfunken und von Ihrem Gottesfunken zur Göttlichkeit im Universum reicht. Es gibt zahlreiche Körper, die in dieser Welt auf der Suche nach einem Verbindungsglied, einer Koppelung, umhergehen, welche den tiefsten Teil der Menschen, die sie sind, erkennen und berühren kann. Es wäre leicht, eine Verbindung herzustellen, wenn wir alle in der gleichen Frequenz vernetzt wären, doch das ist nicht der Fall. Sie werden von den Menschen angezogen, deren Seelen auf die Ihre am stärksten reagieren. Nicht alle reisen in der gleichen Lichtgeschwindigkeit oder Wellenlänge in rhythmischem Einklang mit Ihrer Seele.

Erkennen Sie sich selbst. Obwohl in jedem Menschen ein Gottesfunke ist, sind Sie ein Gottesfunke mit einem einzigartigen »Seelen-Stromkreislauf«, geboren allein, um Ihren Teil des Lichts zu empfangen und zu verbreiten. Niemand außer Ihnen besitzt Ihre einzigartige Strahlkraft. Der Aspekt Ihrer selbst, der Licht ist, ist unvergänglich, weil er mit der unendlichen göttlichen Quelle verbunden ist. Sie müssen sich nur leeren und der Empfänglichkeit öffnen; postieren Sie sich so, daß Sie zu einem Leiter werden. Seien Sie Zeuge Ihrer selbst und Ihrer Verbindungen zu anderen Menschen. Wenn Sie sich auf andere einstimmen, denken Sie an die Essenz dessen, der Sie sind, und an die Fülle Ihres Lichts, so daß Sie Ihre Energie von einer einschränkenden Wahrnehmung der Konkurrenz, Eifersucht und Unsicherheit fernhalten. Diese

Gefühle verführen Sie zu der falschen Annahme, daß das Gute in Ihnen, Ihr Glück, Wohlergehen und sogar Ihre Gesundheit von äußeren Einflüssen abhängen. Halten Sie statt dessen Ihren Blick fest auf Ihr Wissen gerichtet, daß Sie ein strahlender Gottesfunke sind, der geboren wurde, um Licht zu empfangen und es aus Ihrem Unterscheidungsvermögen und aus Ihrer Weisheit heraus zu teilen.

Jeder Mensch hat seine einzigartige Aufgabe in der von ihm gewählten Richtung zu erfüllen. Für jede Richtung gibt es eine andere Verbindung. Stellen Sie sich eine weltweite menschliche Schalttafel vor, auf der jeder on-line ist und auf eine entsprechende Verbindung wartet. Wenn Sie Ihr unsichtbares Lichtband mit dem eines anderen Menschen verbinden, dessen Seele für die Ihre empfänglich ist, wird die Welt nicht nur heller; auf der Seelenebene kommt es außerdem zu einer tiefgreifenden Anerkennung, welche die Essenz der Person, die Sie wirklich sind, bestätigt.

Manchmal messen Sie sich möglicherweise mit einem anderen Menschen und verringern, indem Sie dies tun, Ihr eigenes wahres Potential. Reduzieren Sie Ihre eigene Strahlkraft, zieht sich der Gottesfunke in Ihnen zurück. Es ist wie bei folgender Geschichte, in der Kinder Verstecken spielten. Ein kleines Mädchen wurde als die Mitspielerin gewählt, die sich verstecken sollte. Sie hatte sich so gut versteckt, daß die anderen Kinder keine Lust mehr hatten, nach ihr zu suchen, und sich einem anderen Spiel zuwandten. Da geschah es, daß der heilige Rabbi Mendel von Rymanow die Straße herunterkam und das kleine Mädchen traurig weinend antraf. Als er stehenblieb und sie fragte, warum sie so traurig sei, antwortete sie unter Tränen: »Ich verstecke mich, aber keiner kommt, um mich zu finden.«

Wenn Sie sich selbst vergessen und aus dem Blick verlieren, wer Sie sind, verbirgt sich der Gottesfunke in Ihnen unter den Schichten, welche die Seele umschließen, während Sie mit einem losen Band in der Hand umhergehen und fragen: »Wer bin ich?« Der Gottesfunke zieht an dem unsichtbaren Lichtband und wartet geduldig darauf, daß Sie die oberste Schicht der Gedanken, Worte und Taten abkratzen, um sich an sein Licht zu erinnern, es neu zu entdecken und zu aktivieren.

Erst müssen Sie den Geist von dort verhafteten Gedanken befreien, dann können Sie die Meditation über die Stille praktizieren. In der Stille gelingt es Ihnen leichter, die Weisheit zu sehen und das Verstehen hinter Ihren Worten und Handlungen zu hören. In der Stille erhalten Sie Zugang zu dem unsichtbaren, unhörbaren Licht, welches allein und einzig das Ihre ist. Denken Sie in den Pausen des Tages daran, Ihre Einzigartigkeit neu zu entdecken und Ihr Licht zu reaktivieren.

Üben Sie sich heute mindestens einmal Meditation über die Stille (Seite 80).

Gehen Sie über Vernunft und Logik hinaus

… und Was-wenn ist weder ein Was
noch ein Warum oder gar ein Wie,
Es gibt kein Weil, mit dem
du ein Was-wenn beantworten kannst,
Und wenn du es versuchst und sagst Was-wenn-nicht,
das ist ebenfalls keine Antwort,
Daher,
sie gingen auf und davon.

Rabbi Nachman von Brazlaw

Im weltlichen Bereich sind Vernunft und Logik mehr als alles andere hoch geschätzt. In den spirituellen Reichen kommen Vernunft und Logik ohne Weisheit und Verstehen nicht aus. Ihnen ist dies aus jenen Zeiten in Ihrem Leben vertraut, da vieles vernünftig klang und sich nach der logischen Erfolgsformel zu richten schien, und doch manifestierte sich das, was auf dem Papier logisch erschien, nicht in der Wirklichkeit. Außerdem kommt es vor, daß das Unerwartete in Form von Wundern jenseits von Vernunft und Logik stattfindet. Wunder geschehen andauernd. Um das Unerwartete zu sehen, müssen Sie weise genug sein, um es zu erkennen, und vernünftig genug, um zu verstehen, daß das Unerwartete tatsächlich eintrifft. Eine übertriebene Abhängigkeit, ob von Weisheit oder von Vernunft, verringert die Wunder, die in beiden enthalten sind.

Beide, Vernunft, die Weisheit umfaßt, und Logik, die Intuition beinhaltet, öffnen Sie für mehr Möglichkeiten in den physischen und emotionalen Reichen. Wenn Sie allein durch Weisheit agierten und reagierten, wäre die Welt der Beziehungen zu weit entfernt, um sie noch fassen zu können. Vernunft und Logik befähigen Sie, die Wahrscheinlichkeiten innerhalb von Beziehungen zu begreifen, wie zum Beispiel jene zwischen belebten und unbelebten Objekten, zwischen Himmel und Erde, zwischen Elementen und Richtungen, zwischen dem Weltlichen und dem Heiligen, dem Grundlegenden und dem Einfachen, zwischen einem Menschen und einem anderen.

In der Welt von Vernunft und Logik folgen die Dinge einer bestimmten Ordnung, und von allem Verhalten wird verlangt, daß es ebenfalls dieser Ordnung Folge leistet – wie zum Beispiel, daß der König seine Krone an seinen nächsten überlebenden Verwandten weiterreicht, oder wie die Vorstellung, daß Erfolg etwas mit erzielten materiellen Gewinnen und öffentlicher Macht zu tun hat. Reb Nachman erzählt die Geschichte von einem König, der gegen die Vernunft und Logik seiner Zeit handelte. Er war ein wohlwollender König, der seinen Sohn herzlich liebte, so sehr, daß er entschied, den Sohn noch zu seinen Lebzeiten zum König zu machen. Er rief alle Menschen in seinem Königreich zusammen und veranstaltete ein großes Fest angesichts der Krönung seines Sohnes. Während der Feier sprach der weise Vater auf eine grundlegende Weise, die jenseits von Vernunft und Logik lag, zu seinem Sohn. Er erklärte ihm, daß er in die Zukunft zu sehen vermöge, und er daher wisse, daß der Sohn eines Tages nicht mehr König sein werde. Er erläuterte dem Sohn, daß die Tugenden des Königseins weniger mit dem Amt, sondern vielmehr mit den Qualitäten geistigen Adels dessen, der es ausfüllt, zu tun haben. Also riet er seinem Sohn, auch ohne die Königswürde froh zu sein. Der weise Vater wußte, wenn der Sohn auch ohne den Thron froh bleiben konnte, war er wirklich aus dem Stoff, aus dem Könige gemacht sind. Würde der Sohn jedoch über den Verlust des Throns traurig sein, war er nicht zum König geboren, und es würde besser sein, wenn er nicht mehr länger regierte. In beiden Fällen würde der Vater feiern und sich für seinen Sohn freuen.

Nun also wurde der Sohn König, und er fühlte sich unzulänglich in der Ausübung seiner königlichen Pflichten. Also wählte er die Weisesten im Land aus, um sich von ihnen beraten zu lassen, und entlohnte sie großzügig für ihre

Weisheit. Je mehr Weisheit die Weisen zeigten, desto großzügiger belohnte sie der König. Nach einer Weile gab es mehr Weisheit als Vernunft. Mit all ihrer Weisheit regierten die Weisen unvernünftig. Sie verloren sich in ihrer Weisheit und vergaßen deren Quelle und die Notwendigkeit, an etwas zu glauben, was über sie selbst hinausging. Sogar der König selbst verlor sich in der Weisheit und fiel in Zweifel und Verwirrung. Er stellte sich die Frage: »Wer bin ich, und wohin gehe ich in der Welt?« Aber sobald er begann, logisch zu denken, verlor er sich in Spekulationen des Was-wenn-Dieses und Was-wenn-Jenes, und er hätte endlos mit der Frage Was-wenn umherwandern können. Die einzigen, die logisch, vernünftig und voller Glauben geblieben waren, waren die einfachen Leute, denn sie versuchten nicht, mit der Weisheit der Weisen Schritt zu halten. In ihrer Einfachheit erinnerten sie sich daran, wer sie waren, und damit waren sie zufrieden. In ihrem Glauben und in ihrer Einfachheit waren sie weiser als alle anderen.

Wie kann man das Gleichgewicht zwischen Weisheit und Vernunft, Intuition und Logik, Einfachheit und Verwirrung aufrechterhalten? Durch den Glauben zu glauben fällt leicht; Sie wissen einfach, daß Sie einen Glauben haben. Er ist keine Vorstellung; er ist eine Art, Vorstellungen zu leben. Er ist der Faden, der Weisheit mit Verstehen, Vernunft und Logik verwebt. Der Glaube wird in Ihrer Seele genährt und gepflegt. Wenn der Glaube ganz nah ist, wirkt es so, als könnten Sie tatsächlich das sehen, woran Sie glauben. Mit dem Glauben als dem Behältnis der Weisheit werden Vernunft und Logik auf höhere Ebenen des Verstehens gehoben, und der Himmel jauchzt über das Wissen der Erde. Dann werden die Wissenschaft des Himmels und die Wissenschaft der Erde zu einer einzigen verschmelzen.

Üben Sie sich heute mindestens einmal in der Meditation über die Stille (Seite 80).

Üben Sie Achtsamkeit

Während der eine den Weihrauch mahlt, verlangt der andere wiederholt: »Mahle gründlich, gründlich sollst du mahlen, denn die Mahlgeräusche sind vorteilhaft für die Gewürze.«

Talmud

Deshalb sind alle Dinge in erster Linie kontrolliert und beherrscht durch den Geist und werden von ihm erschaffen … wenn ein Mensch aus einem guten Geist heraus spricht und handelt, folgt ihm das Glück wie sein Schatten.

Buddha

Das Üben von Achtsamkeit ist in allen mystischen Traditionen eine wichtige Fertigkeit. Achtsamkeit ist das bewußte Wahrnehmen der Gedanken, die durch den Geist fließen, ohne sie festzuhalten, zu analysieren oder zu bewerten. Sie bedeutet, den Geist mit Mitgefühl, Großzügigkeit und aus einem Abstand heraus zu beobachten. Halten Sie einen Augenblick inne und beobachten Sie, wie die Gedanken jetzt gerade durch Ihren Geist gleiten. Atmen Sie tief und gleichmäßig. Machen Sie es sich jedesmal bewußt, wenn Ihr Geist sich an einem Gedanken festklammert. Als ob der Geist eine eigene Wesenheit sei, sagen Sie zu ihm: »Oh, das ist interessant«, und lassen ihn zum nächsten Gedanken fortschreiten, dann zum nächsten und wieder zum nächsten und immer so fort. Mit zunehmender Übung in diesem Beobachten ohne festzuhalten werden Sie auch Ruhe und Gelassenheit stärker erleben. In dieser Ruhe werden Ihre negativen Gedanken verschwimmen. Schließlich werden Sie eins werden mit dem Gedanken, und weder Sie noch der Gedanke wird weiterhin eine getrennte Wesenheit sein. Dieser Zustand unterscheidet sich vom Verhaftetsein. Wenn Sie sich an einem Gedanken oder einer Idee festklammern, sind Sie und der Gedanke getrennt voneinander, und ringen sie beide um die Aufmerksamkeit des jeweils anderen. Wenn Sie eins werden mit Ihren Gedanken, gibt es keine Trennung, keine Differenzierung. Dann gibt es nicht mehr Sie oder den Gedanken. Sie und der Gedanke leeren sich in den jeweils anderen und setzen die Energie frei, die schließlich in Frieden und Gelassenheit mündet.

Indem Sie achtsam sind, werden Sie sich deutlich darüber bewußt, auf welche Weise Ihre Gedanken, Worte und Taten Vehikel für die Vereinigung und Wiedervereinigung mit Gott sind. Wenn Gott in Ihren täglichen Gedanken, Worten und Taten mit Ihnen eins ist, geschieht Meditation von sich aus. Selbst in der Achtsamkeit gibt es Augenblicke und Phasen, in denen Sie Ihre Verbindung mit Gott vergessen. Um der Achtlosigkeit entgegenzuwirken, schlägt der heilige Baalschem-tow, der Begründer des Chassidismus, die folgende einfache, doch tiefgreifende Praxis vor: Legen Sie mehrmals am Tag Pausen ein, wo immer Sie sich auch gerade befinden, und konzentrieren Sie Ihren Geist auf den ehrfurchtgebietenden Gott. Er sagt, daß diese Übung auch dann nützlich ist, wenn Sie bereits einer heiligen Tätigkeit nachgehen.

Das Üben von Achtsamkeit gibt Ihnen die Gelegenheit, Ihre eigene innere Stimme zu hören. Sobald Sie Ihren Geist gereinigt haben und frei von Bindungen sind, singt die Seele ihre süße Melodie durch die Poren Ihres Körpers, und ein stiller Klang wird hörbar, ein nicht greifbares Gefühl spürbar, ein unsichtbares Bild sichtbar. Es ist der Atem, der im Klang des göttlichen Namens mitschwingt. In diesem Klang hören Sie den erfrischenden Strom lebendigen Wassers, und Sie fühlen den Fluß des lebenspendenden Nektars Gottes. Dies ist eine Meditation, die jedem offensteht. Gott hat die Achtsamkeit in Sie eingepflanzt, um den Strom wahrzunehmen.

Die Kabbalisten greifen zurück auf Studium, Gebet, Musik, Bewegung und Atem, um die Übung der Achtsamkeit zu unterstützen. Das Studium von religiösen Schriften oder kontemplativen Aspekten der Thora kann zu Freude und Ekstase führen. Die Verwendung von Gebeten als

Mantras kann zu erweitertem Denken (*hitpashtut*) jenseits des Physischen bis hinein in spirituelle Reiche führen. Lesen Sie die Schriften, denken und träumen Sie sie, dann werden sie unter Ihren Augen zum Leben erwachen. Musik wurde von den Propheten so wie heute verwendet: um Bewußtseinszustände zu verändern. Und eine der freudigsten Techniken für das Erreichen eines erleuchteten Geisteszustands ist die Körpermeditation durch ekstatisches Tanzen. Ein sich festklammernder Geist führt zu einem verspannten Körper. Befreien Sie den Körper, um Gott zu verehren, und der Geist folgt nach oder umgekehrt. Rabbi Nachman von Brazlaw, der sich durch Melancholie blockiert fühlte, sagte, nur indem man sich seinen Weg zurück nach oben ertanzt, kann man sich nach dem Fall wieder aufrichten.

Wenn Sie sich in Achtsamkeit üben, bedenken Sie, daß Bewußtheit, tiefes Bewußtsein, innere Weisheit und Frieden nicht durch Diskussionen, sondern nur durch Meditation herbeizuführen sind. Üben Sie sich darin, ganz und gar gegenwärtig, leer und ausgerichtet zu sein.

Üben Sie sich heute mindestens einmal in der Meditation über die Stille (Seite 80).

Erkennen Sie vergängliches Wissen, empfangen Sie essentielles Verstehen

(Die Weisheit spricht)
Als die Meere noch nicht waren, ward ich geboren …
als er die Erde noch nicht gemacht hatte noch die
Fluren darauf noch die Schollen des Erdbodens.
… da war ich als sein Liebling bei ihm;
ich war seine Lust täglich und spielte vor ihm allezeit.

Sprüche 8,24–31

Die Weisen meditieren über das Nicht-Tun
und lehren ohne Worte.
Sie beobachten, wie alle Dinge ins Leben bersten,
ohne einzugreifen;
Gebären, ohne besitzen zu wollen …

Lao Tse

Wenn Sie die Meditation über die Stille im Tor des Verstehens praktizieren, werden Sie bemerken, wie Gedanken ununterbrochen an die Oberfläche steigen, so wie die Maiskörner in einer Popcornmaschine, wie zwei vier hervorrufen, vier acht und viele Myriaden. Dann trifft das, was Sie noch im ersten Gedanken dachten, nicht mehr zu, und auch der jüngste Gedanke ist nur Katalysator für viele mehr. Solcherart ist die Unbeständigkeit Ihres Denkens und die Leichtigkeit Ihres Geistes. Das ist der Grund, warum Sie sich dabei erleben, wie Sie Angelegenheiten bedenken und wieder bedenken. Achten Sie darauf, wie Sie eine Passage studieren, und meinen, sie zu kennen, aber dann lesen Sie sie etwas später erneut, und die Worte bedeuten etwas vollkommen Neues. Was immer Sie zu wissen meinten, spielt keine Rolle mehr, denn neue Gedanken sind hinzugekommen, die die alten vollständig transformiert haben.

Gedanken werden unablässig von anderen Gedanken verbessert. Wenn Sie beabsichtigen, an einem Gedanken festzuhalten, weil Sie ihn als besonders gut empfinden, begrenzen Sie Ihre Erfahrung. Ihnen geht es wie jemandem, der gern gut ißt. Sie können die besten Nahrungsmittel einkaufen, aber wenn Sie sie über eine gewisse Zeit hinaus aufbewahren wollen, werden sie nicht mehr so gut schmecken und vermutlich verderben. Mit Gedanken ist es ebenso, denn sie sind vergänglich. Das ist es, was man vergängliches Wissen nennt – eine sehr wichtige Einsicht für eine mystische Lebensweise.

Essentielles Verstehen andererseits hat weniger mit dem Denken zu tun als mit vollständigem Empfangen. Bei essentiellem Verstehen gibt es kein Festhalten, nur tiefgreifende Erkenntnis und Einsicht. In 1. Mose 4,1 lesen wir: »Und Adam erkannte sein Weib Eva, und sie ward schwanger …« Es heißt, Adam *erkannte* Eva. Im Hebräischen ist das Wort für erkennen *yadah* und deutet auch sexuelle Vereinigung und Intimität an. Es ist die Art von Erkennen, die nur dann möglich ist, wenn jemand, den Sie lieben, Sie tief und vollständig erkennt, ohne sich an einem Detail, an einem Gedanken festzuhalten. Es handelt sich um die absolute Erfahrung, bei der man einem anderen ins Auge sieht und sein Herz erblickt.

Im dynamischen Fluß des Lebens werden ständig Gedanken zwischen dem großen, göttlichen Geist und dem kleinen Geist ausgetauscht, zwischen Himmel und Erde, zwischen Gott und Ihnen. Die Thora ist ein Beispiel für diesen sich entfaltenden Austausch: selbst sie ist dynamisch und ewig wandelbar. Der Segen, der vor Beginn des Thorastudiums gesprochen wird, lautet: »Gesegnet seist Du, Heiliger des Universums, weil Du uns in die Versenkung in die Worte Deiner Thora geführt hast.« Der Mystiker hält sich ernsthaft an diesen Segen und betrachtet die mentale, intuitive und emotionale Versenkung in die Worte, die Substanz und die Formen der Thora als entscheidende Voraussetzung für das Verstehen ihrer verborgenen Bedeutungen. Die Thora ist kein statisches, unveränderliches Relikt der Vergangenheit, sondern ein vibrierender, veränderlicher, beredter Dialog zwischen Ihnen und Gott. Je tiefer Sie sich damit befassen, desto besser nehmen Sie das Fließen, die Flexibilität und die Verspieltheit Gottes wahr. Sich in die Worte der Thora hineinzuversenken bedeutet, im dynamischen Fluß der ewig wandelbaren, immer Neues aufdeckenden Weisheit und des Wissens zu schwimmen, der dem Universum der Erfahrung innewohnt.

Der Geist spielt mit der Unbeständigkeit von alten, neuen und erneuerten Gedanken, denn nur aus der Freude heraus können leichte Gedanken geboren werden. Leichtes Denken, oder vergängliches Wissen reisen auf einem leichten Geist, der in die Freiheit von Kreativität und Veränderung aufsteigt. Beobachten Sie Ihre Gedanken und stellen Sie fest, wie sie sich im Laufe der Zeit verändert haben; machen Sie sich alte Einstellungen bewußt, die neuen Denkweisen ihre Form gegeben haben. Denken Sie an die Beziehungen, denen durch das Festhalten an alten Auffassungen die Luft abgeschnürt wurde, und führen Sie sich vor Augen, daß Ihnen, auch ohne daß Sie sie festhalten, immer neue kreative, ewig veränderliche Ideen zur Verfügung stehen. Achten Sie auf das Offensichtliche, und machen Sie sich dann klar, daß es ebenfalls nur eine Illusion ist. Wenn Sie von Ihren Gedanken Besitz ergreifen und sie bewußter wahrnehmen, begreifen Sie ihre vergängliche Natur, erkennen Ihre eigene Kreativität und Ihren sich immerfort weitenden Dialog mit Gott.

Sie transferieren Wissen vom Innenraum Ihres Geistes in die Aktivität Ihrer äußeren Umgebung. Wissen befähigt Sie, Gedanken in der Erinnerung zu halten, auf Weisheit und Verstehen zuzugreifen, und es bringt neue Ideen hervor. Das essentielle Verstehen, das Sie jetzt empfangen, ist keine Probe für zukünftige Angelegenheiten. Essentielles Verstehen ist das Crescendo, das durch alle Zeit widerhallt. Es ähnelt dem essentiellen Erkennen, das Sie in der Liebe erfahren. Wenn Sie von einem anderen Menschen erkannt werden, sind Sie vollständig anerkannt und zutiefst geliebt, mit einem derart tiefgreifenden Gefühl, daß die Aufmerksamkeit desjenigen, der Sie erkannt hat, nicht einen Augenblick lang schwankt oder sich verändert. In diesem Moment tiefen

Erkennens wissen Sie, daß Sie für den, der Sie erkennt, die ganze Welt sind. Solches Wissen wird zu einer ewig fortbestehenden Erinnerung, die für immer in Ihr Herz eingegraben ist.

Essentielles Verstehen verbindet Ihren Geist mit Ihrem Körper und Ihrem Herzen. Mit essentiellem Verstehen werden Ihre Gedanken und Ideen emotional aufgeladen. Da Sie nun die ersten drei Tore durchschritten haben, entsinnen Sie sich Ihrer Intention, sammeln Sie Ihre Gedanken und verarbeiten Sie in sich ein vollständigeres Verstehen für den Menschen, der Sie im Universum Ihrer Erfahrungen sind. Stoßen Sie tief in die Essenz Ihres Seins vor, führen Sie sich Ihren Geist vor Augen, hören Sie die Melodie Ihrer Seele und empfangen Sie Ihr Selbst. Erkennen Sie Ihr Selbst auf die Weise, wie Sie es gerne hätten, daß ein anderer Ihr Selbst erkennen möge. Spüren Sie, wer Sie sind, und wie weit Sie in diesem Leben gereist sind, das ununterbrochen Wunder und Möglichkeiten vor Ihnen ausbreitet. Führen Sie sich vor Augen: Als Gott Welten zu erschaffen wünschte, gingen Sie aus der Dunkelheit hervor, eingehüllt in Licht. Sehen Sie sich selbst, wie Gott Sie sieht, und seien Sie sich mit einem tiefgreifenden, unvergeßlichen, konstanten und unerschütterlichen Gefühl gewiß, daß Gott Sie erkennt.

Sie sind nun im Begriff, aus der Welt Ihres Geistes in die vollkommen neue Welt der Gefühle hinüberzuwechseln. Auf Ihrem beschwingten und bewußten Weg nach vorn werden Sie sich Ihre bisher gewonnenen Einsichten in Ihrer Beziehung zu anderen, zur Erde, zu sich selbst und zu dem Gott in allem zunutze machen.

Wenn Sie heute über die Stille meditieren, hören Sie die Melodie, die aus Ihrer Seele ertönt. Gehen Sie schweigend voran, und treten Sie mit einem Lied ein.

Üben Sie sich heute mindestens einmal in der Meditation über die Stille (Seite 80).

Mitgefühl

*Danket dem Herrn; denn er ist freundlich,
und seine Güte währet ewiglich.*

Psalm 118,1

So hat der Geist Mitgefühl mit den armen Menschen, wird allen Menschen zur Mutter, ehrt alle Menschen, betrachtet alle als persönliche Freude und respektiert sie als Eltern.

Buddha

Sie stehen vor dem himmlischen Tor des Mitgefühls, wo Sie für Ihre eigenen Gefühle und die Ihrer Mitmenschen empfänglich sind. Weisheit, Verstehen und Wissen, alles, was Sie auf dieser Reise bisher gesammelt haben, wird Ihnen nun, in der äußeren, emotionsgeladenen Welt des Mitgefühls, gute Dienste leisten. Mitgefühl ist die Hauptqualität, nach der Sie Ihre Lebensführung richten. Mitgefühl ist die Fähigkeit, tief zu fühlen und freizügig zu geben, während man zugleich frei von Erwartungen ist. Wenn Sie für sich selbst und für andere Mitgefühl aufbringen, treten Sie in eine freie und liebevolle Wechselwirkung mit allem Lebendigen.

Am Tor des Mitgefühls erhalten Sie Einsichten, wie Sie dem Guten, das in Ihrem Geist, Herzen, Körper und Leben wohnt, die richtige Pflege angedeihen lassen können. Mit diesen Einblicken in das Mitgefühl lernen Sie, wie Sie mit dem Leiden Frieden schließen, alte Verhaltensweisen in neue Möglichkeiten verwandeln und dem Guten, um der Liebe zum Dienen willen, dienen können. Sie lassen Fehler der Vergangenheit los. Sie sprechen behutsam und leben vollständig im Augenblick, akzeptieren Ihren Gott und Ihr Leben ohne Einschränkungen. Mit Mitgefühl erkennen Sie, wie Ihre Gedanken Ihre Gefühle nach und nach manifestieren und daß Gefühle das Potential zu bedingungsloser Liebe und Annahme schaffen, daß sie Sie und andere befreien. Die Reise auf dem Weg des Mitgefühls verlangt von Ihnen auch weiterhin, offen, leer und empfänglich zu sein. Sie werden sich immer von Gott erwünscht, akzeptiert, geliebt, genährt, anerkannt und empfangen fühlen. Im Gegenzug wünschen, akzeptieren, lieben, nähren, anerkennen und empfangen Sie die Wunder Gottes.

Das himmlische Tor des Mitgefühls ist der Zugang zur Entwicklung Ihrer Charakterstärken und zur Harmonie, die im Inneren Ihres Herzens wohnt. Erst kommt bedingungslose Liebe; dann kommen Kraft und feines Gespür. Indem Sie Liebe und Kraft in Ihren Alltagssituationen miteinander verbinden, tragen Sie herzerfüllte Liebe in Ihr Leben und in das Herz der Welt.

Die göttliche Absicht in der fortgesetzten Schöpfung liegt in der Verteilung des Guten unter der Menschheit. Daher hat alles, was in der äußeren Welt existiert, den Zweck, das Gute in Ihnen und in der gesamten Schöpfung zu entwickeln und ihm zu dienen. Wenn Sie auf dem Weg des Mitgefühls wandeln, werden Sie gesalbt mit Gnade und geschmückt mit dem positiven Bild, welches das Licht der Schöpfung in sich trägt. Die Freigebigkeit und die Großartigkeit des Geistes, mit dem Sie dienen, werden Ihnen auf dem vor Ihnen liegenden Weg durch Kraft und feines Gespür helfen.

Bevor Sie sich der ersten Einsicht im Tor des Mitgefühls zuwenden, nehmen Sie sich ein wenig Ruhe für die Meditation über das Licht. Sie ist kurz, einfach und transformierend. Sie können sie ganz kurz oder mehrere Minuten lang überall, wo Sie sich gerade befinden, durchführen. Diese Meditation unterstützt Sie darin, Einfachheit aufrechtzuerhalten, während Sie sich zugleich mit dem Licht Gottes wappnen und mit der Leichtigkeit des Geistes. Um von der Meditation zu profitieren, sollten Sie die Anweisungen langsam lesen. Halten Sie nach jedem Satz inne, und spüren Sie dem nach, was Sie gelesen haben. Dann geben Sie sich einen Moment lang dem daraus erwachsenden Gefühl von Frieden hin. Wiederholen Sie die Meditation über das Licht nach der Lektüre und dem Nachdenken über jede der in diesem Kapitel vermittelten Einsichten.

Lichtmeditation

Halten Sie einen Augenblick inne, und setzen Sie sich bequem auf einen Stuhl oder auf den Boden. Spüren Sie, wie der Atem bei jedem langsamen Ein- und Ausatmen in Ihren Körper hinein- und wieder aus ihm hinausströmt. Beim dritten Ausatmen senken Sie die Augenlider und fühlen sich umgeben von Licht. Lassen Sie das Strahlen jede Pore Ihres Seins durchdringen, Sie mit bedingungsloser Liebe nähren und liebkosen. Entspannen Sie sich und genießen Sie das Gefühl, vollkommen akzeptiert und getragen zu sein.

Nehmen Sie grenzenlose Liebe an

Wenn ein Mensch von Gottes Liebe erfüllt ist,
werden alle Dinge heilig, freudig und liebevoll.

Rabbi Nachman von Tschernobyl

Der Weise häuft nichts an.
Das, was er hatte, für andere aufgebraucht,
hat er nun sogar noch mehr.
Das, was er hatte, anderen gegeben,
macht das, was er hat, sogar noch größer.

Lao Tse

Ich bin gütig zu Menschen, die gut sind.
Ich bin auch gütig zu Menschen, die nicht gut sind.
Güte ist Tugend.

Lao Tse

Wenn Sie die Lichtmeditation üben, erkennen Sie, daß das Göttliche in Ihnen und die Göttlichkeit im Universum ihre Liebe zu Ihnen nie einstellen werden, egal was Sie auch tun oder nicht tun. Selbst wenn Sie vielleicht glauben, alle Liebe sei verloren, gibt es immer einen Lichtstrahl, ein warmes Gefühl oder ein Echo in Ihrem Herzen, dem Sie entnehmen können, daß Sie geliebt werden. Selbst Hiob mußte zugeben: »Siehe, Gott ist mächtig und verwirft niemanden; er ist mächtig in der Kraft des Herzens.« Sie wurden aus dem Nichts erdacht, mit göttlicher Intelligenz versehen und dann in die Welt gebracht, um all das zu erfahren, was Sie wissen, durch die Qualität der Liebe. Da das himmlische Tor des Mitgefühls den ersten Schritt hinaus aus der Welt des Geistes darstellt, ist es ein Hinweis auf die überragende Bedeutung, die die Liebe vor den anderen Attributen wie Kraft,

Harmonie, Erfolg und Herrlichkeit hat. Liebe ist der Trittstein für die Entwicklung eines starken Charakters und bedeutungsvollen Lebens.

Wie können Sie Liebe erkennen? Indem Sie Gott kennen und erkennen, daß Gott Liebe ist. In jedem irdischen Gefühl ist ein Element unendlicher Liebe enthalten. Diese Liebe ist bedingungslos, doch nicht exklusiv. Die Art von Liebe, nach der Sie sich am meisten sehnen, ist bedingungslose Liebe. Die Liebe, die zu schenken am schwersten fällt, ist bedingungslose Liebe. Doch alle anderen Arten von Liebe sind im Vergleich zu bedingungsloser Liebe eine Illusion. Wahre Liebe ist frei von Erwartungen und vorgefaßten Meinungen. In der bedingungslosen Liebe gibt es keine Enttäuschungen, da die Erwartungen fehlen; es gibt keine Zurückweisungen, da vorgefaßte Meinungen ausbleiben. Bedingungslose Liebe heißt, sich selbst voll und ganz hinzugeben und voll und ganz zu empfangen. Indem Sie Ihre eigene Tagesordnung fallenlassen und die Möglichkeiten erweitern, Liebe zu empfangen und zu geben, gelingt es Ihnen, hartnäckige Widerstände zu überwinden und durch die engen Begrenzungen Ihrer Wahrnehmung zu größeren Visionen der Heiligkeit und des Guten durchzudringen.

Der Legende zufolge feierte der Baal-schem-tov mit seinen Schülern die Geburt des Rabbi Levi Jizchak von Berditschew. Der Baal-schem-tov hatte prophezeit, daß ein Geist in die Welt kommen würde, der die Verkörperung der Liebe sein würde, mehr noch als alle Seelen in vorangegangenen oder in zukünftigen Zeiten. Der Baal-schem-tov sah Rabbi Levi Jizchaks Schicksal als das eines Menschen voraus, der das Heilige in seinesgleichen lieben würde. Wie vorhergesagt, vermochte Rabbi Levi nie das Dunkle, die Schande oder das Böse in den Menschen zu sehen. Er sah nur das Licht, die Herrlichkeit und das Gute. Es lag nicht daran, daß er bezüglich der anderen Seite naiv war, vielmehr zog er es vor, nur das gesegnete Licht zur Kenntnis zu nehmen, »selbst wenn dies bedeutet, daß man ein Auge schließen muß«. Er liebte alle Menschen unabhängig von den Fähigkeiten oder Unfähigkeiten ihres Charakters, Geistes oder Körpers. Das war kein leichtes Schicksal, denn es verlangte unerschütterliches Vertrauen und unverwandten Glauben, und vor allem verlangte es von ihm, von seinem eigenen Selbst abzurücken und seiner Göttlichkeit den Vortritt zu lassen. Rabbi Levi schrieb über sich selbst: »Bis ich nicht den Zwirn des Hasses aus meinem eigenen Herzen entfernt habe, bin ich in meinen eigenen Augen nicht vorhanden.«

Gottes Liebe ist nicht exklusiv. Diese Liebe unterscheidet nicht zwischen Völkern, Traditionen, Kulturen oder sogar Religionen. Gottes Liebe schließt alle Kreaturen ein, zu jeder Zeit, auf jede Weise. Denn alles ist in Gott, und Gott ist in allem und jedem. Sie sind sich vielleicht nicht immer der unendlichen Liebe bewußt, die Sie umgibt; doch wenn Sie all die großen und kleinen Dinge bedenken, die Eingang in Ihr Leben gefunden haben seien Sie sich bewußt darüber, daß sie alle durch Gott zu Ihnen gebracht wurden. Die Hilfen und die Herausforderungen, die offensichtlichen Segnungen und die hinter Schatten verborgenen Wunder, sie alle haben ihren Ursprung in der Liebe Gottes. Manchmal werden Sie möglicherweise vom Licht mitgerissen, oder sogar vom Schatten, und vergessen, daß es die Liebe Gottes ist, die Ihr körperliches Wohlergehen, Ihr emotionales Wachstum und Ihren spirituellen Aufstieg fördert.

Es gibt viele Geschichten über die Wunder der Liebe Gottes. Vielleicht kommen sie sogar in Ihrem Leben vor. Diese Geschichten erscheinen oft beim ersten Hören als zu einfach, doch wenn Sie sich erst der Möglichkeiten von Wundern bewußt werden, die aus Gottes Liebe hervorgehen, werden Sie sehen, wie Wunder in die alltäglichen Umstände Ihres Lebens »hineinplatzen«. Zum Beispiel gibt es die Geschichte von Brisker Rebbe, dem Rabbi Jizchak Zev Soloweitschitz, der nie auch nur ansatzweise an Gottes Liebe zweifelte. Gleich welcher Art die Probleme seiner Schüler auch waren, er versicherte ihnen, wenn es darauf ankäme, würde Gott sie mit dem versorgen, was sie brauchten. Eines Tages ging dem Rabbi seine Medizin aus, die er aus der Schweiz bezog; er mußte zwei Pillen täglich nehmen, hatte aber nur noch zwei übrig. Er wußte nicht, wann die nächste

Sendung eintreffen würde. Als jemand vorschlug, an diesem Tag nur eine Pille zu nehmen und die andere für den Folgetag aufzuheben, lehnte er ab. Er war davon überzeugt, daß er, wenn er zwei Pillen für seine Gesundheit benötigte, diese beiden letzten am gleichen Tag einnehmen und sich keine Sorgen über das Morgen machen sollte. Sein Motto lautete: »Wenn du es brauchst, wird es dasein.« Am nächsten Tag traf ein Päckchen mit der neuen Pillensendung ein. Später einmal, als während des Krieges die Nahrungsmittel rationiert waren, lebte der Rabbi ebenfalls nach seinem Motto, jeden Tag die Verpflegung für diesen Tag vollständig zu verspeisen, um genug Kraft zu haben und Gott an diesem Tag dienen zu können. Er glaubte daran, daß der nächste Tag für sich selbst sorgen würde.

Wie oft schmälern Sie den Augenblick, um etwas für später aufzusparen? Wie oft geben Sie nur zurückhaltend, aus Angst, daß Sie für das nächste Mal vielleicht nicht mehr genug haben? Wenn Sie daran glauben, daß Gott Sie immer und bedingungslos liebt, können Sie auf Gottes Liebe vertrauen und sie zum Vorbild für die Liebe machen, die Sie selbst Ihren Mitmenschen entgegenbringen.

Stellen Sie sich eine Welt vor, die nur aus Liebe besteht. Stellen Sie sich vor, einen Tag lang in dem Bewußtsein zu leben, daß Sie vollkommen geliebt und getragen werden und im Gegenzug Ihre Mitmenschen ebenfalls vollkommen lieben und tragen. Wenn Ihr Geist sich an Gedanken festhält, in denen es darum geht, warum unendliche Liebe nicht funktionieren kann, fragen Sie sich, ob diese Bindungen Sie vielleicht davon abhalten könnten, frei zu sein. Machen Sie eine Pause, leeren Sie sich, lassen Sie Erwartungen los, geben Sie einengende Wahrnehmungen auf, und seien Sie offen für neue Arten des Empfangens und Liebens, befreien Sie Ihr Gottesbild, sich selbst und andere im kosmischen Austausch unendlicher Liebe.

Wenn Sie Bedingungen stellen für Ihre Liebe zu Gott, zu sich selbst, zu anderen, errichten Sie eingrenzende Mauern, die Schatten werfen. Licht und Schatten können nicht in ein und demselben Gefäß nebeneinander existieren. Unbefriedigte Wünsche, Pläne und Erwartungen können Mauern begrenzender Gefühle wie Besorgnis, Wut und Angst errichten. Diese Mauern vertreiben das Licht und laden die zeitlich begrenzten Schatten der Illusion ein. Sollten solche Gefühle auftauchen, seien Sie ein gerechter Zeuge Ihres Geistes und seiner verhaftenden Gedanken. Indem Sie weder über sich noch über Ihre Gedanken urteilen, entspannen Sie Ihre Muskeln, lockern Sie Ihre Energie, öffnen Sie Ihr Herz, und lassen Ihr Bewußtsein meditativ geöffnet und leer werden. In der Leere berühren Sie die Leere. Genießen Sie das Nichts und die unermeßliche Leere. In diesem Umfeld werden Sie zum Weg der Güte und zu Gott zurückkehren. Wann immer Sie das Gefühl haben, daß Sie sich in Kritik und Vorverurteilung verlieren, machen Sie eine Pause und beginnen Sie bei der Leere.

Üben Sie sich heute mindestens einmal in der Lichtmeditation (Seite 110).

Schließen Sie Frieden mit dem Leiden

Aber das eröffne du mir, tiefer, klarer, was dies hier, das jetzt eben geschieht, mir meint, was es von mir fordert, was du, Herr der Welt, mir damit ansagst. Ach, nicht warum ich leide, will ich wissen, nur ob ich dir zu Willen leide.

Rabbi Levi Jizchak von Berditschew

... Sei besser in der ursprünglichen Natur verwurzelt.
Ohne Form ist kein Verlangen da.
Ohne Verlangen ist Gelassenheit da.
Die ganze Welt wird von selbst in Frieden sein.

Lao Tse

Es wäre wunderbar, durchs Leben zu gehen, ohne daß uns Traurigkeit, Krankheit oder Leiden etwas ausmachen. Doch das Leiden berührt alle Sterblichen. Ebenso wie Freude ein Bestandteil der Herausforderung des Lebens ist, so gilt dies auch für das Leiden. Sich an Gedanken des Leidens festzuhalten, bringt, ebenso wie das Festklammern an Gedanken der Freude, Schmerz und mehr Leiden mit sich. Ob der Schmerz nun von Verlust, Krankheit, Sorgen oder Mißgeschicken herrührt, es ist die Illusion des Verhaftetseins, welche den Schmerz verursacht. Wenn Sie versuchen, sich an etwas oder an jemandem festzuhalten, oder sich an einer Auffassung dessen festmachen, wie Sie Ihr Leben leben sollten, oder an der Erwartung von bestimmten Ereignissen, die aber nicht eintreffen, fühlen Sie sich abgeschnitten, in Angst versetzt und erleben Schmerz. Das Dilemma liegt in der Illusion des Verhaftetseins. Je mehr Sie sich an eine Sache binden, desto stärker glauben Sie, daß dieses Verhaftetsein Sie von allem anderen abtrennt, und desto abhängiger werden Sie von ihm. Im Nichtverhaftetsein sind Sie und das Leiden oder die Freude aus Erwartungen entlassen und frei für Veränderung. Leidet ein Mensch zum Beispiel unter Schmerzen, und kann er an nichts anderes denken, so bleiben diese Schmerzen lebendig und unerbittlich. Ob es sich um den Verlust des Lebens, einer Beziehung oder materieller Güter handelt, Ihr Verhaftetsein mit dem Verlust erhält den Schmerz aufrecht. Und der Schmerz bringt weiteres Verhaftetsein, neue Beschränkungen und mehr Leiden mit sich. Deshalb heißt es, daß leidende Menschen meist noch mehr Leiden anziehen. Gelingt es Ihnen jedoch, zu akzeptieren, daß es Schmerz gibt und daß Schmerz einer von vielen Aspekten Ihres Lebens ist, weicht der Schmerz zurück, und es ist mehr Raum da, so daß Freude einziehen kann.

Wenn Sie das Leiden akzeptieren und vermeiden, daß es sich auf dominierende Weise mit allen Teilen Ihres Lebens verknüpft, können Sie Frieden mit dem Leiden schließen und Ihr Leben voranbringen. Mit dem Leiden Frieden zu schließen, ist vor allem für Menschen mit schweren Krankheiten wichtig. Eine Tragödie oder Krankheit, die ihren Lebensplan »kurzschließt«, verändert ihre Lebensweise und bewirkt chaotische Zustände in ihrem Geist, sie muß aber auch einen Hauch von Sinn in ihr Leben tragen. Akzeptiert der Patient sich selbst und den aufgewühlten Gefühlssturm und die Frustrationen jedoch als Bestandteil des Lebens, ist er frei, über die Krankheit oder die Behinderung hinauszugehen.

Mein Freund Louis erfuhr vor einigen Jahren, daß er HIV-positiv ist. Damals war er ein erfolgreicher Geschäftsmann. Die Angst vor der Krankheit veränderte seine Lebensweise grundlegend. Zunächst ordnete Louis seine finanziellen Angelegenheiten, er verließ seine Firma und zog sich, in Selbstmitleid schwelgend, hinter den Mauern seines Heims zurück. Zum Glück war er zu intelligent, lebendig und gläubig, um sich lange hinter den kulturellen Stigmata zu verbergen, die mit einer auf dem sexuellen Weg übertragbaren Krankheit verbunden sind. Als er die Phase des Selbstmitleids hinter sich gebracht hatte, entwarf er sein Leben und seine äußere Erscheinung auf eine Weise neu, die seine Wahrheit und den Lebenswillen seiner gezählten Tage zum

Ausdruck brachte und seinem Leben Bedeutung gab. Seine ganze Persönlichkeit veränderte sich. Er sah großartig aus, war herzlich und außerordentlich großzügig. Louis entdeckte einen inneren Funken und folgte seinem Glück unabhängig von den Umständen. Er gewann das Gefühl zurück, einen Zweck zu erfüllen, indem er sich politisch und sozial engagierte. Er setzte sich für die Aids-Aufklärung und für die Rechte der Homosexuellen ein. All die Jahre, die er zuvor als erfolgreicher Geschäftsmann verbracht hatte, waren nicht so kraftvoll, sinnvoll und lebensverändernd wie die Jahre, die er mit dem Aids-Virus verbrachte. Wieder und wieder nehmen Menschen wie Louis die zerrissenen Fäden ihres Lebens neu auf und verweben sie auf bisher unerprobte, bedeutsame Weise.

Die Voraussetzungen, um mit dem Leiden Frieden zu schließen, liegen im Geist. Wenn rechte Achtsamkeit vorhanden ist und Sie sich nicht an Gedanken festklammern, werden Sie Frieden finden. Rechte Achtsamkeit ist die Fähigkeit, die vielen Gedanken und Gefühle in Ihrer Innenwelt zu sehen, ohne sie festzuhalten oder ihnen aus dem Weg zu gehen. Rechte Achtsamkeit ist wie ein Rohr, durch das Wasser ohne Hindernis fließen kann. Es ist nicht notwendig, dem Leiden aus dem Weg zu gehen. Bezeugen Sie es, akzeptieren Sie es, und setzen Sie Ihr Leben fort. Möglicherweise werden Sie feststellen, daß zwar das Leiden universell ist, daß sich jedoch das Festhalten daran von Mensch zu Mensch unterscheidet. Was für den einen Liebe ist, mag für den anderen Angst sein. Was Ihnen heute guttut, bewirkt morgen vielleicht schon das Gegenteil. Was für einen anderen schlecht ist, empfinden Sie für sich möglicherweise gerade als richtig. Leiden, ebenso wie Freude oder alle anderen Bereiche des Lebens, müssen nicht bewertet werden. Nur das Anerkennen des Augenblicks und des Gefühls zählt.

Vielleicht gab es Zeiten, da Sie gelitten haben und das Leiden aus einer anderen Perspektive wahrnehmen konnten, weil es Ihnen möglich war, aus ihm herauszutreten. Es gibt zahllose Geschichten von Menschen, deren Leben sich durch ein Mißgeschick veränderte und die in der Folge mehr Sinn und Bedeutung darin zu sehen vermochten. Es kann auch geschehen, daß eine Krankheit nicht vollständig zurückgeht, und Sie herausgefordert sind, sie in Ihr Leben zu integrieren, ohne sich an eine Heilung oder eine Auflösung zu klammern. Frieden mit dem Leiden zu schließen, unterstützt Ihr spirituelles und emotionales Wachstum und entwickelt in Ihnen Attribute von Mut, Durchhaltevermögen, Akzeptanz und Flexibilität. Die Essenz des Leidens liegt nicht in der Fähigkeit, es zu umgehen; sie liegt in der Fähigkeit, in der Not mit der Not in Frieden zu sein.

Obgleich der Lebensbaum Sie dazu auffordert, Ihren Frieden mit dem Leiden zu machen, bedeutet dies keinesfalls, daß Sie nach Leiden als nach einem Mittel spiritueller Erleuchtung streben sollen. Die Kabbalisten haben immer die Stirn gerunzelt über Selbstverleugnung und Selbstverneinung. Sie sind erschaffen als Gefährt für das göttliche Licht, Sie wurden geboren, um bedeutend zu sein. Es gab Zeiten, da glaubten die Schüler, daß der Weg zu Wahrheit und Erleuchtung über das Fasten und die Loslösung von allen weltlichen Gütern führt. Doch in ihren Bemühungen ersetzten sie nur das Verhaftetsein durch materiellen Besitz mit dem Verhaftetsein durch Selbstverleugnung. Das war der Fall, als ein Mann den Maggid von Kosnitz aufsuchte. Um sich von bösen Gedanken und Taten zu reinigen, trug der Mann nur einen Sack über seinem mageren Körper und fastete jede Woche von einem Sabbat zum nächsten. Der Maggid sah ihn einmal gründlich an und sagte dann: »Meinst du, Negativität hält sich von dir fern? Sie verführt dich dazu, den Sack zum Gewand zu machen. Einer, der so tut, jede Woche von einem Sabbat zum nächsten zu fasten und doch heimlich jeden Tag eine Kleinigkeit ißt, ist spirituell besser dran als du. Diese Person betrügt nur andere, du aber betrügst dich selbst.«

Achten Sie darauf, daß Sie das Leben vollständig leben, sich nicht vor ihm verstecken, sondern vielmehr die gesamte Skala von Gefühlen und möglichen Situationen zulassen. Akzeptieren Sie, was ist. Lernen Sie, Ihre Begrenzungen so zu lieben, als seien sie das wunderschön verpackte Geschenk einer neuen Perspektive, welches Ihnen jetzt zur Verfügung steht. Der kaleidoskopische Blick auf das Leben sorgt dafür, daß nichts isoliert bleibt; alle Gegensätze streben aufeinander zu. Wenn Sie das Leben in seiner ganzen Fülle erleben, werden Sie feststellen, daß sich auch im Leiden Augenblicke des Glücks, im Tod Lebensformen und in der Endlichkeit die Ewigkeit verbergen.

Üben Sie sich heute mindestens einmal in der Lichtmeditation (Seite 110).

Kultivieren Sie rechtes Tun

Ein rechtschaffener Mensch vermag kritische Urteile für nichtig zu erklären und eine neue Welt zu erschaffen.

Rabbi Noam Elimelech von Lisensk

… unterschätze nicht die Dinge, die auf das Leben eines Menschen *Einfluß nehmen, … erkenne sie als das, was sie sind, und dann versuche, sie zu einem nützlichen Werkzeug für die Erleuchtung zu machen.*

Buddha

Da Sie die Welt der Emotionen bereisen und sich nach innerem Frieden sehnen, überprüfen Sie die unterschiedlichen Situationen in Ihrem Leben, und machen Sie sich klar, daß mit jedem negativen Zusammentreffen eine positive Möglichkeit einhergeht. Die Fähigkeit, Negatives in Positives zu verwandeln, ist die Essenz des mystischen Prozesses von Leben und Lernen. In vielen Schulen werden die Schüler gelehrt, kritisch das anzuhören, was ihr Lehrer vorzubringen hat, mit dem Ziel, den Fehler oder die Lücke in seiner Argumentation zu finden. Auf diese Weise kann der Schüler sich über das hinaus hervortun, was bereits erreicht wurde. Diese Schüler lernen, daß sie, wenn sie hart arbeiten oder mehr Wissensfragen stellen, mehr Anerkennung und größere Belohnungen erlangen werden, vor allem die Belohnung eines aufgeblasenen Ichs. Auf der anderen Seite hört ein chassidischer Schüler seinem Rabbi zu, um ihm nachzueifern und ihm in dessen Fußspuren zu folgen. Bei dieser Art des Lernens achtet ein Schüler nicht vor allem darauf, wo sich der Rabbi geirrt hat, sondern er hört zu, um es richtig zu machen. Das ist es, was wir rechtes Tun nennen.

Wenn Sie eine Situation beobachten, die Ihnen nicht ganz richtig erscheint, fragen Sie sich: »Was muß ich tun, um zu der Geisteshaltung zu finden, aus der heraus ich es richtig machen kann?« Es geht nicht darum, Fehler zu finden oder Ihren Geist und Ihr Hörvermögen einzusetzen, um kritische Gedanken anzubringen, sondern es geht darum, dem Prozeß eine neue, eine bessere Wendung zu geben. Setzen Sie Ihren Geist und Ihr Hörvermögen für eine die Dinge zum Rechten wendende Perspektive ein. Wunder geschehen, wenn Sie sich in einer Beziehung dem rechten Tun zuwenden, vor allem wenn es sich bei dem anderen um einen Menschen handelt, den Sie lieben und tief respektieren. Türen der Wahrnehmung, die bis dahin verschlossen waren, beginnen sich zu öffnen.

Rechtes Tun ist ein Prozeß, den Sie selbst voranbringen müssen. Die dahinterstehende Intention ist es, bei der Leere zu beginnen und sie langsam zu füllen, statt bei der Fülle anzufangen und nach und nach alles niederzureißen. Diese Haltung setzt nicht voraus, daß Sie – oder ein anderer – etwas falsch gemacht haben, das korrigiert werden muß. Rechtes Tun ist die Dynamik, die einem bewußten Leben mit einer positiven Grundeinstellung zugrunde liegt. Eine solche Einstellung wirkt sowohl selbstregulierend als auch selbsterhaltend; sie befähigt Sie, Bewertungsfehler zu korrigieren, nachdem sie bereits erfolgt sind, und, was noch wichtiger ist, negatives Denken umzukehren, noch bevor es in Worten oder Taten nach außen getragen wird. Hier handelt es sich um intelligentes Handeln als Folge spirituellen Bewußtseins und einer Schulung in Achtsamkeit.

Ein kreativer Geist macht sich rechtes Tun zunutze. Was immer der kreative Mensch sieht, hört oder fühlt, wird automatisch und ohne vorgefaßte Verurteilung in etwas Interessantes, Erfrischendes und auf ästhetische Weise Anziehendes verwandelt. Es war einmal ein junger Künstler, der, nachdem er lange in der Welt umhergereist war, mit seiner neuen Kunstfertigkeit als Silberschmied nach Hause zurückkehrte. Die stolzen Eltern luden ihre Freunde ein, um die schönste Menora ihres Sohnes vorzuführen. Als einer nach dem anderen die Menora betrachtete, fühlte sich ein jeder dazu ermutigt, die Wahrheit darüber zu sagen, was er oder sie von dem Leuchter hielt. Jedem fiel ein anderer Fehler an der Minora auf. Als die Eltern dem jungen Künstler von den Reaktionen ihrer Freunde berichteten, war dieser begeistert. Er erklärte den erstaunten Eltern, daß die Reaktionen ihrer Freunde eine Bestätigung seiner großen Begabung als Künstler seien. Es bedürfe künstlerischen Geschicks, um eine Menora zu schaffen, die jedem Betrachter die eigenen Fehler und Fähigkeiten vor Augen führe. Was dem einen als Mangel erscheint, gilt dem anderen als einzigartige Errungenschaft der Schönheit. Abhängig von der Perspektive, hatten die Betrachter entweder einen Mangel oder einzigartige Schönheit gesehen.

Wie ein Juwel konnte die Menora des Schülers von vielen verschiedenen Seiten aus betrachtet werden, wobei jeder Aspekt einen neuen offenbarte. Mit jeder zusätzlichen Bestätigung ihrer Schönheit wurden die Menora und ihr Licht höher und höher hinauf in die oberen Reiche gehoben. Mit jeder rechtes Tun widerspiegelnden Affirmation transformieren Sie einen Fehler zu einer Errungenschaft und heben Ihren Geist und den Geist derer, die mit Ihnen sind, höher und höher hinauf.

Üben Sie sich heute mindestens einmal in der Lichtmeditation (Seite 110).

Werden Sie zu Gnade und Mitgefühl

Und Mose sprach:
Laß mich deine Herrlichkeit sehen!
Und er sprach:
Ich will vor deinem Angesicht
all meine Güte vorübergehen lassen
und will vor dir kundtun den Namen des Herrn:
Wem ich gnädig bin, dem bin ich gnädig,
und wessen ich mich erbarme, dessen erbarme ich mich.

2. Mose 33,18–19

Vertrauen gibt ihnen die Weisheit, die Vergänglichkeit des Lebens zu erkennen, und die Gnade, nicht überrascht oder bekümmert über das zu sein, was ihnen zustößt.

Buddha

Man wird mit der Gnade geboren. Es gibt nichts, was Sie tun müssen, um sich Gnade zu verdienen; Gnade ist ein geweihter Zustand der Großzügigkeit, Güte und Reinheit, der bereits in Ihrem Bewußtsein vorhanden ist. Wenn Sie gütig zu anderen Menschen sind, geht Gnade von Ihnen aus und dient der Menschheit und der Erde. Machen Sie sich die positiven Attribute bewußt, die Ihnen mitgegeben wurden, noch bevor Sie Ihre physische Form erhielten, und erkennen Sie, wie gesegnet und wie reich Sie sind. Dieser Reichtum, der untrennbar mit Ihrem Wesen verbunden ist, bleibt verborgen, bis Sie ihn aktivieren. Sie kennen bereits die Folgen seiner Verborgenheit, denn Sie brauchen sich nur umzusehen in einer Welt, die geprägt ist von Chaos, Kampf und Verwirrung. Mitunter können Sie die Folgen auch in Ihrem eigenen Geist beobachten, wenn Sie sich an Ideen und Vorstellungen festhalten, mit denen das Ich sich wichtig machen will.

Indem Sie selbst zur Gnade werden, gehen Sie von einem Ort der Leere aus. Wenn Sie sich von Ihren Erwartungen befreien, öffnen Sie sich den Wundern, die in Augenblicken und Nanosekunden der Offenbarung geschehen können. Ist Gottes Gnade in Ihnen aktiv, kann nichts schiefgehen. Jeder Gedanke, jedes Wort, jede Handlung wird, wenn Sie mit Gnade verbunden sind, formlos und dient dem Guten. Achten Sie auf die Zeiten, in denen Sie spüren, daß Sie in Gnade sind und gut handeln. Machen Sie sich die Freude, Offenheit und Gelassenheit bewußt, die natürliche Folgen liebevollen Handelns sind. Das Gute zeigt sich in Großzügigkeit und Gastfreundschaft. Wenn Sie den anderen grüßen und ihm freizügig geben, erfreuen Sie Gott. Wenn Sie freizügig geben, wird es vielfältig zu Ihnen zurückkommen.

Das Handeln aus Gnade und Mitgefühl ist der Weg des Mystikers. Sich zu einem anderen Menschen auf die Weise in Beziehung zu setzen, daß die Gnade dieser Person und ihre eigene einander widerspiegeln, trägt dazu bei, die Welt zu heilen und in Ordnung zu bringen. Einem anderen in die Augen zu blicken und dessen Seele in der eigenen zu spüren, heißt die Herrlichkeit Gottes in der Tiefe der Gnade zu berühren. Einem Freund oder sich selbst ohne zu urteilen oder zu analysieren bedingungslos zuzuhören heißt, in den Saal der Weisheit von Jahrhunderten einzutreten und zu spüren, wie das wohlwollende Strahlen durch Sie hindurchfließt. An der Bettkante eines Freundes zu sitzen, ohne daß es dort irgend etwas für Sie zu tun gibt außer dazusein, ohne daß Sie sich auf Ihre Titel, Ihre Verdienste, Ihr Bedürfnis zu handeln oder zu reagieren stützen, ist die Essenz der Ruhe, der Gnade und des Mitgefühls. In einer Welt, die vor Aktivität und Geschäftigkeit vibriert, ist es schwer stillzusitzen. Doch mitfühlendes Handeln verlangt es manchmal, zu sitzen, ohne zu handeln – nur einfach dazusein.

Laura war erst 31 Jahre alt und litt unter einer seltenen unheilbaren Nervenkrankheit. Sie war Patientin in einem Hospiz, als ich sie dort besuchte. Ihr zerbrechlicher Körper lag eingepackt in Decken in einem Ruhesessel, ihre Augen waren rot und glasig, und ihr Geist wanderte zwischen

Bewußtsein und Bewußtlosigkeit hin und her. Sie näherte sich dem Augenblick des Übergangs von dieser in die nächste Welt. Alles, was sie in ihrem kurzen Leben gewesen war, war sie nun nicht mehr. Obgleich ich zu den offiziellen Seelsorgern des Hospizes gehörte, war ich doch nur für sie da, auf welche Weise auch immer sie mich brauchte. Sobald ich ihr Zimmer betrat, war ich weder ein Titel noch ein Beruf, noch eine Expertin, noch eine Frau oder irgend etwas anderes, als was ich mich unter anderen Umständen bezeichnen würde. Ich *war* nur. Die Besuche waren erfüllt von friedlicher Stille. Es gab kein Festhalten, kein Aufregen, kein Besänftigen, kein unnötiges Reden. Nur gesegnete, friedliche Stille. Wir sahen einander in die Augen und hielten einander bei den Seelen. In diesem tiefen Austausch geschah etwas in Laura und mir. Ich konnte spüren, wie sich ein Licht erhob und ein Leuchten den Raum erfaßte. Wenn Gnade eine Melodie hätte, wäre es die Stille solcher Augenblicke. Wenn Mitgefühl eine Empfindung erzeugen könnte, wäre es dieses Gefühl der Gelassenheit und der Freiheit, das den Frieden dieser süßen, tiefen und von Gott erfüllten gegenseitigen Einwirkung wiedergab. Es war schwer, sie in Erinnerung zu behalten, nachdem ich ihr Zimmer verlassen hatte, denn mein »Ich« war in diesem Raum nicht anwesend. Ich hatte die Dunkelheit gesehen, und sie hatte sich angenehm angefühlt. Ich war frei in der Leere geschwebt und hatte es als beglückend empfunden. Ich hatte in die Seele eines anderen Menschen geblickt und war eingehüllt in Licht. Lauras Geist lebt in mir fort als Erinnerung, als ein Augenblick, als eine Ewigkeit dessen, wie Gnade aussieht, sich anfühlt und klingt.

Es gab eine Zeit, da wurde Gnade gleichgesetzt mit Demut, und Stolz wurde als Sünde aufgefaßt. Diese Vorstellung ist der Befreiung von Männern und Frauen von alten begrenzenden Wahrnehmungen nicht mehr länger dienlich. Ein wenig Stolz ist für das Wachstum und für ein positives Selbstbild notwendig. In einer sich rasch verändernden und sich spirituell wandelnden Welt muß man sein Licht anerkennen und ehren und zugleich daran denken, daß man zu einer Vielzahl von göttlichen Funken gehört, die alle ihre Quelle suchen. In der jüdischen Tradition ist Gnade eine durch Gott gegebene Qualität, die alle Menschen dazu ermächtigt, aus dem Glauben an sich selbst und an ihren Gott heraus zu agieren und zu reagieren, indem sie dem Guten bedingungslos dienen. Wenn das menschliche Ich von seinem Stolz befreit und mit Geist bereichert wird, begreifen Männer und Frauen besser, wie wichtig es ist, aus dem Mitgefühl heraus zu handeln.

Üben Sie sich heute mindestens einmal in der Lichtmeditation (Seite 110).

Dienen Sie selbstlos

Die Essenz des selbstlosen Dienstes an Gott ist der Wunsch, ob öffentlich oder privat, Gott um Gottes willen zu dienen, statt um des Beifalls der Mitmenschen willen.

Rabbi Bachja ibn Pakuda

Die Weisen treten zurück, und doch sind sie voraus.
Wenn das Selbst aufgegeben wird, wird es verwirklicht.
Wenn das Ich überschritten wird, gewinnt man Erfüllung.

Lao Tse

Selbstloser Dienst beginnt mit dem Akzeptieren der Myriaden von Möglichkeiten des Lebens. Sie kultivieren einen spirituellen Weg, der die Stützen und Herausforderungen, die Verwirrungen und Frustrationen ebenso wie Frieden, Freude und Gelassenheit anerkennt. Dieser Weg hat Sie zu einer größeren Akzeptanz und einer tieferen Würdigung Ihrer eigenen Person und der anderer Menschen geführt. Die Bereitschaft, die emotionale Fülle des Lebens zu teilen, ermöglicht es Ihnen, mit Mitgefühl, Offenheit und Aufnahmefähigkeit zu dienen.

Selbstloser Dienst hat weniger mit dem Selbst als mit dem Dienst zu tun. Er bedeutet, sich selbst vollständig zu geben. Er bedeutet, anderen zu dienen, mit dem einzigen Ziel, Gott zu dienen, indem Gottesfürchtigkeit und das Gute in die Welt hineingetragen werden. Statt in Selbstverherrlichung und Lob finden Sie Ihre Erfüllung im bedingungslosen Dienst an anderen. Selbstlos zu dienen bedeutet, großzügig zu geben, unabhängig davon, ob der andere es Ihnen dankt oder überhaupt dafür empfänglich ist. Das ist der Grund, warum die Rabbis es als eine der höchsten Formen selbstlosen Dienstes empfanden, die Verstorbenen zu waschen und zu beerdigen – denn hierfür gibt es weder Belohnung noch eine Rückwirkung anderer Art –, und es als die höchste Form von Barmherzigkeit auffaßten, anonym zu geben. In beiden Fällen wissen Empfänger und Wohltäter nichts voneinander. Das veranschaulicht bedingungsloses Geben. Im selbstlosen Dienst gibt es keine Bezahlung, nur die Gabe des bedingungslosen Gebens.

Häufig hängen sich die Menschen an die Ekstase des spirituellen Weges, erwägen, den metaphorischen Berggipfel zu erklimmen und dort zu bleiben. Wenn Sie den Frieden und die Freude der Meditation und der Einfachheit erleben, lernen Sie vielleicht auch die Ambivalenz kennen, die es Ihnen schwermacht, zwischen dem Dienst an der Menschheit und der spirituellen Unberührbarkeit durch das Chaos und die Verwirrung der Welt zu wählen. Doch die wirkliche Aufgabe wartet nicht auf dem Berggipfel; sie ist im Tal bei den anderen Menschen anzutreffen. Der Weg des mystischen Judaismus betont, daß sich der wirkliche Dienst an Gott und an der Vision von der Heiligkeit im Tal des Universums befindet: darin, nicht verhaftet (auch nicht im Dienst selbst) und dennoch mitfühlend und zugleich mit der reinen, ichlosen Intention hinter dem Dienst verbunden zu bleiben.

Im mystischen Judaismus ist der spirituell entwickelte Mensch, wie übrigens auch der Bodhisattva im Buddhismus, dazu geweiht, in dieser Welt zu bleiben, um der Menschheit zu dienen. Da Sie unter dem Tor des Mitgefühls stehen, schwanken Sie, ob Sie einerseits Ihr Bewußtsein aus der äußeren Welt zurücknehmen und sich in den Geist zurückziehen sollen oder ob Sie andererseits Ihre Intelligenz einsetzen sollen, um dazubleiben und zur Heilung der Welt beizutragen. Sie haben jedoch den Weg der Intention beschritten und verfügen über die notwendigen Einsichten und Erinnerungen, um die so benötigte Krone des Lichts in die Straßen der Welt zu tragen, in denen Sie selbst gehen. Die Krone, die Sie tragen, ist unsichtbar; ihr Vorhandensein findet nur durch bedingungslose Liebe und selbstlose Freundlichkeit Bestätigung.

Die Archetypen für Mitgefühl und Großzügigkeit sind Mirjam und Abraham. Abraham zeigte seine Großzügigkeit, während er sich von seiner Beschneidung erholte und drei Boten zu seinem Zelt kamen. Er zögerte nicht, sie einzuladen und großzügig zu bewirten. In einer anderen Episode riskiert er sein Leben, indem er mit Gott über die Rettung der fehlgeleiteten Menschen von Sodom und Gomorrha verhandelt. Indem er mit Gott geht, ist sein Leben erfüllt von Glauben und Fülle. In 1. Mose 25,5 heißt es: »Und Abraham gab all sein Gut Isaak.« Indem er alles gab, setzte Abraham eine neue Bewegung in Gang. Da er großzügig gab, war die Göttlichkeit immer bei ihm.

Mirjam, Moses' Schwester, wurde ebenfalls zu einer Legende der Großzügigkeit. Sie setzte eine neue Bewegung in Gang, um Frauen und Männer während einer sehr schweren Zeit in der jüdischen Geschichte zu ermächtigen. Sie überzeugte mit Freigebigkeit, trotz des beherrschenden ägyptischen Umfelds. Als erklärt wurde, daß alle männlichen Kinder der jüdischen Sklaven getötet werden sollten, verließen die Männer ihre Frauen aus Angst, sie zu schwängern und die Kinder dann zu verlieren. Mirjam stellte sich ihrem Vater entgegen und beschuldigte ihn, aus Feigheit und nicht aus dem Glauben heraus zu handeln, und nahm die Verantwortung auf sich, das männliche Kind aus der Verbindung ihrer Eltern selbst zu schützen. Als Moses zur Welt kam, sorgte Mirjam für seinen Schutz. Und als die Zeit gekommen war, ihn in einem Korb auf den Nil zu setzen, achtete wiederum Mirjam auf seine Sicherheit. Als die Tochter des Pharaos Moses adoptierte, vermittelte Mirjam ihre Mutter als Amme und wachte auch hier über die Verletzlichkeit des Kindes. Jahre später, bei der Durchquerung des Roten Meers war es erneut Mirjam, welche die Frauen organisierte und ermutigte, durch das Wasser zum trockenen Land zu tanzen. In ihrer Großzügigkeit gab sie alles. Ihr Geben machte sie ganz und gar lebendig.

Im selbstlosen Dienst retten Sie die verborgenen göttlichen Funken, welche in den *klippot* der Welt eingesperrt sind. Die Errettung oder Freisetzung des heiligen Gottesfunkens ist wie das Anzünden einer Kerze. Und es gibt so viele Kerzen, die darauf warten, angezündet zu werden. Um im Zuge selbstlosen Dienstes Kerzen anzuzünden, müssen Sie sich von jeglichem Verhaftetsein freihalten. Es ist schwierig, den Weg zu erhellen, damit andere nicht straucheln, und dann ungebunden davonzugehen. Ihre Neigung rät Ihnen vielleicht, zu bleiben, noch mehr Kerzen anzuzünden und ihnen beim Brennen und Leuchten zuzusehen. Doch der Selbstlose erkennt, daß im Anstecken von nur einer einzigen Kerze eine Serie begonnen wurde, in der eine Kerze eine zweite, die zweite eine dritte und so fort zum Erstrahlen bringen wird. Inzwischen setzen Sie Ihren Weg dorthin fort, wohin Gott Sie ruft, ohne einer der Kerzen verhaftet zu sein. Es ist nicht Ihre Aufgabe, die Kerzen zu umwerben, sondern nur, den Funken freizusetzen.

Machen Sie sich auf dem weiten Weg durch dieses Tor die Entscheidungen bewußt, die Sie treffen, und die Intention, die hinter diesen Entscheidungen steht. Denken Sie daran, daß die Reise im Dienst des Guten direkt unter Ihren Füßen beginnt und sich auf das richtet, was geradewegs vor Ihnen liegt. Sie unterscheidet nicht zwischen dem, was richtig und dem, was falsch ist, zwischen Gut und Böse, Leicht und Schwer. Wenn Sie Gott selbstlos dienen, ist Ihre Belohnung die Verbindung mit Gott über den selbstlosen Dienst an der Menschheit und an den Myriaden von Geschöpfen der Erde. Wenn Sie die Lichtmeditation üben, führen Sie sich vor Augen, daß Sie eingehüllt sind in das Gute, mit Licht bekrönt, und daß Sie mit allem verbunden sind, was von Gott erfüllt ist.

Üben Sie sich heute mindestens einmal in der Lichtmeditation (Seite 110).

Lassen Sie Fehler los

Rabbi Isaak erklärte die Aussage in Jesaja 1,18, »Wenn eure Sünde auch blutrot ist ...«, indem er sagte: Der Herr hat gesagt, selbst wenn eure Sünden so zahlreich sind wie die Jahre, die seit dem sechsten Schöpfungstag bis heute vergangen sind, sie sollen dennoch so weiß wie Schnee sein.

Rabbi Jakob ibn Chabib

Wenn ein Mensch verunreinigten, durch Unwissenheit geschwächten Auges auf die Welt blickt, wird er sie voll der Fehler sehen; blickt er sie jedoch mit klarer Weisheit an, wird er sie als die Welt der Erleuchtung erkennen, die sie ist.

Buddha

Fehler werden gemacht. Selbst wenn Sie in Licht eingehüllt sind und dem Guten dienen, können Ihnen Fehler unterlaufen. Doch wenn Sie sich bei Fehlern aus der Vergangenheit aufhalten, beschäftigen Sie sich nur noch mit sich selbst. Auch wenn die Reise des spirituell Suchenden in seinem Inneren stattfindet, so ist es doch Ihre Intention, nicht in Ihrem Selbst zu verharren, sondern sich mit dem Unendlichen zu verbinden und dem Guten in der Welt zu dienen. Halten Sie sich jedoch bei Fehlern der Vergangenheit auf, binden Sie Energie, die im Dienst für das Gute einen besseren Zweck erfüllen könnte.

Der Schwiegersohn von Rabbi Elieser suchte diesen am Tag nach seiner Hochzeit auf. Er war verzweifelt über vergangene Verstöße und wollte sich bei Rabbi Elieser freisprechen lassen. Er meinte sogar, sein Bart und seine Haare seien weiß geworden, weil er sich so viele Sorgen darüber machte, nicht genug Reue gezeigt zu haben. »Ach, mein Freund«, sagte Rabbi Elieser, »du bist von dir besessen. Versuche doch, dich einen Moment lang zu vergessen, und fang an, über die Welt nachzudenken.« Die Worte, die Rabbi Elieser an seinen Schwiegersohn richtete, galten auch uns. Seine treffende Aufforderung vermittelt eine essentielle Botschaft: Verschwende deine Energie nicht an längst vergangene Fehler; investiere die Kraft deiner Seele vielmehr in die Erfüllung deines Schicksals. Selbstvorwürfe sind unnütz und beschädigen den Geist. Es ist viel wichtiger, sich nicht mehr länger Vorwürfe zu machen oder sich wegen zurückliegender Irrtümer nicht mehr länger zu schämen und statt dessen zu seiner wahren Natur zurückzukehren. Ihre Existenz unterliegt dem göttlichen Willen, Sie bewohnen ein göttliches Wesen und sind hier, um ein von Gott gegebenes Schicksal zu erfüllen.

Immer wenn Sie vom Weg abkommen, haben Sie die Flexibilität und den Mut, um wieder zu ihm zurückzukehren. Die Rückkehr oder Buße, auf Hebräisch *teschuba*, wurde in die Fundamentstruktur des Universums eingebaut. Die Möglichkeit zur Umkehr, des sich Zurückwendens und Umdrehens, bestand, noch bevor Sie erschaffen wurden, und sie ist ein programmatischer Bestandteil Ihres Wesens. Sie steht Ihnen offen, wenn Sie sie benötigen und wünschen. Das Wort *teschuba* impliziert auch eine Reaktion: Wenn Sie sich zur Umkehr entschließen, müssen Sie wissen, wohin Sie zurückkehren. Sie müssen mit Intention und neuer Ausrichtung auf den inneren Ruf reagieren. Lassen Sie Ihre Fehler los, kehren Sie zu Ihrer eigenen göttlichen Natur zurück, zur Einzigartigkeit des Menschen, der Sie sind, und vor allem zu Ihrer Einheit mit dem bedingungslos liebenden Gott. Indem Sie umkehren, erhalten Sie mit einem klaren Gefühl der Freiheit, das in der Neuausrichtung auf das Schicksal, für das Sie geboren wurden, seinen Ursprung hat, Zugang zur Erinnerung an die Leere, aus der Sie als Mensch hervorgegangen sind.

Reb Zalman Schachter-Shalomi erzählt die Geschichte eines Schülers, der jeden nur denkbaren Fehler gemacht hatte und sich bereitwillig seiner Bestrafung stellen wollte, selbst wenn sie den Tod bedeuten würde, um von Schuld freigesprochen und von der Scham befreit zu werden. Der

Schüler ging zu seinem Rabbi, um die tadelnswerten Verbrechen zu beichten, die er gegen Natur und Menschheit begangen hatte. Der Rabbi sah mit bohrendem Blick durch seine Bifokalbrille in die Seele des Schülers, und nach einer Weile des Schweigens, die wie eine Ewigkeit schien, verkündete der Rabbi seine Entscheidung: Tod. »Jedoch«, sagte der Rabbi, »kann das Urteil noch nicht sofort vollstreckt werden; du mußt ein Jahr warten.« Es bedurfte eines Jahres der Buße, während dessen der Schüler all das wieder gutzumachen hatte, was er angerichtet hatte, bevor die Todesstrafe vollzogen werden konnte. Das Jahr verging und der Schüler kehrte zurück. Als er das Studierzimmer des Rabbis betrat, war er bereit zu sterben. Der Rabbi wies auf einen Stuhl; der Schüler setzte sich und erwartete seine Exekution. Der Tod würde erfolgen, indem man ihm flüssiges Blei in den Rachen goß. Der Schüler saß bereitwillig in seinem Stuhl, einverstanden damit, seine Seele dem heißen Blei zu überlassen. Während der Rabbi das Blei rührte, forderte er den Schüler auf, das traditionelle Glaubensbekenntnis aufzusagen, welches man vor dem Tod spricht. Mit zitternder Stimme tat der Schüler, wie ihm geheißen, die Tränen liefen ihm dabei die Wangen herunter, Bilder der Liebe, die er erfahren hatte, erfüllten seinen Geist, und Reue über ein verschwendetes Leben ergriff sein Herz. Der Rabbi tauchte die Kelle in die heiße Flüssigkeit und brachte sie an die Lippen des Schülers. Als er begann, dem Mann die Flüssigkeit in den Mund zu gießen, erkannte dieser, daß er statt dem heißen Blei Honig trank. Der Schüler hustete überrascht und fragte dann den Rabbi, warum er ihn zum Narren gehalten habe, denn er sei vollkommen darauf vorbereitet zu sterben. »Wenn du bereit bist zu sterben«, antwortete der Rabbi, »ist es nicht mehr länger notwendig, daß du leidest. Nun bist du wirklich bereit, loszulassen und zu leben.« Der Rabbi erklärte, daß all die Überschreitungen in gute Taten verwandelt werden können, genauso wie es möglich ist, kochendes Blei mit heißem Honig zu vertauschen. Indem man sich nicht mehr länger von der Vergangenheit beherrschen läßt und bereit ist, mit all dem Alten zu sterben, wird man neu geboren.

Ohne die Fähigkeit, Fehler der Vergangenheit loszulassen und Falsches in Richtiges zu verwandeln, wäre es Ihnen unmöglich, in dieser Welt zu leben. Achten Sie am Ende dieses Tages darauf, ob Sie mentale oder emotionale Lasten mit sich herumtragen, erfüllt sind mit unangebrachten Verurteilungen, fehlgeleiteten Mitteilungen, falschen Reaktionen, gescheiterten Versuchen, gebrochenen Versprechungen, enttäuschten Erwartungen oder irgendwelchen anderen Fehlern, für die Sie sich Vorwürfe machen. Führen Sie sich vor Augen, wie schwer und angespannt sich Ihr Körper anfühlt, wenn Sie nur darüber nachdenken. Nun erkennen Sie an, daß Ihnen Fehler auf den Weg gegeben wurden, um Sie beim Wachstum auf die nächste Stufe Ihrer spirituellen Entwicklung zu unterstützen. Zusammen mit diesen Fehlern haben Sie die Fähigkeit zur Umkehr erhalten. Verwandeln Sie das Falsche in Ihrer Vorstellung in Richtiges. Stellen Sie sich der Dynamik dieses Tages mit einer Geisteshaltung des rechten Tuns. Dann nehmen Sie die Gelegenheit wahr, zu Ihrer wahren Natur zurückzukehren, zu dem Zweck, für den Sie auf die Welt gekommen sind – um das Licht Gottes zu tragen. Indem Sie Ihre Fehler aus der Vergangenheit loslassen, haben Sie Ihrem Geist den Weg eröffnet, um sich nach oben in die himmlischen Reiche zu erheben und Sie in das Zentrum wunderbarer, göttlicher Ereignisse zu tragen.

Führen Sie die Lichtmeditation (Seite 110) heute mindestens einmal durch.

Ver-Geben Sie

Herr, Herr, Gott, barmherzig und gnädig und geduldig und von großer Gnade und Treue. Der Eine, der da Tausenden Gnade bewahrt und vergibt Missetat, Übertretung und Sünde …

2. Mose 34,6–7

Die Welt steht immer in Flammen, entzündet von den Feuern der Gier, des Zorns und der Torheit; man sollte vor solchen Gefahren so schnell wie möglich fliehen.

Buddha

Heiler, Lehrer, Führer, Geistwesen, gebildete und ungebildete Seelen haben viel gemeinsam. Alle sind sie fähig, in dieser Welt und in allen Welten neue Umfelder für Erfahrungen zu erschaffen und positive, heilende Transformation zu bewirken, indem sie einfach vergeben und sich vergeben lassen. Auf der tiefsten Ebene, ob Sie sich ihrer bewußt sind oder nicht, hat die Vergebung bereits stattgefunden. Sie wartet darauf, daß Wut und Scham nachlassen, damit sie erkannt werden kann.

Im Loslassen Ihrer Fehler und Irrtümer erhalten Sie durch das Tor des Mitgefühls eine Einsicht, die es Ihnen gestattet, sich selbst zu vergeben. Es ist nur ein geringer Unterschied, ob man sich selbst vergibt oder einem anderen; die Weigerung, beides zu tun, kann den Geist hemmen, ihn verstopfen und den Energiefluß behindern. Doch Vergebung zu erlangen ist ein Prozeß und eine spirituelle Übung. Man kann Gefühle wie Ärger, Frustration, Enttäuschung und Groll, die einen von der Großmut der Vergebung trennen, nicht summarisch entlassen. Sie haben, da Sie eingetaucht in die Fülle Ihrer Gefühle sind, nur die Möglichkeit, sich selbst zu beobachten und auf die Gedankenwellen zu achten, die

Ihr inneres Bewußtsein und Ihre äußere Erfahrung überfluten und dann wieder verlassen. Achten Sie darauf, wie diese Gefühle sich auf Ihre Kommunikationsweise auswirken. Sie beeinflussen Sie darin, wie Sie auf denjenigen reagieren, von dem Sie sich schlecht behandelt fühlen, und wie dieser sich Ihnen gegenüber gibt. Lassen Sie zu, daß sich Ihre Gefühle Ihnen selbst gegenüber frei zeigen, ohne daß Sie sie verurteilen. Akzeptieren Sie Ihre Gefühle, ohne zu definieren oder zu analysieren, ob sie gut oder schlecht sind. Nehmen Sie sie einfach als Teil des Lebens an, das Sie gerade führen.

Gott hat die ganze Bandbreite der Gefühle geschaffen, die Sie erleben. Diese Gefühle wurden erschaffen, damit Sie das Leben voll und ganz erfahren können. Indem Sie beobachten, wie Sie diese Gefühle einsetzen und welchen Zugang Sie zu ihnen haben, lernen Sie sich selbst besser kennen. Nach und nach erkennen Sie, daß unendliche Energie durch Sie hindurchfließt, die noch über das hinausgeht, was Sie fühlen.

Doch beeinflussen Ihre Emotionen den Energiefluß und Ihr energetisches Stehvermögen. Wenn Sie Gefühle entwickeln, die Ihren Geist einengen, Ihre Muskulatur verkrampfen und Ihr Nervensystem in Streß versetzen, blockieren Sie Ihren Energiefluß. Blockierte Energie erzeugt die Illusion einer Konkurrenzsituation. Sie und die Person, von der Sie sich schlecht behandelt fühlen, begeben sich nicht nur darüber in den Wettstreit, wer recht hat und wer nicht, sondern Sie können sich auch nicht einigen, wer aus dieser Unzufriedenheit am wenigsten oder am meisten Energie erhält. Wenn Sie sich energetisch erschöpft fühlen, liegt das daran, daß Sie Ihre Energie dazu verbraucht haben, sich an Ihrem Standpunkt und an der Angst festzuhalten, daß Sie die Auseinandersetzung verlieren könnten. Es ist wie ein Tauziehen: Die Energie ist das Seil, an dem Sie sich verzweifelt festhalten. Bei gründlicherer Beobachtung stellen Sie möglicherweise fest, daß der ganze Energiewettkampf eine Illusion ist, denn von der unendlichen göttlichen Quelle geht grenzenlose Energie aus. Doch wenn Sie durch Wut und begrenzende Wahrnehmungen geblendet sind, sind Sie auch für die wirkliche Energiequelle blind. In dem Augenblick, da Sie loslassen und zu Ihrer Göttlichkeit zurückkehren, werden Sie feststellen, daß Ihr Energiereservoir durch Gott wieder aufgefüllt wurde.

Das Wort »Vergeben« mag Ihnen vertraut vorkommen, aber in seinem tieferen Sinn hat es auch noch eine weniger offensichtliche Bedeutung. Vergeben hat weniger mit einem anderen Menschen zu tun als vielmehr damit, daß Sie sich selbst »geben« – die Freiheit, Anspannung loszulassen, auf den Wettkampf zu verzichten und die Illusion von Grenzen und Begrenzungen zu enthüllen. Wenn Sie ver-geben, geben Sie Einfachheit an das Chaos zurück, Freude an den Ärger, Liebe an die Angst, Weite an die Enge.

Von dem Augenblick an, da Sie in diese Welt gelangt sind, haben Sie ein Licht erhalten, das Sie tragen sollen und das, abhängig von Ihren Gedanken, Worten und Taten, heller oder weniger hell erstrahlt. Indem Sie Ihre Fehler und Irrtümer anerkennen – selbst Ihre Schwierigkeiten damit, anderen zu vergeben –, gelangen Sie zur bedingungslosen Akzeptanz Ihrer selbst und zu Ihrer Veränderbarkeit. Durch Akzeptanz fällt es Ihnen leichter, die Zwangslagen, in die Sie sich hineinmanövrieren und die Ihnen im ersten Augenblick vielleicht so vorkommen, als seien sie nicht wiedergutzumachen, und sich später als harmlos erweisen, mit Humor zu sehen. Im Prozeß der Vergebung haben Sie die Gelegenheit, Zeuge zu sein, zu überdenken, zu akzeptieren, loszulassen, sich zu leeren, sich zu öffnen und zu regenerieren. Vergebung gilt nicht so sehr einem anderen, sondern vielmehr Ihnen selbst. Ver-geben heißt, einen neuen Zugang zur Großzügigkeit Ihres Geistes zu gewinnen und die Weisheit Ihres Verstehens für ein Leben zu öffnen, das die Wahrheit vieler austauschbarer und miteinander verbundener Wirklichkeiten enthält. All die Erfahrungsvarianten stehen Ihnen nur zu dem Zweck zur Verfügung, sich selbst, Ihren Gott und das Leben auf der Erde besser kennenzulernen.

Indem Sie vergeben, öffnen Sie sich und andere für die Kraft, die Sie beim Durchschreiten des nächsten himmlischen Tors erwartet. Treten Sie mit Liebe in Ihrem Herzen in das Licht des Guten, und begeben Sie sich auf den Weg der Kraft und des kritischen Urteilsvermögens.

Üben Sie sich heute mindestens einmal in der Lichtmeditation (Seite 110).

Kraft

Wenn du Gott durch Gottes Mitgefühl dienst, ermächtigst du dich mit großer Kraft, erhebst deinen Geist durch höhere Gedanken und steigst mit den Engeln auf. Das ist es, was man »vollständigen Dienst« nennt.

Baal-schem-tow

Nun, weil ich mitfühlend bin,
kann ich daher auch mutig sein.

Lao Tse

Was ist es, das Sie ganz unabhängig von Hindernissen, Beschränkungen und Schwierigkeiten vorantreibt? Welche Qualität in Ihnen hat Ihnen geholfen, für Ihre eigene Wahrheit einzustehen, während Sie zugleich auch die anderer hegen und pflegen und für die Gerechtigkeit in der Welt eintreten? Die Kraft.

Unter dem himmlischen Tor der Kraft werden Sie eine Stärke erleben, die expansiv und nicht einengend ist, stützend statt bezwingend und befreiend statt drohend. Wenn Sie durch das Tor der Kraft treten, werden Sie zu einem Schamanen, der weiß, wann er sich leeren und wann wieder anfüllen muß, wann er vorangehen und wann er sich zurückziehen muß. Mit der Kraft blicken Sie nach innen, stellen Sie sich Ihren Ängsten und gehen über sie hinaus. Sie erhalten die Gelegenheit, Eifersucht, Zweifel und Unsicherheit zu transzendieren, indem Sie Ihren Bund mit Gott und dem Göttlichen in allen Dingen stärken. Mit gutem Ermessen und kritischem Unterscheidungsvermögen meistern Sie die vor Ihnen liegenden Wege und Prüfungen. Mit Disziplin, Mut, Beharrlichkeit und Überzeugung finden Sie einen Weg mitten durch die feurigen Schwerter der Herausforderung, an dessen Ende eine neue Vision der Heiligkeit und Macht Ihre Ankunft erwartet.

Die Tore des Mitgefühls und der Kraft mäßigen und aktivieren einander. Kraft und Unterscheidungsvermögen energetisieren Mitgefühl, fachen bedingungslose Liebe an und errichten eine Struktur für fortgesetzte Freiheit und den Dienst im Sinne des Guten. Sie räumen Barrieren beiseite und durchdringen das Chaos mit einem gewaltigen Schlag statt mit einem sanften Stoß. Jene, die durch die Linsen von Kraft und Unterscheidungsvermögen blicken, werden durch die Schatten der Realität oder die Extreme der Gefühle nicht in Unruhe versetzt. Kraft ist die dynamische Energie, welche die Vornehmheit des Mitgefühls begleitet. Das ist das Mysterium, welches bedingungslose Liebe geschehen läßt und umgekehrt. Die beiden Teile funktionieren miteinander. Eins gibt dem anderen, was diesem fehlt, und im Prozeß tritt das Herz hervor und hält beides hoch.

Kraft ist der Mut, der Sie von Stagnation befreit, sie ist die Disziplin, die Sie von der Schwäche des Verstandes, des Körpers und Geistes freimacht. Sie ist die Barriere, die negatives Karma zurückhält, die das Neue schützt und Veränderungen im Alten herbeiführt. Die Kraft entziffert die Zeit und bewahrt den Herzrhythmus. Für jedes mitfühlende Handeln gibt es eine Säule der Kraft, die es hochhält. Zu jedem Akt der Mitmenschlichkeit steuert die Kraft die Farbe des Pragmatismus bei. Die Kraft wirft Licht auf das Unbeständige und stärkt durch ihre Fähigkeit, Hindernisse zu überwinden, sein Engagement für das Ewige.

Bevor Sie das himmlische Tor der Kraft durchschreiten und sich der ersten Einsicht zuwenden, legen Sie eine Pause ein, und erschließen Sie sich die Meditation über die Führung (Seite 144). Diese Meditation wird Ihnen zu der Erkenntnis verhelfen, daß Sie niemals allein sind. Ihnen steht immer ein heiliges Wesen in Ihnen zur Verfügung, das Ihnen dabei hilft, Hindernisse mit Weisheit, Verstehen, Mitgefühl und Kraft zu überwinden. Um von dieser Meditation zu profitieren, lesen Sie die Anweisungen langsam. Halten Sie nach jedem Satz inne, und spüren Sie in sich dem nach, was Sie gelesen haben. Dann geben Sie sich für einen Augenblick dem daraus erwachsenden Gefühl von Frieden hin. Wiederholen Sie die Meditation über die Führung, nachdem Sie jede neue Einsicht lesend und gedanklich erfaßt haben.

Meditation über die Führung

Halten Sie einen Augenblick inne und setzen Sie sich bequem auf einen Stuhl oder auf den Fußboden. Spüren Sie, wie die Atemluft beim vollständigen Ein- und Ausatmen in Ihren Körper hinein- und wieder aus ihm herausfließt. Fühlen Sie, wie Sie bei jedem Einatmen zutiefst ruhig und entspannt werden. Bei jedem Ausatmen erleben Sie, wie Sie über die weite Leere Ihres Geistes hinaus in ein mit strahlendem Licht gefülltes Allerheiligstes aufsteigen. Indem Sie in dieses Heiligtum des Lichts gelangen, werden Sie durch einen Geist belebt, der bereits auf Ihre Ankunft gewartet hat. Dieser Geist ist gekommen, um Ihnen zu helfen und Sie an Ihre Reise heranzuführen. Bevor Sie den nächsten Schritt machen, halten Sie inne, fragen Sie, leeren Sie sich, öffnen Sie sich, lernen und empfangen Sie, was Sie benötigen, um weiter voranzukommen. Danken Sie der Führungsquelle, und kehren Sie erfrischt und erneuert in die Welt zurück, in der Sie wohnen. Führung durch den Geist, der im Allerheiligsten des Lichts wohnt, steht Ihnen immer dann zur Verfügung, wenn Sie innehalten, sich leeren und ruhig werden.

Üben Sie sich in Selbstdisziplin und Unterscheidungsvermögen

Es steht geschrieben, daß jedes Individuum ein Gebot auswählen und sehr streng einhalten soll, in allen Einzelheiten … jedoch sollst du nicht so anormal streng sein, daß es an Torheit grenzt.

Rabbi Nachman von Brazlaw

Große Zuneigung verursacht große Besorgnis.
Übermäßiger Vorrat bringt schweren Verlust.
Selbstzufriedenheit bringt keine Schande.
Zu wissen, wann innezuhalten ist, vermeidet Ärgernis.
Dies ist die Art, für immerfort zu bestehen.

Lao Tse

Selbstverleugnung ruft im mystischen Judaismus ein Stirnrunzeln hervor. Ihre Reise zu Gott ist eine ganzheitliche und freudige Reise und nicht eine der asketischen Abstinenz. Ein Schüler von Rabbi Jaakob Jizchak, dem Seher von Lublin, fastete einmal von Sabbat zu Sabbat, um seinen Charakter zu reinigen und um Gott näherzukommen. Am Freitagnachmittag, eine Stunde bevor sein Fasten vorüber war, verspürte er solchen Durst, daß er meinte, sterben zu müssen. Er beugte sich über einen Brunnen, und im letzten Augenblick, bevor er das Wasser berührte, meinte er, doch lieber noch eine Stunde Durstes ertragen zu können, um sich nicht um die Wirkung seines einwöchigen Fastens zu bringen. Als er vom Brunnen fortging, da erfüllte ihn Stolz, weil er eine so schwierige Situation gemeistert hatte; deshalb kehrte er zum Brunnen zurück, um dem Stolz nicht in die Falle zu gehen. Als er dort die Hand ins Wasser tauchte, verschwand sein Durst, und er mußte sein Fasten schließlich doch nicht brechen. Als der Sabbat kam, hieß sein Rabbi, der Seher von Lublin, ihn mit einem einzigen Wort willkommen: »Flickwerk!« Damit wollte der Rabbi zum Ausdruck bringen, daß der Weg der Askese, gleichgültig wie schwer sie dem einzelnen auch fallen mag, nicht zu Gott führt. »Flick-werk« bezeichnet eine fragmentierte Reise. Wenn die Form so streng ist, daß ihre Bedeutung alles überlagert, leidet die Substanz, für welche die Form geschaffen wurde. Das Gegenteil von Flickwerk, von Differenzen und Sonderheiten, ist die Ganzheit des Menschen. Wie aber können Sie Ganzheitlichkeit erreichen? Durch Selbstdisziplin und Unterscheidungsvermögen.

Das Tor der Kraft führt Sie zur Partnerschaft mit Ihrem Gottesbild. Wenn Sie Führungsrollen und damit mehr Verantwortung übernehmen, kommt der Aufrechterhaltung von Selbstdisziplin ein wachsendes Maß an Bedeutung zu. Das heißt, daß Sie sich Ziele und Grenzen setzen, eine Struktur erschaffen, mit deren Hilfe Sie Ihre Ziele erreichen, und einen Zeitplan, innerhalb dessen Sie Ihre Aufgabe erfüllen. Dann disziplinieren Sie sich so, daß Sie die Sache »durchziehen«. Jedoch handelt es sich hierbei erst um die erste Hälfte der Geschichte. Die zweite Hälfte hat etwas mit Gottes Rolle in dieser Partnerschaft zu tun. Möglicherweise haben Sie eine Struktur entwickelt. Befindet sie sich jedoch nicht in Übereinstimmung mit Gottes Plänen, können Sie mit ihr nichts zur Verwirklichung führen, oder sie wird Ihnen, wenn Sie sich auf sie versteifen, unnötiges Leid bereiten. Die Disziplin, vorbereitet zu sein, loszulassen und Gott die Führung übernehmen zu lassen, sie ist es, die wirkliche Kraft von Ihnen verlangt. In dem, was wesentlich ist, wird Selbstdisziplin am besten durch die spirituelle Auseinandersetzung mit dem Nichts vermittelt. Üben und disziplinieren Sie sich darin, sich zu leeren und zu öffnen und alte, einschränkende Muster loszulassen, sich nicht mehr an Gedanken festzuhalten oder an Ihren Vorstellungen davon, wie die Dinge sein müssen.

Indem Sie sich besser vorbereiten, stimmen Sie sich feiner auf Ihr Unterscheidungsvermögen ein. Unterscheidungsvermögen zu entwickeln bedeutet, bereitwillig für einen anderen dazusein, ohne die Kraft oder Macht des anderen einzuschränken. Das heißt, die Geduld aufzubringen, bewußt und ohne Urteil zuzuhören; entsprechend zu handeln, ohne den anderen verändern zu müssen; mit Mitgefühl zu dienen, ohne die Vorstellungen oder die Geisteshaltung des anderen beeinflussen zu wollen; zu akzeptieren, ohne zu analysieren; ohne Einschüchterung zu ermächtigen.

Selbstdisziplin und Unterscheidungsvermögen spielen in alle Lebensbereiche hinein. Bei der Suche nach Ihren eigenen Richtlinien fühlen Sie sich vielleicht durch die folgenden Anweisungen für ganzheitliches, heiliges Leben durch Rabbi Moses Cordovero unterstützt:

1. Lassen Sie sich nicht zu Wut hinreißen.
2. Schädigen Sie Ihren Körper nicht, indem Sie zuviel essen.
3. Sagen Sie immer die Wahrheit (halten Sie sich von Klatsch und Tratsch fern).
4. Akzeptieren Sie sowohl die Hilfestellungen als auch die Herausforderungen des Lebens.
5. Überdenken Sie im Geiste vor jeder Mahlzeit und vor dem Zubettgehen das, was Sie an diesem Tag getan haben.

Jedesmal, wenn Sie sich ins Nichts begeben und sich leeren, werden Sie den obigen Richtlinien mühelos folgen können. Wenn Sie nach und nach erkennen, wann es an der Zeit ist, innezuhalten und sich ins Nichts zurückzuziehen, werden Sie die Essenz des Unterscheidungsvermögens und die Leichtigkeit der Disziplin kennen. Meditieren Sie auch weiterhin über die Führung, und gestatten Sie es Ihrer inneren Stimme, den Weg zu bestimmen.

Üben Sie sich heute mindestens einmal in der Meditation über die Führung (Seite 144).

Pflegen Sie Kraft und kritisches Urteilsvermögen

Du sollst das Recht nicht beugen
und du sollst auch die Person nicht ansehen
und keine Geschenke nehmen;
denn Geschenke machen die Weisen blind
und verdrehen die Sache der Gerechten.

5. Mose 16,19

Plötzlich innehalten ist besser als bis zum Rand zu füllen.
Schärfe die Klinge übermäßig,
und die Schneide wird bald stumpf.
Gold und Jade füllen die Halle,
wer kann sie sicher aufbewahren?
Ruhm und Reichtum machen stolz,
wer als man selbst ist zu tadeln?
Ziehe dich zurück, wenn die Leistung vollbracht ist.
Dies ist der Weg des Himmels.

Lao Tse

Mit der Kraft und dem kritischen Urteilsvermögen geht die Notwendigkeit einher, Pausen zu machen, innezuhalten und sich an die eigenen Ziele und die dahinterstehenden Intentionen zu erinnern. Es gibt viele zu erledigende Angelegenheiten, viele Möglichkeiten, unter denen Sie wählen, viele Wege, die Sie erforschen können. Doch unterstützt durch die Macht der Kraft und die Weisheit kritischen Urteilsvermögens erkennen Sie, daß der Zeitpunkt für Sie gekommen ist, eine Pause einzulegen und die eingeschlagene Richtung zu überdenken. Die Gelegenheit hierzu haben Sie mit jedem Schritt, den Sie tun, und mit jeder Gabe, ob klein oder groß, die Sie auf dem Weg erhalten. Kraft ruft Sie dazu auf innezuhalten, und kritisches Urteilsvermögen gibt

Ihnen ein Zeichen, Ihre Aufmerksamkeit auf die Details in Ihrem Leben zu richten. Wer sich mitten in einem Wachstumsprozeß und folglich in Bewegung befindet, den kostet es Kraft und Geschick, um sich zurückzuziehen und eine Pause einzulegen. In der Stille können Sie Ihre Energie neu sammeln und auf das rechte Maß reduzieren, je nachdem, was für Ihr Wachstum gerade erforderlich ist. Mit erkennender Weisheit sehen und erfahren Sie das, was für Ihr Wachstum relevant und wesentlich ist und dem Guten dient. Mit der Zeit werden Sie außerdem die Schleier der Illusion und die Filter gedämpften Lichts durchdringen und zur tatsächlichen Wahrheit und zum glänzenden Strahlen dessen vordringen, was Sie auf Ihrer weiteren Reise erwartet. Ihr Bestimmungsort ist die ewige Ekstase, um die Sie ringen. Ihre Reise führt zur Vereinigung mit dem Unendlichen. Hüten Sie sich vor der Verführung durch Selbstverherrlichung und durch vorübergehende Freuden, die Sie von Ihrem Weg abbringen und Ihre Ziele in weite Ferne rücken könnten.

Rabbi Zalman Schachter-Shalomi erzählt die Geschichte von seiner Reise mit Reb Hayyim Elya, der die Wahrscheinlichkeit erörterte, ob der Prophet Elia, der Friedensprophet, in jüdischem Gewand erscheinen würde. Reb Zalman meinte, daß Elia im Gewand jeglicher Tradition erscheinen könne, nicht nur im jüdischen. Er sagte: »Gott schickte Elia in die Welt, um uns bewußt zu machen, daß Rechtschaffenheit in jedem Menschen wohnt, unabhängig von seiner religiösen Neigung.« Als sie ihren Weg fortsetzten, bemerkte Reb Hayyim Elya einen gewöhnlichen Bürger, der während der Fahrt schlief. Wenn ihr Gespräch in irgendeiner Weise von Bedeutung sei, könne dieser Mann ebenfalls für den Messias gehalten werden. Als der Mann erwachte, sprachen sie mit ihm, und Reb Hayyim Elya stellte fest, daß dieser Mann, der kein Jude war, Ziegenhäute verkaufte, die man traditionell mit heiligen Texten und Gebeten beschrieb. Da Reb Hayyim Elya Schriftgelehrter war, untersuchte er die Häute. Sie waren glatt und dünn, die außergewöhnlichsten Häute, die er jemals gesehen und in Händen gehalten hatte.

Er war bereit, sie zu jedem Preis zu erwerben. Der Mann nannte einen Preis, der das weit überstieg, was Reb Hayyim Elya sich leisten konnte. Dennoch bot der Rebbe das an, was sich in seiner Börse befand, und der Händler ließ sich darauf ein. Als der Rebbe begann, seine Börse zu leeren, rutschten statt der erwarteten Kupfermünzen eine Fülle von Goldstücken in seine Hand. Der unerwartete Reichtum verblüffte ihn. Doch er hatte dem Mann versprochen, daß er ihm alles geben würde, was sich in seiner Börse befand, und daran hielt er sich, auch wenn der Wert der Goldstücke weit jenen der Ziegenhäute überstieg. Sie tauschten die Münzen gegen die Häute, und dann verkündete der Mann, daß er sein Ziel erreicht habe. Er sprang aus dem Wagen und verschwand im Wald. Reb Zalman wandte sich an Reb Hayyim Elya und sprach: »Was wir hier miterlebt haben, war erstens, daß in den Augen Gottes heilige Texte und Gebete mehr wert sind als Gold; zweitens, daß Elia im Gewand eines Juden oder Nichtjuden, eines Bauern oder Händlers erscheinen kann.«

Es war aber bestimmt, daß Reb Hayyim Elya heilige Texte auf das Pergament schreiben sollte, denn wer immer auch das Pergament von ihm kaufte, der wurde unter besonderen Schutz gestellt. Und die aus diesen Ziegenhäuten gefertigten Pergamente besaßen die Heilkraft Moses' und der Seelen, die ihn zur Zeit der Offenbarung am Berg Sinai begleitet hatten. Der Nutzen der Ziegenhäute überstieg bei weitem ihren Preis.

Wenn Sie auf dem Weg der Kraft und des kritischen Urteilsvermögens gehen, stimmen Sie Ihre Ohren darauf ein, die Stimme Gottes in allen Klängen zu hören, und öffnen Sie Ihre Augen so, daß Sie Seine Wunder in jeglicher Gestalt erkennen. Suchen Sie nach dem Mysterium hinter dem Offensichtlichen, und werden Sie der Wahrheit gewahr, die sich unter den Schleiern der Illusion verbirgt. Und bitten Sie Gott mit den Worten von Rabbi Levi Jizchak von Berditschew, Ihnen die Essenz zu zeigen: »Zeige mir ein Ding. Zeige es mir deutlicher und vollkommener. Zeige mir, was das für mich bedeutet, was mir im Augenblick geschieht, was es von mir fordert – was Du, Herr der Welt, mir durch es mitteilst.« Meditieren Sie über die Führung, und Sie werden hören.

Üben Sie sich in der Meditation über die Führung (Seite 144).

Suchen Sie Gerechtigkeit, ohne zu richten

Und als sie kamen an die Weinberge von Timna,
siehe, da kam ein junger Löwe brüllend Simson entgegen.
Und der Geist des Herrn geriet über ihn,
und er zerriß ihn, wie man ein Böcklein zerreißt,
und hatte doch gar nichts in seiner Hand.
Er sagte aber seinem Vater und seiner Mutter nicht,
was er getan hatte.

Richter 14,5–6

Was auf dem Weg von Wert ist, ist die Formlosigkeit.
Sei formlos, und du kannst nicht unterdrückt werden;
du kannst nicht beurteilt und nicht begriffen werden.

Huainanzi

Um auf dem Weg der Gerechtigkeit zu bleiben, müssen Sie stark sein und formlos bleiben. Gerechtigkeit hat weniger mit richtig oder falsch zu tun, als vielmehr mit dem Mittelweg zwischen richtig und falsch. Heutzutage ist die Wahlmöglichkeit so groß, und es gibt nur wenig, was ausschließlich richtig oder ausschließlich falsch ist. Was für den heutigen Tag genau richtig ist, kann sich verändern und schon morgen vollkommen falsch sein. Was für Sie genau richtig ist, mag für einen anderen vollkommen falsch sein. Sogar der Tod ist nicht ausschließlich richtig oder falsch und hängt von den Umständen ab. Das Leben tanzt gleichfalls auf dem Mittelweg, der zwischen der Hinwendung zu Gott und der Abwendung von ihm schwankt. Sie selbst verbringen viel Zeit auf der Kippe und schwanken zwischen den beiden Richtungen hin und her.

Der Weg der Gerechtigkeit ist weder gerade noch schmal. Plötzliche Windungen und rutschige Kurven, die sich verändern und transformieren, wie Sie sich verändern und transformieren, gehören dazu. Ob Sie den Nebenstraßen folgen oder der Hauptstraße, alle Wege weisen eine Linie in der Mitte auf, die am vorteilhaftesten ist, wenn man Kraft und Gerechtigkeit aufrechterhalten will. Alle Pfade führen schließlich auf den Gipfel des Geistes, wo der edelste Teil Ihrer selbst auf den zugänglichsten, doch formlosen Teil Gottes trifft.

Um zu Gott zu gelangen und Zugang zum eigenen Geistesadel zu erhalten, müssen Sie beginnen, sich zu leeren und das Nichts zu kultivieren. Gott ist das Nichts. Wenn Ihre Kraft im Nichts ruht, können Sie jeder Herausforderung, die sich Ihnen entgegenstellt, mit dem Geist der Leere und mit dem Vertrauen auf Gott begegnen. Damit verneinen Sie nicht Ihre Verantwortung; vielmehr stärken Sie im Angesicht der Herausforderung Ihre Ruhe, Ihren Glauben und Ihre Achtsamkeit. Folglich schärft sich Ihr Reaktionsvermögen. Wenn Sie den Turbulenzen ruhig entgegentreten, entwaffnen Sie Ihre Herausforderer. Wenn Sie die Opposition klar sehen, bleiben Sie ruhig; Sie neutralisieren Ihre Kraft und lockern Ihr Verhaftetsein. Dies gilt, egal ob sich Ihre Gegner im Äußeren oder im Inneren befinden.

Im Nichts gibt es kein Richten, nur umsichtiges Handeln. Wenn Ihr Geist klar und leer ist, urteilt er nicht; er akzeptiert Herausforderungen und Herausforderer als das, was sie sind. Wo es keine Beurteilung von gut und schlecht, richtig oder falsch, bestanden oder durchgefallen gibt, da gibt es auch keine Angst. Da gibt es nur den Geist des Nichts, die Essenz Gottes.

Auf dem Weg der Gerechtigkeit zu gehen bedeutet, die angemessenen Dinge zu tun, ohne sich selbst oder andere im Verlauf des Prozesses zu kritisieren. Man braucht Charakterstärke, um im Angesicht der Angst oder in der Ausübung von Gerechtigkeit auf Urteile zu verzichten. Doch der Verzicht auf Beurteilung ist manchmal gerade die Kraft, die man benötigt, um Hindernisse zu überwinden. Der Verzicht auf den Richtspruch gibt Ihnen die Kraft, die für Sie erforderlich ist, um einem ablehnenden Elternteil, einem anspruchsvollen Vorgesetzten, einem manipulativen Konkurrenten Mitgefühl entgegenzubringen. Es setzt Kraft voraus, sich selbst, noch während Sie fallen oder zögern, urteilsfrei zu begegnen; und sich dann wieder zu erheben, sich abzuklopfen und den gerechten Weg ohne Selbstkritik und Selbstzucht fortzusetzen.

Als Simson sich auf den Weg machte, um die Eltern seiner zukünftigen Braut zu besuchen, kam ihm ein brüllender junger Löwe entgegen. Da Simson über keine Mittel verfügte, um sich zu verteidigen, hielt er inne, und der Geist Gottes drang in ihn ein und gab ihm Kraft. Er zerriß den Löwen so, wie man ein Lamm zerreißt. In dem Abschnitt in Richter 14,6 heißt es: »... und hatte doch gar nichts in seiner Hand. Er sagte aber seinem Vater und seiner Mutter nicht, was er getan hatte.« Daß seine leeren Hände hier erwähnt werden, ist ein Hinweis auf seine Einfachheit und Formlosigkeit im Augenblick des Angriffs. Daß er sich nicht umwandte, um seinen Eltern von der Begebenheit zu erzählen, macht deutlich, daß sein Ich nicht im Spiel war, als der Geist Gottes in ihn drang und ihn mit übermenschlicher Kraft begabte.

Was Simson erlebte, geschieht auch heute noch. So wird von einer Mutter berichtet, die ihr Kind durch ein herankommendes Auto bedroht sah und das Auto ausreichend anzuheben vermochte, um ihr Kind zu retten. Ein plötzlicher Ausbruch der Kraft, der ihren Körper durchdrang, befähigte sie, dies zu tun.

Auf welche Weise haben Sie mit den Löwen gerungen, die Ihre Sicherheit bedrohten? Bei diesen Löwen handelt es sich um jene etablierten Normen, die Sie vielleicht fürchten, gegen die zu kämpfen Sie jedoch nicht wagen. Es sind die Löwen der Autorität, Ungleichheit, Diskriminierung, Ungerechtigkeit, Grausamkeit, Einschüchterung, Unpersönlichkeit. Oder aber es sind die Löwen der Armut, Behinderung, Sinnlosigkeit und Depression. Diese Löwen stellen sich den Gelegenheiten für Selbstverantwortung, Selbstbestimmung und Selbstverbesserung in Bereichen in den Weg, die Ihren Verstand, Ihren Geist und Ihren Körper berühren. Es kommt so oft vor, daß wir vor den Löwen davonlaufen und uns selbst und andere im Namen der Gerechtigkeit mit Kritik, Schuldzuweisung und Angst zerfleischen. Doch wenn der Geist Gottes in Sie dringt und Ihnen Kraft gibt, müssen Sie das Brüllen des Löwen nicht mehr länger fürchten. Statt dessen werden Sie zu dem formlosen Gefährt, durch das ein göttliches Schicksal erfüllt werden kann.

Es setzt einen weisen und spirituell reifen Menschen voraus, in einem kalten, beunruhigenden Raum voller machtbesessener, ichbezogener Politiker zu sitzen, die sich über das politische Protokoll streiten, und dennoch formlos, ruhig und wach zu bleiben. Genau im richtigen Augenblick erfüllt der Geist Gottes die Formlosigkeit mit der Weisheit und dem Verstehen, das erforderlich ist, um mitfühlend zu sprechen und gerecht zu handeln. Dann, mit einer knappen Bemerkung, entwaffnet ein solcher Mensch die ungezähmten Löwen der Bürokratie. Genau dies tat meine Freundin Florence Ross während einer diplomatischen Konferenz im Verlauf des Kalten Krieges in der Sowjetunion, als sie sich vor der amerikanischen und vor der russischen Delegation aufbaute und sie aufforderte, »sich nicht länger wie kleine Jungen zu benehmen, von denen der eine den anderen unbedingt überflügeln will«, sondern lieber mit der Friedensarbeit voranzukommen. Wäre sie nicht formlos geblieben und hätte sich statt dessen von ihrer Umgebung einschüchtern und von Selbstverurteilungen überwältigen lassen, hätte sie den Geist Gottes in der Weisheit ihrer Gedanken und Worte nicht spüren können.

Was bedeutet es, formlos zu sein? Und auf welche Weise bedarf dies der Kraft und bewirkt Gerechtigkeit? Wenn Sie formlos sind, gibt es keine Form, an der sich irgend jemand oder irgend ein Gedanke festhalten kann. Sind Sie aber frei von jeglichem Verhaftetsein, bewegen Sie sich auf dem Mittelstrich der Straße zwischen zwei Richtungen. Dies befähigt Sie, in beide Richtungen zu blicken und alle Gedanken mit rechter Achtsamkeit zu sehen. Rechte Achtsamkeit, die beobachtet, ohne zu urteilen, führt zu rechtem Handeln. Rechtes Handeln hat seinen Ursprung in einem klaren Geist und in klaren Intentionen. Urteilsfreiheit betrachtet, ohne zu analysieren, akzeptiert, ohne zu kritisieren, und handelt tugendsam durch rechtes Tun. Rechtes Tun ist immer gerecht. Auf diese Weise entsteht rechtes Tun durch Urteilsfreiheit. All dies vermag nur durch die Kraft des Geistes und durch bewußtes Handeln erreicht zu werden. Mit Zielgerichtetheit und Zurückhaltung zu handeln bedarf größerer Kraft als unkontrolliertes Handeln.

Wenn Sie für sich den Weg der Gerechtigkeit wählen, vergessen Sie nicht, daß das Gute, bedingungslose Liebe, Mitgefühl und Freiheit durch die Stärkung von Gottes Geist in Ihnen gefördert werden. Achten Sie in Ihrem Tagesverlauf auf die Bereiche, über die Sie Kontrolle haben. Ist diese Kontrolle eine Manipulation der Kraft oder eine Manifestation Ihrer Gottesfürchtigkeit? Handeln Sie, wenn Sie Ihre Werte auf andere projizieren, gerecht oder autoritär? Wenn Sie sich mit Ihren eigenen Gedanken und den zahlreichen Bestandteilen Ihrer Persönlichkeit beschäftigen, tun Sie dies, ohne zu urteilen, und bleiben Sie dabei ruhig, oder sind Sie leidenschaftlich, besorgt und frustriert? Halten Sie inne, leeren Sie sich, entspannen Sie sich in der Stille der Meditation und machen Sie sich bewußt, wie rasch Sie die einander bekämpfenden Kräfte Ihres Geistes und Ihres Lebens neutralisieren können.

Üben Sie sich heute mindestens einmal in der Meditation über die Führung (Seite 144).

Befreien Sie die Opferlämmer

Gott hat gesagt:
Der, der einen Ochsen besitzt, soll einen Ochsen darbringen. Der, der einen Widder besitzt, soll einen Widder darbringen … Der, der eine Taube besitzt, soll eine Taube darbringen. Der, der nichts von all diesem besitzt, soll ein Mehlopfer darbringen. Und der, der kein Mehl besitzt, soll Worte darbringen.

Rabbi Tanchuma

Wenn sie sich von ihrer Urteilskraft befreien und ihren Geist rein und im Licht der Weisheit bewahren könnten, würden sie nur ein Wort sehen, in dem alles von Bedeutung erfüllt ist.

Buddha

Die Zeit der Menschenopfer ist vorüber. Zu viele Generationen und zuviel negative Energie wurden durch die Opfer der Vergangenheit beansprucht. Im Laufe der Jahrhunderte hat man zu viele Kinder und Erwachsene als Lämmer Gottes erschlagen. Man führte sie zur Schlachtbank, um den Zorn, die Eifersucht und die Angst von Göttern und Völkern zu lindern. Es kam die Zeit, da ersetzte man die Menschen auf den Feueraltären der Götter durch Tiere. Die Eigenschaften der Tiere wurden dargeboten als symbolische Geste, um ebendiese Eigenschaften wie Kraft, Demut, Geschmeidigkeit und Flexibilität zu fördern. Dann baute man die Feueraltäre ab und rief statt ihrer die Gerichte der Ungerechtigkeit ins Leben. Dort opferten Menschen einander, indem sie sich gegenseitig mit Gedanken, Worten und Taten beschuldigten und verstümmelten. Es ist an der Zeit, die Lämmer Gottes in die Freiheit zu entlassen und die Feuer der Zerstörung zu löschen.

Es ist nicht mehr erforderlich, sich gegenseitig zugrunde zu richten, um die Feuer der Angst, des Zweifels und der

Unsicherheit zu füttern. Die im Verlauf Ihrer spirituellen Reise gewonnenen Einsichten befähigen Sie, eine neue Art Altar zu errichten und auf heilige Weise in der Welt zu sein. Indem Sie diesen neuen Altar bauen, beginnen Sie zu verstehen, was es heißt, heilig zu sein. Das lateinische Wort *sacrificium* für Opfer, bedeutet nicht, auf etwas verzichten zu müssen; es bedeutet, etwas zu heiligen (lat. *sacra* heißt heilig), es einem höheren Zweck zuzuführen. Das hebräische Wort für Opfer lautet *karbon* und bedeutet, Gott »näherkommen«. Um dichter an die Quelle heranzurücken und mit Ihrem Leben einem bedeutsameren Zweck zu dienen, »opfern« Sie eine Qualität oder etwas aus Ihrem Inneren.

Das göttliche Attribut der Kraft wird in dem opfernden Schamanen der alten Tradition gesehen. Der Archetyp der Kraft ist Isaak, der gebunden auf dem Altar seines Vaters Abraham lag. In einer Zeit, da Väter ihre Söhne den Müttern entrissen, um sie in der Wildnis der rituellen Tötung zu unterwerfen, band Abraham, dessen Name »Mitgefühl« bedeutete, Isaak (»Freude und Lachen«) und legte ihn auf den Altar seines Gottes. Die Bibel berichtet, daß er dabei seiner inneren Stimme folgte und tat, wovon er meinte, daß Gott es von ihm verlangte, nämlich seinen Sohn als Lamm Gottes zu opfern. Am Morgen, als er seinen Sohn aufforderte, ihn zu den weit entfernt liegenden Feldern zu begleiten, erklärte er Isaak und dessen Mutter Sarah, daß Vater und Sohn zu einem abgelegenen großen Haus des Wissens aufbrachen. Abraham ahnte nicht, daß dieses große Haus des Wissens ihn eine Lektion für eine neue Seinsweise ohne Menschenopfer lehren würde. Als Abraham sich mit dem Messer Isaaks Hals näherte, rief eine Engelsstimme: »Leg deine Hand nicht an den Knaben und tue ihm nichts.« Die Botschaft begreifend zog Abraham, statt seinen Sohn zu opfern, lieber einen Widder aus dem Gebüsch und brachte diesen Gott dar. Als die Fesseln von Isaaks Armen fielen, wußte dieser, was es bedeutete, zu sterben und wiedergeboren zu werden. Die Zeit der Menschenopfer war vorüber. Freude und Lachen waren nicht mehr länger die angemessenen Opfer im Dienst der Liebe.

Stellvertretend für den geopferten Widder, der nicht mehr länger geopfert wird, bläst man in den *schofar*, in das Horn des Widders. Der *schofar* steht symbolisch für die Stimme Gottes, die Generationen später bei der Offenbarung auf dem Berg Sinai gehört wurde. Das Widderhorn steht für das bewußt wahrgenommene Ende der Negativität, die Menschen einander durch die Bedrohung mit dem Feuer der Zerstörung im Namen Gottes zumuteten. Es ist das Symbol für das Ende von Eifersucht, Angst, Zweifel und Unsicherheit im Namen Gottes. Sein Klang macht den Funken Gottes bewußt, der jedem Atom der Schöpfung innewohnt, jedem Atemzug eines Menschen, jeder Vision des Universums. Der Klang ist zugleich durchdringend und subtil, laut und zart. Er kann sowohl gehört als auch gesehen werden und vor allem vermag man ihn in der Stille des Friedens zu spüren, der in Ihrer Seele wohnt.

Das Blutopfer Ihrer Seele verbirgt sich in den Worten, die Sie sprechen, und in den Gefühlen, die Sie mitteilen. Möge es sich dabei um Worte handeln, die den anderen erheben, Ihre Welt erhellen und die das Gottesbild, das Sie im Inneren tragen, nach außen bringen. Wenn Sie nun an das Ende dieser Einsicht gelangen, bedenken Sie die Möglichkeiten, die Sie näher zu Gott führen, und lassen Sie sie zum größeren Wohle der Menschheit Bestandteil Ihres »Opfers« an die göttliche Quelle sein.

Üben Sie sich heute mindestens einmal in der Meditation über die Führung (Seite 144).

Befreien Sie sich selbst

Siehe, ich will zu dir kommen in einer dicken Wolke, auf daß dies Volk es höre, wenn ich mit dir rede …

2. Mose 19,9

Andere zu bezwingen erfordert Kraft;
Sich selbst zu bezwingen erfordert Stärke.

Lao Tse

Frieden befindet sich im Inneren. Er ist die Befreiung von Erwartungen und einschränkende Wahrnehmung. Indem Sie nichts tun, sind Sie frei von allen Dingen. Indem Sie von einem Zustand der Formlosigkeit aus dienen, sind Sie frei von Ergebnissen. Indem Sie den unendlichen Fluß der Leere spüren, sind Sie frei von anhaftenden Gedanken. Ihr Freiheitsgefühl ist abhängig vom Zustand der Leere, der in Ihnen vorherrscht.

Als die Flucht der Israeliten aus Ägypten drei Monate zurücklag, verlangte Gott von ihnen, sich an die Wunder ihres Auszugs zu erinnern. Gott hatte sie auf Adlerflügeln getragen und zu sich gebracht. Sie entsannen sich des Himmels, in dem sie von Heiligkeit berührt und übergossen und als edle Wesen gesalbt worden waren. Sie versprachen, niemals ihren Bund mit Gott zu vergessen, einen Bund des Erinnerns, des Erinnerns an Gott. Und sie wußten, daß Gottes Herrlichkeit, als sie durch das Licht dieses Augenblicks der Freiheit schritten, in jedem einzelnen von ihnen eingebettet war.

Die Freiheit ist dort, wo immer Sie sie mittels Ihrer Wahrnehmung sehen und hören wollen. Gott kann sogar in einer dicken schwarzen Wolke erscheinen, so wie dies die Israeliten erlebten. Die dunkle Wolkensäule war eine symbolische Aufforderung an das Volk, alle Möglichkeiten und

Formen zu akzeptieren, in denen Gott in Erscheinung tritt: im nachmittäglichen Sonnenlicht, in einem regnerischen Tag, in den dunklen, bedrohlichen Wolken eines Sommergewitters. Gott wohnt in jeder dieser Formen. Im offenen, bereitwilligen herzlichen Empfang von Freunden, in der beängstigenden Kontrolle von Autoritäten, im Chaos und der Verwirrung von beunruhigenden Beziehungen – Gott ist in allen von ihnen. Und wenn Sie an den Bund des Erinnerns denken, ist er für jene, die bereitwillig die Stimme Gottes hören und seine Herrlichkeit durch den Nebel hindurch erblicken wollen, sogar in den dicken Wolken erkennbar.

Miriam Bokser Caravella, eine Schriftstellerin, die sich auf den östlichen Weg des Bodhisattva begab und ihn mit ihrem traditionellen jüdischen Hintergrund verband, beschrieb in ihrem Buch *The Holy Name* Freiheit auf folgende Weise: Ein barmherziger Mensch besuchte ein überfülltes Gefängnis. Da er sah, daß es dort kein fließendes Wasser gab, schickte der barmherzige Mensch den Gefangenen einen Tankwagen mit frischem Wasser. Das frische Wasser verbesserte die Situation in dem Gefängnis erheblich. Dann besuchte eine zweite wohlmeinende Person das Gefängnis. Beunruhigt durch die Qualität der Speisen, welche die Gefangenen erhielten, schickte diese zweite Person eine Lastwagenladung mit guten Nahrungsmitteln. Die Insassen waren auch dieser Person dafür dankbar, daß sie ihre Lage verbesserte. Nun besuchte eine dritte freundliche Person das Gefängnis, bekam die Kälte dort zu spüren und bemerkte, daß es dort kein angemessenes Heizsystem gab, um die Gefangenen im Winter zu wärmen. Also schickte dieser dritte Wohltäter eine Lastwagenladung warmer Decken, mit denen sich die Insassen vor der Kälte schützen konnten und wofür sie sehr dankbar waren. Caravella erläutert, daß die Insassen es damit von »Dritte-Klasse-« zu »Erste-Klasse-Gefangenen« gebracht hatten. Dennoch waren sie noch immer Gefangene. Zumindest bis der vierte Besucher kam, ihnen den Schlüssel zum Gefängnis übergab und sie für immer befreite. Dieser vierte Besucher war der größte Wohltäter von allen, denn er überließ ihnen die Schlüssel.

Als Gott in einer dicken schwarzen Wolke erschien und damit verkündete, daß man Gott selbst in der Wolke hören konnte, ähnelte Er dem Wohltäter, welcher den Gefangenen die Schlüssel zum Gefängnis aushändigte. Die größte vorstellbare Freiheit ist es, zu erkennen, daß Sie nicht mehr länger im Gefängnis Ihrer Erwartungen und selbstauferlegten Begrenzungen leben müssen, denn in dieser Freiheit erkennen Sie Ihre eigene göttliche Natur. Das Haus des Lebens hat viele Türen, doch keine ist so befreiend wie jene, die in den Thronraum Gottes führt. In diesem Raum befindet sich die unendliche Freiheit der Leere, das ehrfurchtgebietende Gefühl von Heiligkeit und die Grenzenlosigkeit aller denkbaren Möglichkeiten.

Wenn Sie heute über die Führung meditieren und sich dem Heiligtum des Lichts nähern, stellen Sie sich vor, daß Sie den Thronraum Gottes betreten und aus diesem Ort tief im Inneren Ihrer selbst heraus den Geist der Heiligkeit vernehmen.

Üben Sie sich heute mindestens einmal in der Meditation über die Führung (Seite 144).

Nehmen Sie Liebe und Angst an

Ich habe von meinem Meister, dem Baal-schem-tow, gehört, … daß Liebe und Angst nur dann nebeneinander existieren können, wenn man Gott dient.

Rabbi Jakob Josef von Polona

Große Leichtigkeit bringt viele Schwierigkeiten.
Die Weisen sind sich dessen bewußt
Und haben daher keine Schwierigkeiten.

Lao Tse

Wie oft fürchten Sie, Ihre Liebe zu verlieren, und wie oft lieben Sie, um Ihre Furcht aufrechtzuerhalten? Versuchen Sie sich an Situationen zu erinnern, in denen Sie Liebe oder Angst gefühlt haben. Machen Sie sich klar, wie bereitwillig Sie Ihre Gefühle demaskiert und sie akzeptiert haben, nachdem sie erst einmal vor dem Tor Ihres Herzens eingetroffen waren. Wenn es Angst ist, die klopft, öffnen Sie ihr. Betrachten Sie sie als das, was sie ist, und treffen Sie eine Entscheidung darüber, wieviel Zeit Sie mit ihr verbringen wollen. Stellen Sie fest, ob Sie es zulassen, daß die Angst die Herrschaft über Ihren Verstand an sich bringt, oder ob es Ihnen gelingt, sich Ihren Glauben an und Ihr Vertrauen in die göttliche Quelle Ihrer eigenen Kraft zu bewahren. Achten Sie außerdem wachsam darauf, ob es Ihre eigene Angst oder die eines anderen ist, die Sie einlassen. Nur allzuoft kann die Furcht eines anderen Menschen Ihre Gelassenheit untergraben. Dies trifft vor allem dann zu, wenn zwei Menschen auf intime Weise miteinander verbunden sind.

Es fällt schwer, die Angst oder Furcht des Partners nicht zu übernehmen. Für die Gesundheit der Partnerschaft ist es erforderlich, zwar mitfühlend zu sein, sich jedoch nicht verhaften zu lassen. Wenn Sie spüren, daß Sie zum Opfer der

Befürchtungen und Ängste eines anderen Menschen werden, ist es an der Zeit, mit innerer Kraft, kritischem Urteilsvermögen und spiritueller Einsicht zu handeln. Die Einblicke, die Sie auf dieser Reise erhalten, werden Sie darin unterstützen.

Wenn die Liebe an die Tür Ihres Geistes klopft, berücksichtigen Sie, ob es sich wirklich um einen Gast oder aber um einen Vorwand handelt. Mitunter meinen Sie, aus Liebe zu handeln, doch in Wahrheit ist es Ihre Angst, die Ihr Handeln bewirkt. Wenn Sie zum Beispiel einen Menschen, der weniger vom Glück gesegnet ist als Sie, freundlich behandeln, tun Sie dies aus Liebe oder aus der Angst, selbst in Unglück zu geraten? Wenn Sie Ihrem Vorgesetzten etwas schenken, tun Sie es, weil Sie ihn mögen oder weil Sie befürchten müssen, bei ihm in Ungnade zu fallen? Und wie verhält es sich, wenn ein Mitmensch darauf hofft, daß Sie ihm einen Gefallen tun und Sie daher wie seinen besten Freund behandelt? Steht dahinter Liebe oder Angst? Diese Achtsamkeit ist kein Mißtrauen. Sie gibt Ihnen nur ein Zeichen, sich nicht an etwas zu binden, aber doch mitfühlend zu sein. Seien Sie sich Ihres Tuns bewußt, und erhalten Sie Ihr inneres Gleichgewicht aufrecht.

Es würde die Dinge gewiß vereinfachen, wenn man mit Recht behaupten könnte, daß es zwei grundlegende Gefühle, Liebe und Angst, gibt. Doch die Liebe von der Angst trennen zu wollen, ist eine Illusion. Es gibt in der jüdischen mystischen Tradition eine Redensart, nach der jeder spirituell Eingeweihte zwei Taschen in seinem Umhang haben soll. In der einen Tasche soll sich ein Zettel befinden, auf dem »Liebe« geschrieben steht, und in der anderen einer mit dem Wort »Angst«. Die Lebensreise schwankt zwischen den beiden Emotionen hin und her, und der Austausch zwischen Liebe und Angst findet in der Person statt, die den Umhang trägt. So vermag der spirituell Eingeweihte zu erkennen, daß diese beiden Gefühle nicht unabhängig voneinander vorkommen können.

Manche Traditionen raten auch dazu, daß der Eingeweihte in der einen Tasche den Spruch »Die Welt wurde heute allein für dich erschaffen« tragen soll, während es auf dem Zettel in der anderen Tasche heißen soll: »Du bist nichts als ein Staubkorn in der Unendlichkeit des Universums.« Welcher der Sätze gehört wohl in die Tasche mit der Liebe und welcher in jene mit der Angst? Anfangs könnten Sie es vielleicht als beängstigend empfinden, nur ein Staubkorn zu sein. Bei weiterem Nachdenken wird Ihnen jedoch klar, daß es eine ehrfurchtgebietende und beängstigende Aufgabe ist, die Verantwortung für die Erschaffung der Welt zu tragen. Machen Sie sich außerdem bewußt, daß das, was Sie heute wählen, schon morgen verändert sein kann. Beide Sätze sind wahr, und keiner von ihnen kann allein der Liebe oder allein der Angst zugeordnet werden, ausschließlich gut oder ausschließlich schlecht sein. Beide sind im Austausch miteinander verbunden.

Je schneller Sie sich Ihre Ängste eingestehen, desto rascher können sie sich auflösen. Sie haben das Kommando über die Gefühle, zu denen Sie sich entschlossen haben. Machen Sie sich Ihre Wahl bewußt, und verwandeln Sie Ihre kritische Einstellung in eine der Akzeptanz und Transformation. Angst, die sich hinter der Maske der Liebe verbirgt, wird Ihre Sinne benebeln und Ihren Geist mit Negativität vergiften. Doch Angst, die als solche erkannt und in Liebe verwandelt wurde, erfrischt und reinigt Ihre Wahrnehmung, erleuchtet Ihren Geist und erfüllt Sie mit Leben. Begießen Sie Ihre Ängste mit den reinen Wassern der Liebe und nicht mit den trüben Wassern der Leugnung.

Üben Sie sich heute mindestens einmal in der Meditation über die Führung (Seite 144).

Reisen Sie jenseits der Angst

Fürchte dich nicht,
denn ich habe dich erlöst;
ich habe dich bei deinem Namen gerufen;
du bist mein!
Wenn du durch Wasser gehst,
will ich bei dir sein,
daß dich die Ströme nicht ersäufen sollen;
und wenn du ins Feuer gehst,
sollst du nicht brennen,
und die Flamme soll dich nicht versengen.
Denn ich bin der Herr, dein Gott,
der Heilige Israels, dein Heiland.

Jesaja 43,1–3

Der Weg gebiert sie, nährt sie, führt sie zur Reife,
macht sie ganz, läßt sie ruhen, hebt sie auf,
unterstützt sie und beschützt sie.

Lao Tse

Wovor haben Sie am meisten Angst? Die Kabbalisten sagen, daß es zweierlei Ängste gibt, die äußere und die innere Angst. Die äußere Angst ist jene, die uns fürchten läßt, daß wir Dinge verlieren, die wir in der äußeren Welt zu schätzen wissen wie Ehre, Reichtum, Gesundheit oder Leben. Innere Angst ist die Furcht davor, das Gefühl für das Göttliche in einem selbst einzubüßen, die Verbindung zu dem zu verlieren, was einen Menschen heilig macht. Die innere Angst vor dem Verlust der Seele ist die größte Angst, denn ohne Ihre Seele haben Sie auch kein Leben. Der Baal-schem-tow sagte, der größte Verlust sei nicht der des Herzens, sondern der von Gott in Ihrem Herzen.

Angst ist eine Illusion. Wenn die größte Angst eine innere Angst ist und es sich bei der schlimmsten inneren Angst um den Verlust Ihrer Seele handelt, ist dies eine Illusion. Sie können Ihre Seele niemals verlieren. Wenn Ihre Seele mit Gott verbunden und Gott unvergänglich und ewig ist, ist es unmöglich, Gott zu verlieren. Nur in Ihrer Vorstellung kann Gott verlorengehen, nicht jedoch in der Welt. Doch innere Angst sorgt, selbst wenn sie eine Illusion ist, dafür, daß Sie ein bewußtes, seelenerfülltes Leben führen und das Wunder jedes einzelnen Augenblicks nutzen. Und sie fordert Sie außerdem auf, Ihre Ängste zu überwinden.

Das Leben ist wie eine Diele, von der aus viele Türen in unterschiedliche Erfahrungsräume führen. Manche Menschen verharren in der vertrauten Sicherheit der Diele, gefangen von ihrer Angst. Solche Menschen sind im Vorzimmer des Lebens steckengeblieben. Sie fürchten sich davor, sich durch neue Türen zu wagen; sie entwickeln sich nicht weiter über die Persönlichkeiten hinaus, die sie bereits sind. Andere nehmen das Risiko auf sich, den Raum der Philosophen und Skeptiker zu betreten; sie verbringen ihre Zeit damit, über die Qualität des Lebens zu diskutieren, weichen jedoch der Erfahrung des Lebens selbst aus. Dann gibt es andere, die durch die Eingangshalle ihrer Ängste hindurch den Raum der Gläubigen und Mystiker betreten. In diesem Raum stoßen sie auf ein Fest der Gefühle und ein stattliches Aufgebot unterschiedlichster Erfahrungen.

Um den Raum der Gläubigen und Mystiker zu betreten, müssen Sie den Wunsch verspüren, das Heilige zu sehen, Ihre Seele zu hören und sich von der Angst zu lösen. Dieser Wunsch kann nicht durch das Gespräch, sondern nur durch die tiefgreifende Erfahrung der Meditation entwickelt werden. Meditation gibt Ihnen ein Gefühl für das Heilige, befähigt Sie, Ihre Seele zu hören, und befreit Ihr Bewußtsein mühelos von Ängsten.

In seinem Buch »Unconditional Living« erklärt Deepak Chopra, daß die Erfahrung der Sitzmeditation am besten anhand dessen beschrieben werden kann, was man nicht tut. In der Sitzmeditation tragen Sie nicht zur Verwirrung Ihres

Geistes bei, indem Sie sich an Vorstellungen festhalten. Ihre Gedanken bewegen sich mühelos, während Sie an inneren Stimmen vorbei zu dem schweigenden Beobachter im Inneren gleiten. Durch das Langsamerwerden, den Aufenthalt in der Stille und im Schweigen werden Sie wie eine Kerze an einem windstillen Ort. Im Meditationsprozeß ist es nicht erforderlich, daß Sie sich von Ihren Ängsten frei machen; Ihre Ängste lösen sich automatisch von Ihnen. Daher kommt es, so Deepak Chopra, daß eine einzige Meditationssitzung Ihr Leben zu verändern vermag, denn sie gibt Ihnen die Gelegenheit, Ihre Ängste loszulassen.

Meine Freundin und Lehrerin Joan Kaye brachte mehrere Monate lang eine tibetische Studentin bei sich unter. Dieses junge Mädchen hatte niemals zuvor die schützenden Berge verlassen oder die alte Lebensweise ihres tibetischen Dorfes aufgegeben. Natürlich war ihre Ankunft in Amerika ein Kulturschock, auf den keine Sprache sie hätte angemessen vorbereiten können. Da sie jedoch an Meditation, Einfachheit und die Kraft der Leere gewöhnt war, paßte sie sich den radikalen Veränderungen an, richtete sich mit übervölkerten Städten anstelle der unendlichen Weite, mit der lebhaften Resonanz in den Straßen anstelle der langsamen und gleichmäßigen Bewegungen, mit der »Rechtzeitigkeit« des Stadtlebens anstelle der Zeitlosigkeit des Landlebens ein. Während ihres Aufenthaltes hielt sie sich an einem Tagebuch fest, das ihre Eltern ihr bei ihrer Abreise aus Tibet gegeben hatten. In diesem Tagebuch hatten sie ihr ein paar ermutigende Worte aufgeschrieben, die ihr bei ihrer Reise in unbekannte Welten helfen würden. Es handelte sich nur um den kurzen Satz: »Blicke nach innen.« Jedesmal, wenn sie Bestätigung und Führung brauchte, öffnete sie das Tagebuch und wurde daran erinnert, nach innen zu blicken.

Wenn Sie nach innen blicken, stellen Sie sich Ihren Ängsten und gehen über sie hinaus. Sie sehen sich so, wie Gott Sie sieht, Sie hören sich so, wie Gott Sie hört. In dem Atem, den Sie mit Gott teilen, beruhigt sich der Rhythmus Ihres Herzens, klären sich die Gedanken in Ihrem Verstand, und die Flügel Ihres Geistes tragen Sie in die Höhe. Dann erkennen Sie, daß sich hinter dem Gewöhnlichen Ihre tiefgründige, außergewöhnliche Persönlichkeit verbirgt. Mit dem tiefen Bewußtsein des Göttlichen in Ihnen durchschreiten Sie das himmlische Tor der Kraft und wenden sich einem Weg zu, der das Tor zu Ihrem Herzen freigibt.

Üben Sie sich heute mindestens einmal in der Meditation über die Führung (Seite 144).

Harmonie

Einen Menschen mit einem Gruß des Friedens und der Harmonie willkommen heißen gleicht der Begrüßung Gottes, denn Gott ist Frieden.

Sohar

Die Weisen sagen:
Ich handle nicht, die Menschen werden umgewandelt.
Ich erfreue mich der Ruhe, und die Menschen werden ehrlich.
Ich tue nichts, und die Menschen werden reich.
Ich habe kein Verlangen, und die Menschen kehren
zu ihrer ursprünglichen Natur zurück.

Lao Tse

Sie stehen nun vor dem himmlischen Tor der Harmonie, der Mitte Ihrer mystischen Reise entlang des Lebensbaumes. Dieses Tor macht Sie zur Brücke zwischen dem Gewöhnlichen und dem Ungewöhnlichen, dem Irdischen und dem Wunderbaren. Dieses Tor bietet nichts, wohin man sich wenden und was man tun könnte, nur eine tiefe Wertschätzung der Schönheit und des Gleichgewichts, wie sie sich in Ihrem Leben darstellen. In der Harmonie halten Sie inne, denken nach und erstrahlen in der Pracht des Menschen, der Sie sind. An der Stelle, an der Sie sich augenblicklich befinden, berührt der Himmel das Herz der Erde.

Hinter dem himmlischen Tor der Harmonie tut sich ein Weg auf, der Gegensätze ausgleicht und Schönheit wertschätzt. Harmonie bringt Kraft mit Mitgefühl und Weisheit mit Verstehen ins Gleichgewicht und versieht sie mit einer Aura des Heiligen. Wenn Sie im Chaos schwimmen und sich im freien Fall in die Verwirrung befinden, hilft Ihnen die Harmonie, eine Pause einzulegen und Sinn und Frieden zu finden. Mitten in Chaos, Aufruhr und Verwirrung öffnet die Harmonie Ihr Herz für die Wunder des Lebens und für jene, die in Ihnen selbst zahlreich vorhanden sind. Wenn die Harmonie Ihren Geist berührt, umarmt Gott Ihr Herz. Wenn Sie Verbindung zum Göttlichen in Ihrem Herzen aufnehmen, erwecken Sie das Heilige zum Leben und machen die Erfahrung einer neu entdeckten Lebensfreude.

Indem Sie Ihr Herz für die Harmonie öffnen, werden Sie beeinflußt vom Rhythmus des Universums und transformiert zum Bewahrer der heiligen Vision von der Menschlichkeit. Sie erleben Ihr Herz als den Hüter von Träumen, Visionen und Erinnerungen an vergangene, gegenwärtige und zukünftige Augenblicke. Harmonie hilft Ihnen dabei, mit Kraft und Mitgefühl voranzukommen. Harmonie verschafft Ihnen Zugang zur Intuition, die im Herzen Ihrer Seele wohnt, und ermöglicht es Ihnen, der inneren Stimme zu folgen, die nach Ihnen ruft.

Beim Durchschreiten dieses Tors kommen Sie zu Einsichten, die es Ihnen ermöglichen, im Gleichgewicht zu bleiben, mutiger zu werden, offenherzig zu sein und der Schönheit in allem, was Sie sehen, hören und fühlen, die Führung zu überlassen. Sie gelangen zu einer noch tieferen Wertschätzung der Wunder, die sogar mitten im Chaos und in der Verwirrung des Lebens auf Sie warten. Sie begreifen, was es bedeutet, vollkommen erkannt, durchschaut und wahrgenommen zu sein. Sie tauchen ein in die tiefgründige Macht des Gebets, in die Durchschlagskraft heilender Worte und in die Potenz der Liebe.

Bevor Sie sich nach dem Durchschreiten des Tors der Harmonie der ersten Einsicht zuwenden, nehmen Sie sich jetzt etwas Ruhe, und führen Sie die Zentrierungsmeditation (Seite 174) durch. Diese Meditation wird Sie darin unterstützen, Ihr Zentrum und Ihr Gleichgewicht zu finden. Sie erinnert Sie daran, daß Sie nie allein sind. Indem Sie Ihr Gleichgewicht finden, kann dem Gott in Ihnen gleiches gelingen. Indem Sie sich zentrieren, erreicht auch die Welt um Sie her ihren Mittelpunkt. Lesen Sie die Meditationsanweisungen langsam, um in ihren vollen Nutzen zu gelangen. Machen Sie nach jedem Satz eine Pause, und spüren Sie dem nach, was Sie soeben gelesen haben. Dann lassen Sie sich einen Augenblick lang von dem entstandenen Frieden einhüllen. Wiederholen Sie die Zentrierungsmeditation, nachdem Sie jede in diesem Kapitel beschriebene Einsicht gelesen und über sie nachgedacht haben.

Zentrierungsmeditation

Machen Sie eine Pause, und setzten Sie sich bequem auf einen Stuhl oder auf den Boden. Spüren Sie, wie der Atem in Ihren Körper gelangt, während Sie langsam ein- und ausatmen. Fühlen Sie, wie die Atemluft am Scheitel Ihres Kopfes eindringt und durch Ihren Hals und Ihre Wirbelsäule hinabfließt. Lassen Sie es zu, daß das Einatmen und das Ausatmen gleichmäßig und frei erfolgen. Spüren Sie, wie die Atemluft Ihre Füße hinunter bis in den Boden, auf dem Sie stehen, fließt. Fühlen Sie bei jedem Einatmen und bei jedem Ausatmen, wie sich die Muskeln, Ihre Arme und Beine mehr und mehr entspannen – lockern Sie auf diese Weise die linke und die rechte Seite Ihres Gesichts, Ihre Schultern, Arme, Hände, Hüften, Oberschenkel, Unterschenkel und Füße –, spüren Sie, wie Ihr Körper schwerelos wird, angefüllt mit Energie und Licht. Machen Sie sich bewußt, wie sich Ihr Geist klärt und Ihr Körper sich vollkommen zentriert, indem er auf dem Atem schwebt und indem Ihr Atem auf dem Licht schwebt, welches Ihren Körper durchdringt. Jetzt erkennen Sie, wie das Licht von Ihrem Herzen ausgeht, seine Strahlkraft in Ihre innere Welt schickt und dann zu allem hin ausströmt, was Sie umgibt. Segnen Sie Gott, das Göttliche in Ihnen dafür, daß es sich mit Ihnen zentriert und mit Ihnen ein Gleichgewicht sucht.

Definieren Sie den Mittelpunkt, und erkennen Sie Ihre Reise

Ruft nicht die Weisheit,
und läßt nicht die Klugheit sich hören?
Öffentlich am Wege steht sie
und an der Kreuzung der Straßen.

Sprüche 8,1–2

Der edle Weg, der die beiden Extreme transzendiert und zur Erleuchtung und zu Weisheit und Seelenfrieden führt, kann als der mittlere Weg bezeichnet werden.

Buddha

Indem Sie Ihre Identität feststellen, tun Sie kund, daß Sie kein chaotisches Durcheinander sind. Sie besitzen Dimension, Volumen und Dichte, die sich bewegen, wenn Sie sich bewegen, und die sich verändern, wenn Sie sich verändern. Durch Ihr Menschsein zieht sich ein unsichtbarer Faden aus Licht, der *kav v'chut*, der Sie mit der unendlichen Quelle verbindet. Dieser Faden ist die spirituelle Brücke, die es Ihnen ermöglicht, vom physischen in das spirituelle Reich des Seins hinüberzuwechseln. Wenn Sie sich im Raum zwischen Ihrem Selbstbild und Ihrem Gottesbild aufhalten, im Zwischenraum von Körperlichem und Geistigem, von Gewöhnlichem und Ungewöhnlichem, von Weltlichem und Wunderbarem, rufen beide Seiten nach Ihnen. Im Raum zwischen dem einen und dem anderen entsteht die Mitte.

Wenn Sie in der Mitte Ihres Lebens stehen, ruft Gott Sie dazu auf, das, was war, mit dem, was noch sein wird, zusammenzuführen. Eine Frau, die sich auf der Suche nach sich selbst befand, ging einmal bis an den Rand eines Abgrunds. Dort blickte sie in eine gewaltige Tiefe und meinte, daß ein weiteres Vorankommen unmöglich sei. Als sie am Rande des Abgrunds nachdachte, blickte sie zurück auf den Weg, den sie gekommen war. Dort hörte sie alte Stimmen, sah Seinsweisen aus der Vergangenheit, bewährte Beziehungen, erbrachte Leistungen und ausrangierte Träume. In der Stille ihrer Umgebung, am Rande ihrer Wahrnehmung, hörte sie die Stimme der Weisheit. Sie umfing sie mit den Klängen tiefen Verstehens und reifer Selbsterkenntnis. Sie zeigte ihr die Art, wie sie ihr eigenes Wachstum verhindert und wie sie die entsprechenden Informationen in ihrem Verstand bis zur Unkenntlichkeit vermischt hatte. Doch vor allem zeigte sie ihr, daß der Weg, den sie gewählt hatte, das Fundament für den nächsten Schritt ihrer Reise bereitet hatte: Dies war nicht das Ende, sondern nur die Mitte ihres Lebens. In diesem Augenblick tiefsten Selbsterkennens landete ein Schmetterling in ihrer Hand und machte sie darauf aufmerksam, daß sich der Abgrund vom Rand her, wo sie saß, mit Wasser füllte. Im klaren Wasser schwamm sie durch den Fluß auf die nächste Hochebene ihres Lebens zu.

Ob Sie sich in der Lebensmitte oder im Mittelpunkt befinden, es gibt immer ein Übergangsritual. Das Ritual läuft im Zentrum Ihres Seins ab, vorausgesetzt Sie erkennen, wo Sie waren, und akzeptieren, wo Sie jetzt sind. Es gibt keine Eile, die Sie an Ihren nächsten Bestimmungsort treibt. Es herrscht das tiefe Erkennen darüber vor, wer Sie sind, und daß Sie sich zwischen zwei miteinander verschmelzenden Punkten in Ihrem Leben befinden, von denen ein jeder Sie zu dem illusionären Abgrund geführt hat, den zu überspringen Sie sich nun vertrauensvoll anschicken. Seien Sie getröstet durch das Wissen, daß Sie nicht in den Abgrund fallen werden, sondern statt dessen um eine Ecke biegen, die Ihr Herz für neue Perspektiven öffnen wird. Folgen Sie der Aufforderung der Weisheit, die Ihnen ins Ohr flüstert und an Ihrem Herzen zieht, damit Sie sich mit ihr am höchsten Ort Ihrer selbst treffen. Halten Sie sich auf Ihren inneren Höhen bereit, und nehmen Sie die Weisheit an.

Üben Sie sich heute mindestens einmal in der Zentrierungsmeditation (Seite 174).

Erhalten Sie Gleichgewicht und Harmonie aufrecht

Gott hat diese Welt erschaffen, damit sie der oberen Welt entspricht; und alle Dinge in der oberen Welt haben in dieser Welt ihre Entsprechungen; und alle Dinge in dieser Welt haben ihre Entsprechungen im Meer; und alles ist die Einheit des Einen.

Sohar

Die alten Regeln zu verstehen, ist ursprüngliche Tugend.
Sie kehrt mit allen Dingen zurück
Zum großen Einen.

Lao Tse

Das Leben ist ewig wandelbar, in seinen Bestandteilen verbunden, wachstumsorientiert, dynamisch, es verursacht Herzklopfen und aufsehenerregende Bewußtseinszustände. Zu jedem Aufwärts gibt es ein passendes Abwärts, für jedes Hinein ein Hinaus, für jedes Rechts ein Links und für jedes Drumherum ein Mittenhindurch. Alle Dinge sind im Universum Gottes in Harmonie miteinander, und alle Welten befinden sich miteinander im Gleichgewicht. Für jeden Grashalm, jedes Luftmolekül und jede Klangwelle gibt es Entsprechungen in den Welten im Inneren, in den Welten innerhalb der Welten. Für jede Erfahrung gibt es unendlich viele Möglichkeiten. Zu jeder Beziehung gehören die karmischen Rückstände und die übersinnliche Flickarbeit endlos vieler Lebensspannen. Nichts ist isoliert; das gesamte Universum vibriert vor verbindender Lebendigkeit und einbeziehender Einmütigkeit.

Durch die Verbundenheit aller Bestandteile des Universums miteinander sind Sie durch Gedanken, Worte und Taten auf der Ebene der Erde, des Planeten und der Sterne verbunden mit der unendlichen Quelle. Auf der Leiter des

Lebens erschaffen Ihre Gedanken, Worte und Taten Engel, die das übermitteln, was Sie den oberen Reichen mitteilen möchten. Aus dem Talmud erfahren Sie, daß jedes Gotteswort einen Engel erschafft. Die Engel, welche die Worte Gottes darstellen, dienen als Empfänger, unterstützen Sie darin, Vorstellungen durchzuführen und Bedürfnisse zu erfüllen. Engel bringen die Welt der Gefühle und die Welt reiner Emanation ins Gleichgewicht und schaffen Harmonie. Wo Gefühle sind, da ist auch Seelenleben. Wenn Gefühle sich von verhafteten Gedanken und Vorstellungen befreien, vermag sich der Geist in die Leere zu erheben. In der Leere herrscht frei fließende Empfänglichkeit. In nichtverhafteter Empfänglichkeit herrscht endlose Harmonie und grenzenloses Gleichgewicht.

Gott wirkt durch Engel, und die Engel wirken durch Sterne und Planeten. Über allen Dingen, sogar über einem Grashalm, wacht ein Stern, der sie zum Wachstum ermutigt. So wie der Mensch sich zur Seele und die Seele sich zu Gott verhält, so verhalten sich die Engel zu den Sternen. Sie sind die Seelen der Sterne und wirken harmonisch mit allen Dingen. Ob Sie sich vor oder zurück, hinauf- oder hinab-, hinein- oder hinausbewegen, die Bewegung in Paaren ermutigt Sie zu wachsen, hilft Ihnen zu dienen und unterstützt die Durchführung Ihrer Vereinigung und Wiedervereinigung mit Gott auf allen Ebenen.

Da Sie im Zentrum des heiligen Lebenskreises stehen, empfängt Ihr Herz das zentrale rhythmische Pulsieren des Lebensbaumes. Alle Dinge, die von Ihrem Herzen und vom Herzen des Universums ausstrahlen, sind gegründet auf der Harmonie des Universums Gottes. Einstein war sich wie die Kabbalisten in bezug auf die Harmonie des Universums so sicher, daß er seine gesamte Relativitätstheorie darauf begründete.

Im heiligen Kreis des Lebens gibt es weder Trennung noch Disharmonie. Polaritäten kommen isoliert nicht vor. Ebenso wie auch Sie nicht aus voneinander isolierten Bauteilen bestehen, kommen auch Gut und Schlecht, Innen und Außen, Oben und Unten nicht auf sich gestellt vor. Sie geben

Ihre Auffassungen wieder und die Art, wie Sie sich mit dem Leben verbinden. Wenn Sie das Leben als einschränkend empfinden und glauben, daß nicht genug Geld, Nahrung oder Liebe für jeden vorhanden sind, verbinden Sie sich aus der Angst heraus mit dem Leben und treten für alles in einen Konkurrenzkampf.

Vertrauen Sie jedoch auf die dem Universum innewohnende Harmonie und auf seine Ausgewogenheit, erkennen Sie, daß es nicht erforderlich ist, für irgend etwas in Konkurrenz zu treten, da es doch unendlich viele Dinge und Möglichkeiten gibt.

Trinkt ein Pferd aus einer Pfütze und sieht dabei sein Spiegelbild auf der Wasseroberfläche, meint es, daß sich noch ein zweites Pferd neben ihm befindet. Es macht sich Sorgen, daß nicht genug Wasser für beide da sein wird, wenn das andere Pferd ebenfalls trinkt. Also schüttelt es seine Mähne und unternimmt so den Versuch, das andere Pferd zu vertreiben. In Wirklichkeit fürchtet es sich nur vor seinem eigenen Schatten, denn es ist genug zu trinken für mehrere Pferde da.

Gleiches gilt, wenn Sie nicht auf den reichen Fluß Gottes im Universum vertrauen. Niemand kann etwas fortnehmen, was göttlicher Bestimmung zufolge Ihnen vorbehalten ist. Sie sind in diesem Universum des Lebens ein wichtiger Teil der Harmonie und der Ausgewogenheit. Statt sich hinter Ihrem eigenen Schatten zu verbergen, sollten Sie sich aufrichten und die Schönheit, die Harmonie und die Ausgewogenheit wahrnehmen, die in Gottes Welt der Fülle vorhanden ist.

Ebenso wie es Harmonie und Ausgewogenheit gibt, kommen im Verlauf des Lebens auch Augenblicke des Friedens vor, flüchtige Hochebenen, auf denen Sie sich ausruhen können. Mit Hilfe der Meditation gelingt es Ihnen, weit in Ihr Inneres vorzudringen und an den Ruhepunkt zu gelangen, der den Abgrund zwischen der Vergangenheit und der Gegenwart überbrückt. Im Jetzt zu verharren, heißt unabhängig von äußeren Einflüssen oder innerem Durcheinander in Frieden mit sich zu sein.

Es gibt ein Haus Gottes, in dem alle Völker willkommen sind und in dem auch Sie sich für kurze Zeitspannen aufhalten können, um auf Ihrem Lebensweg Führung und Erfrischung zu empfangen. In diesem Haus ist Ihr Verstand klar, Ihr Herz offen und Ihre Seele frei. In diesem Haus werden Sie bedingungslos geliebt. Der einzige Eingang in dieses Haus führt durch Ihre Intention. Wenn es Ihre Intention ist, sich im Haus Gottes aufzuhalten, und Sie klar darauf ausgerichtet sind, führt Gott Sie dorthin. Der Frieden, der Sie im Haus Gottes einhüllt, kehrt mit Ihnen zurück in die Welt, in der Sie leben. Der Prophet Hosea sagte: »Bekehre dich, Israel, zu dem Herrn, deinem Gott«, und meinte damit, daß Sie sich so lange im Haus Gottes aufhalten sollen, bis der göttliche Zufluß Sie einhüllt und durchdringt. Wenn Sie sich eingetaucht in *shefa*, den göttlichen Zufluß, fühlen, richtet sich Ihr Blick auf alle Dinge, und Sie sehen Gott. An diesem Punkt des Eintauchens werden Sie zu einem Gefährt für die Heiligkeit und kehren vereint mit Gott in Ihre alltägliche Umgebung zurück. Der Frieden, dem Sie im Haus Gottes begegnen, wird durch Sie transportiert, durch die Linse Ihrer Wahrnehmung gesehen und durch den Gleichmut Ihres Lebens aufrechterhalten. Es handelt sich um organischen Frieden und Gleichmut, die weder statisch noch dauerhaft sind und sich bewegen, wenn Sie sich bewegen, sich verändern, wenn Sie sich verändern, mit Ihnen zurückkehren, wenn Sie zurückkehren.

Letztendlich ist der Frieden, den Sie an den Ruhepunkten Ihres Lebens erfahren, in den Augenblicken anzutreffen, in denen Sie sich im Haus Gottes aufhalten. Wenn Sie in Ihrem Leben die Hochebene Ihres nächsten Verweilens betreten, machen Sie sich bewußt, daß das Haus Gottes sowohl das Gewand des Universums als auch das Allerheiligste in Ihnen ist. Der Buddha lehrt: »Denke nicht, daß diese Welt bedeutungslos und mit Verwirrung angefüllt ist und die Welt der Erleuchtung voll der Bedeutung und des Friedens. Vielmehr sollst du den Weg der Erleuchtung in allen Dingen dieser Welt schmecken.« Mögen Sie den Frieden der Höhen in den tiefen Winkeln der gewöhnlichen Wege Ihres alltäglichen

Lebens erreichen und erkennen, daß dort der Gleichmut wohnt. Dann erkennen Sie sich vielleicht auch in den Worten des Psalmisten wieder: »Ich halte Frieden.«

Üben Sie sich heute mindestens einmal in der Zentrierungsmeditation (Seite 174).

Leben Sie mutig und offenherzig

Behüte dein Herz mit allem Fleiß,
denn daraus quillt das Leben.

Sprüche 4,23

Nachsicht führt zur Unparteilichkeit.
Unparteilichkeit bringt Edelsinn.
Durch edles Verhalten erreicht man das Göttliche.

Lao Tse

Mitten in Chaos, Durcheinander und Negativität gehen manche Menschen ihren Gefühlen aus dem Weg und verbauen sich den Zugang zu ihrem Herzen. Andere reagieren mit tiefem Vertrauen, Offenherzigkeit und mit einem der Sache verpflichteten Mut. Woher nehmen Sie in verzweifelten und überwältigenden Situationen Ihren Mut, um weiterzumachen? Sie laufen nicht davon und verstecken sich; Sie drehen sich um und berühren die Hand Gottes, die Ihr Herz umfängt. Sie verschaffen sich Zugang zu Ihrem Herzen im Inneren und zu Ihrer Vision vom Herzschlag des Universums, dem Mitgefühl, Liebe, Freude, Kraft, Weisheit und Verstehen nicht verlorengegangen sind. Dies sind die göttlichen Attribute, mit denen Sie ausgestattet wurden und die Sie in diese Welt tragen sollen. Ihr Herz ist die Achse Ihres Lebensrades. Es ist der Kreuzungspunkt der göttlichen Qualitäten in Ihrem Inneren.

Das englische Wort *courage* für Mut leitet sich von dem französischen *cœur* für Herz ab. Mut ist die Fähigkeit, nach innen zu blicken, Verbindung mit dem Herzen aufzunehmen und sich dem eigenen Selbst zu stellen. Solcher Mut öffnet den Durchgang zu Ihrem Herzen und geht hindurch zwischen den Ängsten, auch wenn dies Schmerz, Enttäuschung oder Verlust mit sich bringt. Es ist der Mut, sich selbst durch die unterschiedlichen Linsen Ihrer Wahrnehmung zu sehen und das zu lieben, was Sie sehen. Er macht, daß Sie akzeptieren, was Sie fühlen und die richtigen Taten manifestieren, um unabhängig von äußeren Einflüssen und innerem Aufruhr dem Guten zu dienen.

Sie werden bemerkt haben, daß Geschichten über den Mut gewöhnlich in schweren Zeiten handeln, in denen visionäre Menschen sich weigern, ihre Träume von einem wohlwollenden Volk in einer Welt der Heiligkeit aufzugeben. Geschichten über den Mut beginnen mit einer Person, die das Licht in sich selbst weckt, bevor sie Hoffnung und Glauben auch in anderen entfacht. Hierzu zählt die Geschichte von David, der Goliath überwand; von Simson, der den Löwen erschlug; von Moses, der das Meer teilte; von Debora, die Siseras Armee schlug; von Rahab, die über die Kanaaniter triumphierte; und von Mirjam, die über Moses' Leben wachte und die Frauen durch das Meer führte. Keine der genannten Personen besuchte eine Militärakademie, um dort strategische oder kämpferische Begabungen auszubilden. Jede von ihnen hielt Zwiesprache mit der unendlichen Quelle in der Tiefe ihres eigenen Herzens. Bei ihrer Zwiesprache mit Gott handelte es sich nicht um ein gelegentliches Ereignis in Notzeiten. Es war eine Lebensweise, bei der ihre Gedanken, Worte und Taten sich in ununterbrochener Verbindung mit Gott befanden. Offenherzig zu sein, aus der Gnade, Großzügigkeit, Einfachheit und aus dem Herzensadel heraus zu handeln, war für sie natürlich.

David handelte auf der Basis von Vertrauen und Einfachheit, als er seine Steinschleuder aufnahm und Goliath damit tötete. Er gab sich nicht der Vorstellung hin, daß es ihm nicht gelingen würde; er öffnete sein Herz, hob seine Augen zum Himmel auf und rezitierte Psalm 121,1: »Ich hebe meine Augen auf zu den Bergen, von welchen mir Hilfe kommt.« Und Gott segnete ihn mit Erfolg. Als Simson den Löwen erschlug, hatte er keine Waffe in seiner Hand; nur der Geist Gottes erfüllte ihn mit Kraft. Als Moses seine Hand über das Wasser ausstreckte, hielt Gottes Arm den seinen aufrecht, und das Meer teilte sich. Als Debora im Begriff war, sich Sisera zu stellen, wurde sie vom Geist Gottes umfangen und betete die Worte, die uns in Psalm 115,1 überliefert sind: »Nicht uns, Herr, nicht uns, sondern deinem Namen gib Ehre um deiner Gnade und Treue willen!« Als die israelitischen Kundschafter sich im Gasthof der Dirne Rahab einquartierten, wurde sie überwältigt von der bedingungslosen Liebe Gottes und riskierte ihr eigenes Leben, um die Israeliten zu verbergen und ihre Familie aus der Gefahr zu erretten. Als Moses geboren war, versteckte Mirjam ihn in einem Korb auf dem Nil und brachte ihre Mutter als Amme in den Palast des Pharaos. Mirjam führte die versklavten Frauen im Tanz durch das Rote Meer in die Freiheit. Sie hatte Prophezeiungen empfangen von der Zeit an, als sie noch ein kleines Mädchen war. Sie handelte instinktiv nach den Anweisungen Gottes, ohne sie in Zweifel zu ziehen. Das ist es, was ein versklavtes Volk in die Freiheit führt. Jede dieser visionären Personen erkannte die Herausforderungen, denen sie sich stellen mußte, und statt die Chancen zu analysieren, trat ein jeder von ihnen beiseite, um seine Göttlichkeit in Erscheinung treten zu lassen. Auf diese Weise wurden diese Perioden der Vielfalt als Gelegenheiten genutzt, um in einer wohlwollenden, heiligen Welt den Glauben zu vertiefen und die Hoffnungen zu vergrößern.

Diese Geschichten über den Mut setzen sich in Ihnen fort, wenn Sie Ihr Herz öffnen und über sich hinaus auf die Träume blicken, die Gott in Ihnen träumt. Mut und Offenherzigkeit leben in Ihren Visionen von Wohlwollen und Heiligkeit, in Ihren Taten des Mitgefühls und der Liebe, in Ihrer Beharrlichkeit in Sachen Kraft und feinem Gespür. Mit Mut und Offenherzigkeit nimmt Ihr Leben an Bedeutung zu, und Ihr Beitrag in dieser Welt gewinnt über Ihre Zeit in diesem Raum hinaus an Wert. In Ihrem Herzen legen Sie das Fundament und schaffen die Schablone, mit deren Hilfe andere Menschen leichten Fußes ausschreiten, intensiv leben, ihren eigenen Belangen, ihrem eigenen Gottesbild und ihren eigenen inneren Visionen vom Dienst am Guten folgen können.

Man braucht Mut, um aus der Fülle zu leben. Bei all dem, was Ihnen in den vielen Reichen der Erfahrungen und in den Welten innerhalb der Welten zur Verfügung steht, setzt es Mut voraus, für sich selbst auszuwählen und die eigene Wahl zu verantworten. Überdies erfordert es Mut, unabhängig von äußeren Einflüssen das auch wirklich nicht zu wählen, was Sie nicht wollen. Sie benötigen Mut, um Ihr Potential voll und ganz auszuleben, da dieses ebenso unendlich ist wie Ihre Wahlmöglichkeiten und von Ihnen Vertrauen in sich und in Gott verlangt.

Oft genug geben Sie sich mit einem Platz in der letzten Reihe zufrieden, obwohl Sie doch in der ersten besser aufgehoben wären, oder machen einen Bogen um eine Sache, obgleich Sie doch besser mitten hindurch hätten gehen sollen, oder Sie entziehen sich einem Problem, das am besten direkt hätte angegangen werden müssen – Ihnen fehlt einfach der Mut. Spiritueller Mut betrifft alle Reiche des Daseins. Er bedeutet, gleichermaßen auf physischer, emotionaler, intellektueller und spiritueller Ebene mutig zu sein. Was heißt es, physisch mutig zu sein? Wie oft haben Sie gezögert, etwas zu tun, von dem Sie wußten, daß es Ihr Wachstum fördern würde? Vielleicht lag es daran, daß Ihnen noch die erforderliche physische Geschicklichkeit fehlte, um die Aufgabe zu bewältigen; deshalb schreckten Sie vor ihr zurück. Es gibt eine Morallehre im Judaismus, in der es heißt: »Auch wenn es dir nicht gelingt, die Aufgabe zu ihrem natürlichen Ende zu führen, bist du nicht davon freigesprochen, sie in Angriff zu nehmen.« Auch wenn die Aufgabe größer ist, als Sie sie zum gegebenen Zeitpunkt allein bewältigen können, werden Sie dennoch dazu ermutigt, sich ihr zu stellen. Nachdem Sie erst einmal den ersten Schritt getan haben, werden die Führer und Boten ausgeschickt, um Sie auf Ihrem Weg voran zu geleiten.

Emotionaler Mut verlangt von Ihnen, Ihre Ängste zu umgehen und Ihre Wünsche zu erfüllen, noch bevor die Furcht Ausmaße annimmt, mit denen Sie nicht mehr fertig werden. Treten Sie an mit der Geisteshaltung eines Anfängers, seien Sie in Unkenntnis negativer Wahrnehmungen und emotionaler Blockaden. Die Geisteshaltung des Anfängers ist frei, leicht, leer und offen; sie analysiert und kritisiert nicht. Sie bringt ihre Wahrheit freimütig und in knappen Worten zum Ausdruck. Wenn Frauen heute nicht den Mut hätten, die Sprache Gottes zu ändern, so daß sie sowohl das Männliche wie auch das Weibliche und das Geschlechtslose verbalisiert, wären die Religionen noch immer in der alten, engen Sichtweise Gottes und in der Engstirnigkeit gefangen. Wenn Kinder noch immer lernten, daß man sie wohl sehen, aber nicht hören dürfe, müßten wir auch weiterhin auf die reiche, positive, spielerische Erfahrung unseres eigenen inneren Kindes verzichten.

Intuitiver und intellektueller Mut heißt, darauf zu vertrauen, daß Ihre Gedanken Gültigkeit besitzen, auch wenn sie sich von denen anderer Menschen unterscheiden. Gedanken sind auch nicht die einzige Form, in der sich Ihr Geist äußert. In Ihrem Geist sind andere Welten enthalten, die auf einzigartige Weise Zugang zu Informationen haben. Da sind Ihre Träume und Ihre Intuitionen; bringen Sie den Mut auf, den Weisungen Ihrer inneren Stimme zu folgen. Außerdem ist da der Mut, einfach zu sein, ohne den Zwang zum Tun: der Mut, in das Nichts und die Leere einzudringen. Für jene, die ihr Leben lang in der überwältigenden Fülle ausharrten, ist der Eintritt in die Leere ein sehr mutiger Schritt. Er ist nicht nur mutig; er ist auch notwendig, um das Licht Gottes zu empfangen, das allein für Sie programmiert wurde.

Es ist möglich, die vollkommene Vollkommenheit all dessen, was in der Welt ist, zu erreichen. Doch Sie wurden geboren und auf bestimmte Aufgaben in bestimmten Bereichen der Vollkommenheit festgeschrieben. Die Menschen betreten die Welt nicht ausgerüstet mit den gleichen Aufgaben und dem gleichen Vollkommenheitsstandard. Was für Sie vollkommen ist, ist es für einen anderen vielleicht nicht. Der Bereich, in dem Sie vollkommen sind, befähigt Sie dazu, die Aufgabe zu erfüllen, die Ihnen vor Ihrer Geburt zugewiesen wurde; ein anderer mag in einem ganz und gar anderen Bereich vollkommen sein. Gemeinsam vervollständigen Sie und andere das Puzzle, das Menschheit genannt wird.

Wie können Sie wissen, wann Gott Sie auffordert, mutig zu handeln? Wenn es sich in Ihrem Herzen richtig anfühlt; wenn die Aufgabe Ihrem Wachstum und dem Guten in der Welt dient; wenn Sie dazu herangezogen werden, etwas zu tun, dem sich Ihr Bewußtsein nicht verweigern kann; wenn sich eine Gelegenheit zur Vereinigung und Wiedervereinigung mit dem Unendlichen auftut. Wie konnte David wissen, daß er Goliath besiegen würde? Er war nur ein naiver kleiner Junge mit einer schäbigen Schleuder, und er kam nicht einmal auf den Gedanken, das Für und Wider zu erörtern. Er hatte die vielen Deckmäntel der Erwachsenen noch nicht entwickelt, die ihre Hemmungen hinter rationalem Denken verbergen.

Denken Sie an das Leben, das Sie verpassen, weil Sie nicht den Mut aufbringen, frei zu sein. Freiheit heißt nicht, daß Sie sich von der Verantwortung abwenden; Freiheit bedeutet, daß Sie mutig leben und Ihre Fähigkeiten vollständig einbeziehen. Danken Sie Gott für Ihren Mut, innovativ zu denken, einzigartig zu fühlen, überzeugend zu sprechen und anders zu handeln.

Rabbi Zalman Schachter-Shalomi erklärt, daß die Weisen fragen: Wenn die Engel uns alles beigebracht haben, was wir wissen müssen, warum wurde dieses Wissen dann in dem Augenblick dem Vergessen anheimgegeben, als wir in diese Welt geboren wurden? Und er antwortet: Damit alles nachfolgende Studium zur Erinnerung an das führen kann, was Sie bereits gewußt haben. Da ein jeder von uns seinen speziellen Engelführer hat, können die Philosophie und die Erfahrungen eines anderen Menschen niemals ganz und gar mit den Ihren identisch sein oder vermögen Ihre Seele zu befriedigen. Also sind Sie hier, um den Mut aufzubringen, sich an die innere Ebene Ihrer Seele, an das zu erinnern, was Sie bereits wissen, und danach zu handeln.

Üben Sie sich heute mindestens einmal in der Zentrierungsmeditation (Seite 174).

Vertreiben Sie die Verwirrung

Und Mose konnte nicht in die Stiftshütte hineingehen,
weil die Wolke darauf ruhte
und die Herrlichkeit des Herrn die Wohnung erfüllte.
Und immer, wenn die Wolke sich erhob von der Wohnung,
brachen die Kinder Israels auf,
solange ihre Wanderung währte.
Wenn sich aber die Wolke nicht erhob,
so zogen sie nicht weiter bis zu dem Tag,
an dem sie sich erhob.

2. Mose, 40,35–37

O mein Geist! Warum schwebst du so ruhelos über den sich verändernden Umständen des Lebens? Warum machst du mich so verwirrt und rastlos? … du bist wie ein Ruder, das abgebaut ist, gerade als du dich auf das offene Meer wagen willst … von welchem Nutzen sind zahlreiche Wiedergeburten, wenn wir aus diesem Leben keinen guten Nutzen ziehen?

Buddha

Indem Sie Ihr Herz öffnen für neue Gedanken und innovative Vorstellungen, gebrauchen Sie Sinne, derer Sie sich bisher nicht bewußt waren. Sie machen die Erfahrung von Träumen, Visionen, Geräuschen und Stimmen, die Sie, obgleich sie ehrfurchtgebietend sind, doch verwirren und Ihnen angst machen können. Wenn Sie erzogen und unterrichtet worden sind, um eine dreidimensionale Welt wahrzunehmen, und dann plötzlich einer multidimensionalen Realität gegenüberstehen, kann dies anfangs beunruhigend sein. Die Situation ähnelt jener in Flachland, wo alles als flach wahrgenommen wurde – bis eines Tages ein Bürger Flachlands auf die Idee kam, daß die Dinge vielleicht doch noch eine dritte Dimension haben könnten. Dann würden die Quadrate zu Würfeln, die Dreiecke zu Pyramiden und so fort. Den übrigen Bürgern fiel es schwer, dies zu akzeptieren, und sie reagierten mit nervöser Streitlust und unbegründeter Zurückweisung. Auf die gleiche Art gibt es Einschätzungen, die Sie von Ihrem Leben haben, die, aus einer neuen Perspektive betrachtet, Ihnen mehr Möglichkeiten öffnen könnten. Das ist wie bei der Person, die daran gewöhnt ist, in der Bank an der Kasse Geld abzuheben, und dann eines Tages ist die Bank geschlossen, und die Person ist mit einem vollkommen neuen Auszahlungssystem konfrontiert, dem Geldautomaten. Nicht nur, daß sie der neuen Technologie nicht traut, sie weiß auch nicht, wie man sich ihrer bedient. Sobald die Person dies jedoch gelernt hat, stehen ihr neue Möglichkeiten zur Verfügung, ihre finanziellen Angelegenheiten zu regeln.

Wie reagieren Sie auf neue Dinge, neue Gedanken, neue Seinsweisen? Denken Sie an die Zeit zurück, als Sie vielleicht die Auffassung vertraten, daß all dies spirituelle Gerede Unsinn ist. Und dann hatten Sie eines Tages Ihre eigene, persönliche mystische Erfahrung. Möglicherweise haben Sie sie während der Meditation, in der freien Natur oder durch ein Ihr Leben veränderndes Ereignis mit einem geliebten Menschen gemacht. Wenn Sie anfangen, Ihre Einstellungen zu ändern und neue Möglichkeiten für sich entdecken, stellen Sie vielleicht fest, daß die unterschiedlichen Aspekte Ihrer Persönlichkeit und der Rollen, die Sie spielen, Sie abstoßen und Verwirrung und Angstgefühle in Ihnen auslösen. Unter den vielen Bestandteilen Ihrer Persönlichkeit befindet sich auch ein Skeptiker, der Ihre Motive in Frage stellt; ein Pragmatiker, der meint, daß all dieses metaphysische Zeug Unsinn ist; ein Salonlöwe, der sich wegen eines möglichen Statusverlusts Sorgen macht; ein Zauderer, der glaubt, daß Sie überstürzt handeln; und eine Elterninstanz, die am Alten, Erprobten und Wahren festhalten will. Diese Aspekte nehmen in der inneren Welt Ihres Geistes ebenso wie in der äußeren Welt der Beziehungen zu Ihren Mitmenschen Bezug aufeinander oder stoßen einander ab. Diese Aspekte in Ihnen und die Menschen in Ihrem Leben bewirken Angst vor Veränderung und Groll. Ihr Weg verlangt von Ihnen als spirituell Eingeweihter, daß Sie auch in Phasen der Verwirrung leer, offen und ruhig bleiben.

Denken Sie daran, viele Straßen führen nach Rom, und nicht jeder Mensch muß den Weg der spirituellen Einweihung wählen. Dieser spirituelle Weg ist für die Visionäre und Suchenden vorbehalten, die auf ihm in Leere und Klarheit vorangehen. Rabbi Bunam erzählte einmal von zwei Händlern, die sich auf den Weg zur Messe nach Leipzig machten. Der eine wanderte auf der Hauptstraße, und der andere hielt sich an die Fuß- und Feldwege, und beide erreichten sie ein und dasselbe Ziel. Rabbi Bunam sagte, daß dies auch für den Weg der Heiligkeit gilt. Die Absicht liegt darin, sich über den Dienst am Guten mit Gott zu verbinden. Es spielt keine Rolle, wie wir dieses Ziel erreichen oder wie lange wir dafür brauchen. Es zählt nur, daß wir ankommen.

Wenn Sie sich verwirrt fühlen, sind Sie nicht fähig, klar zu denken, und Ihr Verstand ist benebelt. Vielleicht kommen Sie sich so vor, als hätten Sie sich im Nebel verirrt. Machen Sie sich klar, daß Gott im Nebel der Verwirrung an Ihrer Seite ist. Tatsächlich bedient sich Gott sogar des Nebels, um Sie zu führen. Diese Lektion können Sie im zweiten Buch Mose lernen. Als die Israeliten durch die Wüste wanderten, erschien ihnen Gott am Tag als Wolkensäule und in der Nacht als Feuersäule. Sobald sich die Wolke über die Stiftshütte senkte, hatte alles Reisen ein Ende. Sobald sich die Wolke hob, setzten die Israeliten ihre Reise ins Gelobte Land fort. Denken Sie über diese Symbolik nach. Wolken bestehen aus Wasser, und Wasser steht für Veränderung und Erneuerung.

Wenn Sie in neue Territorien des Geistes vordringen und Ihre Wahrnehmung erweitern, erleben Sie Veränderung und Erneuerung. Da Sie in Ihre inneren Erfahrungen versunken sind, fällt es Ihnen schwer, das zu sehen, was außerhalb Ihrer selbst liegt. Gerade wenn Sie glauben, Ihr Bewußtsein zu vertiefen oder Ihr Verstehen zu beschleunigen, geschieht etwas und wirft Sie zurück oder bringt Ihren Fortschritt zum

Stillstand. Bei diesem abrupten Stillstand könnte es sich um die Bedürfnisse eines Familienmitglieds oder Freundes handeln, um eine Veränderung am Arbeitsplatz oder Ihrer Gesundheit. Dann stellt sich die Wolke der Verwirrung ein. Dieser Rückschlag ist kein Zufall. Der Rückschlag ist Gottes Art, Sie zu beschützen, indem er Sie in einer weichen, leichten Wolke trägt und Sie in Schleier der Illusion hüllt, bis Sie bereit sind, Ihren Weg sicher fortzusetzen. Denken Sie daran, daß selbst die Verwirrung ein Bestandteil der spirituellen Praxis ist. Alle Initiierten müssen diesen Schleier der Illusion durchdringen, bevor sie den nächsten Schritt ihrer spirituellen Entwicklung machen können.

In allen spirituellen Traditionen ist die Verwirrung ein notwendiger Schritt auf der Wendeltreppe des Lebens. Verwirrung ist die Mitte zwischen der Sprosse der Liebe und der Sprosse der Macht. Unterstützt von der bedingungslosen Liebe, die Sie allen Aspekten Ihrer Persönlichkeit und den unterschiedlichen Rollen entgegenbringen, welche die Menschen in Ihrem Umfeld einnehmen, akzeptieren Sie die Verwirrung und genießen das Nichts. Durch die Gelegenheit zur Vereinfachung und Leerung erhalten Sie die innere Kraft, die erforderlich ist, um die Sprosse der Macht zu erklimmen. Gott hilft Ihnen, die Verwirrung zu vertreiben und bedingungslose Liebe mit der heiligen Macht ins Gleichgewicht zu bringen, wenn Sie dazu bereit sind. Wenn Gott meint, daß Sie bereit sind, nimmt er die Wolke fort, und Sie werden den nächsten Schritt auf Ihrer Reise tun. Inzwischen machen Sie sich die Pause zunutze; ruhen Sie sich aus, entspannen und leeren Sie sich.

Üben Sie sich heute mindestens einmal in der Zentrierungsmeditation (Seite 174).

Hören Sie mit dem Herzen

Wer einen anderen beleidigt, der beleidigt sich selbst, denn es ist der eigene Fehler, der offenbar wird.

Talmud

Wessen Geist gefüllt ist mit Sympathie und Mitgefühl, der ist unempfänglich für die negativen *Worte, die er vernimmt.*

Buddha

Jeder Mensch spürt in sich das tiefe Bedürfnis, gehört zu werden. Auf Ihrem Weg durch die kabbalistischen Einsichten werden Sie sich der Boten und Botschaften, die Ihre Umgebung erfüllen, zutiefst bewußt. Jeder Mensch wird mit einem einzigartigen Licht geboren, welches Zeugnis ablegt von einer neuen Seinsweise, einer neuen Einsicht, die für das Wachstum und das Fortbestehen des Planeten entscheidend sind. Wenn Sie sich in der Gegenwart eines Menschen befinden, der bereit ist, von seinem Geist ausgehend zu sprechen, ist es für Sie wichtig, daß Sie mit dem Herzen hören.

Was bedeutet es, mit dem Herzen zu hören? Es heißt, daß Sie Ihr Ich beiseitestellen. In dem Augenblick, da ein Mensch aus seinem Geist heraus zu Ihnen spricht, gibt es für Sie nichts Wichtigeres zu tun, als zuzuhören. Sorgen Sie dafür, daß sich die Gedanken und Ablenkungen in Ihrem Kopf auflösen. Lassen Sie die Erwartungen in Ihrem Verstand verschwinden. Begeben Sie sich in die Vibration und in die Frequenz des Menschen, der seinen Geist mit Ihnen teilt. Leeren Sie sich, lassen Sie Ihr Ich zurücktreten, und lassen Sie los, damit Sie offen und empfänglich sind. In der Leere verbinden Sie Ihre Seele mit der Seele dieses Menschen, Ihr Herz mit seinem Herzen, Ihren Geist mit seinem Geist. Indem Sie sich mit dem anderen vermischen, gibt es weder

Sie noch den anderen; vielmehr gibt es nur den Geist, der spricht, und das Herz, das zuhört. In der Vereinigung von Geist und Herz erfüllen Sie einen entscheidenden Anteil Ihres Schicksals. Wie es im fünften Buch Mose 28,1 heißt: »Wenn du nun der Stimme des Herrn, deines Gottes, gehorchen wirst, so wird dich der Herr, dein Gott, zum höchsten über alle Völker auf Erden machen ...«

Durch den Prozeß des bewußten Zuhörens mit der Offenheit Ihres Herzens transformieren, reformieren und erneuern Sie Welten. In der Neuformung der Welt machen Sie die Schritte, die erforderlich sind, damit Sie Ihr eigenes Schicksal erfüllen. Der Weg zur Erleuchtung ist gleichermaßen aktiv und reaktiv. Vielleicht glauben Sie, nur dann Ihr Schicksal zu erfüllen, wenn Sie kreativ handeln. Kreatives Nichthandeln jedoch, wie zum Beispiel bewußtes Hören mit dem Herzen, ist ebenfalls einer der Schritte, die Sie auf den Weg des Schicksals und der Erleuchtung führen. Bei der Erfüllung Ihres Schicksals ist es mitunter erforderlich, daß Sie Ihr Ich bewußt entlassen und die Seele eines anderen Menschen so willkommen heißen, als hinge Ihr Leben davon ab. Denn das tut es.

Wie Sie einen anderen Menschen begrüßen und ihm zuhören, offenbart viel darüber, wer Sie sind. Es heißt, daß es zwei Eingangshallen gibt, in denen ein Mensch gerichtet wird. Im Reich der Heiligkeit ist es die Eingangshalle der Unschuld. Im Reich der Weltlichkeit handelt es sich um die Eingangshalle der Schuld. Der Unterschied zwischen beiden liegt in Ihrer eigenen Wahrnehmung. Wenn Sie einen Mitmenschen nach seinen Verdiensten und aufgrund seiner Güte beurteilen, stehen Sie im Reich der Heiligkeit. Klassifizieren Sie ihn jedoch anhand seiner Überschreitungen und Missetaten, machen Sie sich zum Fürsprecher der Schuld dieses Menschen und bestehen darauf, ihn in einem schlechten Licht erscheinen zu lassen. Indem Sie dies tun, plazieren Sie sich selbst im Reich der Weltlichkeit. Werden Sie sich darüber bewußt, in welchem Reich Sie sich befinden, dann verstehen Sie sich selbst und die spirituelle Ebene besser, auf der Sie sich befinden. Ein bewußter Mensch sieht seine Mängel, bevor er die eines anderen kritisiert. Ein heiliges Wesen sucht nach dem Gott in jedem und dient dem so gefundenen Guten.

Dazu paßt die Geschichte von dem reichen Geizhals, der eines Tages seinen Rabbi wegen eines Segensspruches aufsuchte. Der Rabbi führte ihn ans Fenster und fragte: »Was siehst du?« Der Geizhals antwortete: »Ich sehe Menschen.« Dann reichte ihm der Rabbi einen Spiegel und fragte erneut: »Was siehst du jetzt?« »Ich sehe mich selbst«, entgegnete der Geizhals verdutzt. Der Rabbi erklärte ihm, daß sowohl das Fenster als auch der Spiegel aus Glas seien. Wenn man durch das klare Glas des Fensters blickt, sieht man andere Menschen. Doch wenn man in den Spiegel blickt, der aus demselben Glas besteht, aber mit einer Silberfolie überzogen ist, erblickt man nur sich selbst. Auf die gleiche Weise können Sie, wenn Sie mit klarem Herzen zuhören, durch die Worte des anderen bis hinein in seine Seele blicken. Ist Ihre Klarheit jedoch mit kritischen Urteilen verstellt und wird Ihr Hören durch den Filter negativer Wahrnehmung gedämpft, sehen Sie nur sich selbst und lähmen die Möglichkeiten eines dynamischen Austauschs, der sonst Welten des Bewußtseins und der Seinsweise formen und erneuern könnte.

Indem Sie einem anderen Menschen auf diese Weise zuhören, transzendieren Sie Zeit und Raum und stellen eine Verbindung her zwischen den himmlischen und den irdischen Reichen. Eines Nachts hörte die Frau von Rabbi Mendel von Lubawitsch ein lautes Geräusch im Schlafzimmer. Sie lief zum Bett ihres Mannes und fand ihn unbekleidet auf dem Fußboden. In Reaktion auf ihre besorgten Fragen berichtete er ihr, daß ihn sein verstorbener Großvater im Schlaf besucht habe. Seine Frau versuchte Rabbi Mendel zu beruhigen, doch er erklärte ihr, daß, wollten eine Seele aus der oberen und eine Seele aus der unteren Welt einander besuchen, die eine ein Gewand anlegen und die andere ihres ablegen müsse. Folglich sprach der Geist seines Großvaters durch die Schleier eines Gewandes, während Rabbi Mendel seinen Geist entblößte. Auf die gleiche Weise sollen Sie, wenn der Geist eines anderen Menschen mit Ihnen spricht, sei er von dieser oder aus der anderen Welt, Ihr Ich ablegen und ihm aus der Nacktheit heraus zuhören, welche die Reinheit Ihrer Seele und die Offenheit Ihres Herzens darstellt.

Üben Sie sich heute mindestens einmal in der Zentrierungsmeditation (Seite 174).

Beten und genesen Sie

Alles, was auch immer geschehen könnte,
ist bei Gott bereits geschehen.
Wenn du also um die Heilung eines anderen betest,
machst du dich an Gott fest und schaffst die Gelegenheit,
damit sich in dieser Welt ereignen kann,
was sich in Gottes Reich bereits ereignet hat.

Rabbi Elimelech von Lisensk

Wenn jemand der Krankheit müde ist, ist er nicht krank.
Die Weisen sind nicht krank, sie sind der Krankheit müde.
Daher sind sie nicht krank.

Lao Tse

Was bedeutet es zu heilen, und wie können Sie mit dem Glauben heilen oder geheilt werden? Nach chassidischer Vorstellung ist die Welt, in der Sie sich befinden, von Natur aus gut. Jeder Mensch ist der beste aller Menschen, und jedes Ereignis ist so, wie es ist, gewollt. Auf diese Weise ist jeder und alles akzeptiert, und man kommt aus dem Glauben heraus mit der Person oder mit der Sache zurecht. Das ist die Art Glauben, die heilt und transformiert.

Wenn Glauben aus einer akzeptierenden Einstellung gegenüber der Krankheit geboren wird und von dem unendlichen Licht ausgeht, können Sie alle Hindernisse, große und kleine, überwinden. Das innere Licht Gottes wird in Ihnen durch die Unterstützung des Gebets geweckt und wiedererweckt. Das Gebet überträgt in jeder seiner Formen Energie. Diese Energie kann ausgehen von der Rezitation der Liturgie, kann entstehen durch den Ausdruck in Ihren eigenen Worten, in der Stille der Meditation und auf vielerlei andere Art, durch die Sie sich leeren, öffnen und das innere Licht Gottes empfangen.

Heilung ist wie das Gebet die Übertragung von Energie und das Ausströmen spirituellen Lichts. Sie ist nicht als Gegenmittel gegen eine Krankheit gedacht, sondern als Hilfsmittel, das Ihnen zu Ihrem Schicksal verhelfen soll. Die Energie, welche das innere Licht erweckt, hat ihren Ursprung bei Gott und kann entweder durch Sie oder durch einen anderen Menschen fließen, der sich als Gefährt für die Heilung zur Verfügung stellt. Seit Anbeginn der Zeit hat es Menschen gegeben, die ihr inneres Licht erwecken, die Energie, die durch sie fließt, großzügig teilen und sich als Gefährt Gottes für die Heilung anderer bereithalten.

Von Elisa wird eine Geschichte erzählt, in welcher der Mann Gottes einen toten Jungen wieder zum Leben erweckt. Auf seinen Reisen kehrte er bei einer reichen Sunamiterin ein. Aus Dankbarkeit für ihre großzügige Bewirtung betete Elisa für sie, damit sie ein Kind empfange. Als der Junge, für den er gebetet hatte, aufgewachsen war, fiel er hin, verletzte sich am Kopf und starb im Schoß seiner Mutter. Seine Mutter, die Sunamiterin, legte ihren Sohn in ihrem Haus auf das Bett Elisas und ging, um den Mann Gottes zu suchen. Elisa kehrte mit ihr in sein Gastzimmer zurück, in dem das Kind lag. Erst betete er; dann legte er sich auf den Körper des Kindes – Mund auf Mund, Augen auf Augen, Hände auf Händen. Der Körper des Kindes wurde warm. Elisa ging im Haus auf und ab und kehrte dann an das Bett des Knaben zurück. Erneut breitete er sich über dem Kind aus. Dieses Mal kehrte der Junge ins Leben zurück.

Rabbi Elimelech von Lisensk, ein Gelehrter des 18. Jahrhunderts, hilft uns, dieses Phänomen zu verstehen, indem er erklärt, daß man den Glauben daran haben muß, daß der Menschheit durch Gott Heilungspotential verliehen wurde. Ihr Glaube muß die Einsicht einschließen, daß Gott Sie durch göttlichen Willen erschaffen und mit dem Potential ausgerüstet hat, eine neue Existenz auszubilden. Dieses Potential vermag neue Erfahrungswelten zu schaffen, Universen des Daseins, die im göttlichen Plan bereits vorhanden sind, jedoch darauf warten, von Ihnen aktiviert zu werden. Diese Welten mögen für Sie neu sein, nicht aber für Gott. Ihre

Aufgabe bei der Heilung ist es, die Dimensionen, Welten und Universen Gottes von ihrer potentiellen Form in die äußere Realisierung zu führen. Wenn Sie also beten und damit Heilung bewirken, verändern Sie nicht, was vorher war; Sie aktivieren lediglich, was so gedacht war. Die Heilung selbst ist nur ein Bestandteil der bereits existierenden Reihenfolge des göttlichen Plans.

Es hat viele verschiedene Heiltraditionen gegeben, wobei jeder Rabbi seine einzigartigen Heilmittel zum Einsatz brachte oder bringt. Der gemeinsame Nenner aller ist der Glaube und das Gebet. Als Rabbi Nachman von Brazlaw krank war, stellte er fest, daß der Glaube an sich selbst ein wichtiger Aspekt seines Glaubens an Gott war. Warum schließlich sollte Gott jemanden erschaffen, der nur ein kleines Bild von sich selbst hatte? Also sammelte Rabbi Nachman seinen Heilglauben, indem er sich zunächst in die lebhaften Gewässer des *mikvah*, des Aufsagens der zehn vorgeschriebenen Psalmen, versenkte. Diese Psalmen beginnen mit positiven Affirmationen, erkennen die Herausforderungen des Lebens durch die göttliche Intervention an und schließen mit Freude und Lobpreisung. Es handelt sich um den 10. Psalm, der verkündet, daß Freude von Gott kommt; um den 32. Psalm, der Freude mit Vergebung gleichsetzt; um den 41. Psalm, der das Leiden und das Empfangen der göttlichen Intervention anerkennt; um den 42. Psalm, der das Exil des Geistes und das Empfangen der göttlichen Intervention anerkennt; um den 59. Psalm, der die Gefahr und das Empfangen der göttlichen Intervention anerkennt; um den 77. Psalm, der die Not und die Erlösung anerkennt; um den 90. Psalm, der die Sterblichkeit des Menschen und die Unsterblichkeit Gottes akzeptiert; um den 105. Psalm, bei dem es sich um ein Dankgebet handelt; um den 137. Psalm, in dem Jerusalem zurückverlangt wird; um den 150. Psalm, in dem Gott mit Musik und Tanz gelobt wird. Rabbi Nachman betonte, diese Psalmen seien Allheilmittel, die an Tagen rezitiert werden sollten, an denen man sich schlecht fühlt.

Glaube ist ein Hauptbestandteil der Heilung, er ist das Glauben an Gott, und Gott ist die Liebe. Daher ist die Liebe bei der Heilung ebenfalls im Spiel. Liebe ist die nicht faßbare Triebkraft hinter dem Gebet. Liebe ist die Energie, das Licht und der Klang, der in der Seele widerhallt und aus dem Zentrum Ihres Herzens ausströmt. Liebe unterstützt die Heilung und ist mit der Krankheit vereinbar. Ob sie nun heilt oder Sie darin unterstützt, Ihre Umstände zu akzeptieren, Liebe spielt eine entscheidende Rolle im Heilungsprozeß. Mit Liebe im Herzen und mit der liebevollen Unterstützung anderer können Sie jedes Ergebnis akzeptieren und sich darauf einstellen.

Wenn Liebe Gott und Gott das Nichts ist, dann ist die Rückkehr zum Nichts ebenfalls ein wirkungsvoller Heilungsprozeß. Die Klärung des Geistes und der Beginn bei der Leere werden Ihnen helfen, einen Zugang zum Nichts zu finden. Die Aufrechterhaltung eines meditativen Geisteszustands während des Heilungsprozesses wird Sie darin unterstützen, sich von äußeren Einflüssen und Erwartungen frei zu machen und ruhig, annehmend und sich selbst gegenüber fürsorglich zu bleiben. Im Nichtverhaftetsein zu bleiben, setzt Sie frei, um nach innen zu gehen und die Energie und das Licht anzuzapfen, die erforderlich sind, um zu einer Art Rohr zu werden, durch das Heilung fließt.

Üben Sie sich heute mindestens einmal in der Zentrierungsmeditation (Seite 174).

Sehen, hören und berühren Sie Schönheit

Wer für andere betet,
der sieht auch seine eigenen Wünsche erfüllt.

Talmud

Das wird Tugend des Nichtwetteiferns genannt;
Das wird richtiger Einsatz von Mann und Frau *genannt;*
Das wird Zusammenpassen mit dem Himmel genannt.

Lao Tse

Die geringe Selbstachtung hat heutzutage epidemische Ausmaße angenommen. So viele Menschen gehen losgelöst von ihrer Seele umher und suchen nach einem Seelenschneider, der sie wieder zusammenflickt. Unglücklicherweise suchen sie nach einem anderen Menschen, während sie dabei durch den begrenzenden, überkritischen Filter der geringen Selbstachtung blicken. Wie kann man einen anderen finden, wenn man sich selbst nicht sieht? In einem dicken Mitternachtsnebel kann man auch nicht mehr sehen. Sie hören nichts als das Stöhnen und Ächzen der Suche und wie hier und da die Schulter einer Person gegen die einer anderen stößt. Doch auch mitten im Nebel ist Schönheit vorhanden, und Wunder sind da, die erst noch geboren werden müssen.

Der Talmud lehrt, daß es drei Dinge gibt, die den Geist eines Menschen wiederbeleben: schöne Klänge, ein schöner Anblick und schöne Gerüche. Es ist ehrfurchtgebietend und zugleich inspirierend, Schönheit in allem sehen, hören, schmecken, berühren und riechen zu können. Wenn Sie die Schönheit in allem akzeptieren können und darüber hinaus alles mit Schönheit auszustatten vermögen, wird alles, womit Sie in Berührung kommen, schön, weil Sie es dazu gemacht haben.

Rabbi Shlomo Carlebach erzählte einmal die Geschichte von einem Mann, der sich noch in den oberen Reichen befand und darum bat, sehen zu dürfen, wer hier auf der Erde sein Seelengefährte sein würde. Gott zeigte ihm das Bild eines wunderschönen Mädchens mit einem Buckel. Der Mann war so ergriffen von der inneren Schönheit der jungen Frau und wußte, wie schwer es für sie sein würde, mit einer derartigen Deformierung zu leben, daß er Gott bat, lieber ihm statt ihr den Buckel zu geben. Also wurde dieser Mann mit einem Buckel in die Welt geboren. Viele Jahre vergingen, bis er das richtige Alter hatte, um zu heiraten. Zu jener Zeit war es jedoch Sitte, daß seine Braut ihn bis zum Hochzeitstag nicht zu Gesicht bekam. Man kann sich denken, daß sie durch die Beeinträchtigung ihres neu angetrauten Ehemanns beunruhigt war. Mit der sanftesten Sorgfalt erzählte er ihr die Geschichte, die sich ereignet hatte, als er sich noch in den oberen Reichen befunden und mit Gott vereinbart hatte, daß er statt ihrer den Buckel haben sollte. Zum ersten Mal sah seine Braut ihn in ihrer ganzen Schönheit und mit Bewunderung an. In diesem Augenblick öffneten sich ihre Augen und ihr Herz, und sie vermochte die Schönheit ihres Mannes so zu sehen, zu hören und zu berühren wie er die ihre.

Gelingt es Ihnen, tiefer als bis zur Fassade eines anderen Menschen zu sehen und seiner Schönheit die Macht zuzusprechen, die ihr zusteht? Können Sie über die Vorlieben und Fehler eines anderen hinausblicken und sie als Bestandteil Ihrer Schönheit, der Wunder der Natur und der Wunder der Liebe akzeptieren?

Fangen Sie damit an, indem Sie sich Ihre eigene Schönheit bewußt machen. Sehen Sie sich selbst im Spiegel an, und blicken Sie dabei durch Linsen, die alles in Schönheit tauchen. Akzeptieren Sie jeden Teil Ihres Körpers als eine Schönheit der Natur und ein Wunder des Lebens. Üben Sie dies an Menschen, die Ihnen im Laufe des Tages begegnen. Sie werden feststellen, wenn Sie Schönheit sehen, wird Schönheit auf Sie zurückgespiegelt. Dies verhält sich so bei Menschen, bei Tieren, bei Pflanzen und bei allen Elementen der Natur.

Für einen Mystiker ist alles mit einem Herzen, einer Stimme und einer Vision des Selbst geweiht. Auf diese Weise stehen die belebte und die unbelebte Welt miteinander in Verbindung. Sie befinden sich in unablässiger Verbindung mit Ihrer Umgebung und all ihren Elementen. Indem Sie die Schönheit ermächtigen, ermächtigt die Schönheit Sie. Der Prozeß bewirkt eine tiefere Wertschätzung jedes Aspekts der Schöpfung und aller Eigenschaften des Lebens und des Lebendigen.

In der chassidischen Tradition wird die Schöpfung im wesentlichen als gut und heilig gesehen. Der Psalmist sagt: »Gutes und Barmherzigkeit werden mir folgen mein Leben lang.« (Psalm 23,6) Das heißt, daß das Gute und die Liebe Ihnen geduldig folgen, bis Sie langsamer werden, sich umdrehen, sie annehmen und mit sich nach Hause führen. Wenn Sie immer nur in Eile sind und aus einem Zustand der Krise heraus agieren, halten Sie sich selbst in einer *klippah* der begrenzten Wahrnehmung und der geringen Reichweite gefangen. Es mag Ihnen so vorkommen, als stürmten Sie immerfort voran, um an der Spitze zu bleiben, doch ohne damit etwas zu erreichen. Indem Sie langsamer werden und sich umdrehen, können Sie die heilenden Düfte riechen, die geheimen Wunder bezeugen und die Musik Ihrer Seele hören, die nur darauf wartet, daß Sie sich zu einer freudigeren, müheloseren, wirkungsvolleren Seinsweise bekennen. Legen Sie eine Pause ein, leeren Sie sich aus und hören Sie auf den Klang des Windes, auf die Melodie Ihrer Seele, auf das Herz des Menschen, den Sie lieben. Bleiben Sie einen Augenblick lang stehen und nehmen Sie den Duft der Blätter an den Bäumen wahr, den Dunst des Meeres, den Geruch der Speisen, die zu essen Sie im Begriff sind. Öffnen Sie langsam Ihre Augen für die Schönheit, die Sie umgibt und die Gott widerspiegelt.

Der Baal-schem-tow war daran gewöhnt, die Berechtigung aller Dinge in der Natur anzuerkennen, ebenso wie die seiner Schüler. Wenn er an einem Baum vorbeikam, erkannte er dessen Berechtigung an und lauschte seiner Sprache. Gleiches tat er bei den Vögeln und Blumen und Wiesen.

Die Anerkennung anderer Menschen verlangt es von Ihnen, Ihr Zögern und Ihre Befangenheit zu überwinden, Fremde anzusprechen und ein Gespräch mit Menschen zu beginnen, die in einer Schlange vor einer Kasse, vor einem Postschalter oder dem Kino warten oder sogar mit solchen, die Sie regelmäßig, vielleicht im Gottesdienst, sehen, aber mit denen Sie sich noch nie unterhalten haben. Einige der besten Verbindungen kommen an den unwahrscheinlichsten Orten zustande. Wenn es Gottes Wille wäre, daß Sie Anerkennung in der Einsamkeit fänden, würden Sie alleine auf einer Insel im Meer leben. Sie sind jedoch hier als Mitglied der Menschheit, um den Reichtum der Anerkennung zu erfahren. Wenn Sie also das nächste Mal ein Restaurant, einen Wartesaal oder sogar ein Ihnen vertrautes Heiligtum betreten, schenken Sie einem anderen Menschen Ihre Anerkennung und beobachten Sie, wie sich das Wunder entfaltet.

Was wir wissen müssen, das lernen wir voneinander. Stellen Sie sich ein unermeßliches Informationsnetzwerk vor, das mit zahlreichen Bestimmungsorten in den verschiedensten Seelen verknüpft ist. Wenn die Information auf den Weg gebracht wird, kommt sie ihrem Ziel immer näher. Wenn Sie sich an Informationen festhalten und sie nicht teilen, machen Sie keinen Raum für andere Informationen frei. Es wird mehr Spiritualität in die Welt freigesetzt und erreicht ihren Bestimmungsort, wenn sachdienliche spirituelle Informationen in großzügigen Netzwerken verarbeitet werden.

Wenn Sie eine Information erhalten, die allein für Sie bestimmt ist, sind Sie sich dessen bewußt. Sie paßt vollkommen zu dem, was Sie im Augenblick benötigen, und hilft Ihnen dabei, zu wachsen und den nächsten Schritt zu tun. Sie kann im Gespräch zu Ihnen kommen, gefolgt von einem Brief oder einem Flugblatt. Dann fangen Sie an, die Synchronizität in den Ereignissen und im Informationsinput in Ihrem Leben zu erkennen. Wenn die Information bei Ihnen ihr Ziel erreicht, sollen Sie sie nur vorübergehend festhalten. Denn im Verlauf Ihres weiteren Wachstums werden Sie die erhaltene Information an andere weitergeben und selbst neue Informationszugänge verzeichnen.

Wie in der Fabel von der Schönen und dem Tier ist die Welt voller in wertende *klippot* eingekerkerter Geister, die auf einen Blick, Klang, Duft, eine Berührung der Schönheit warten, die ihre Göttlichkeit freisetzt und ihren Gottesfunken neu entzündet. Machen Sie sich Ihre Reaktionen auf Ihre Mitmenschen wie auch auf sich selbst bewußt. In der Welt des Geistes macht es keinen Unterschied, ob und wie Sie sich auf sich selbst oder auf einen anderen Menschen beziehen. Sie sind der Mensch, der Sie sind, und Ihre Art der Beziehungsaufnahme ist nicht von Ihnen zu trennen. Außerdem sind Sie nicht von Ihrer Seele und Ihre Seele ist nicht von Gott zu trennen. Mit anderen Worten: Sie sind nicht von Gott getrennt, ebensowenig wie Sie von Ihren Mitmenschen getrennt sind.

Achten Sie auf Ihr nächstes Zusammentreffen mit einem beliebigen Aspekt der göttlichen Schöpfung, egal ob es sich um einen belebten oder unbelebten handelt. Denken Sie daran, daß er, sie oder es eine Seele besitzt, die darauf wartet, von Ihnen erkannt zu werden. Indem Sie die Schönheit in ihm sehen, hören und berühren, wird Sie in Ihnen widergespiegelt. Stellen Sie sich eine Welt vor, in der alles als schön akzeptiert wird. Die Standards von morgen liegen heute in Ihren Händen. Gehen Sie voran zum nächsten himmlischen Tor, zum Tor des Erfolgs, und erleben Sie eine Welt, deren Existenz möglich ist.

Üben Sie sich heute mindestens einmal in der Zentrierungsmeditation (Seite 174).

Erfolg

Erfolg ist ein Attribut Gottes, das allen offensteht. Das Maß, in dem ein Mensch bereit ist, Erfolg zu empfangen, ist das Maß, in dem Gott Erfolg schenkt.

Joseph Albo

Der Weg des Himmels ist unparteilich.
Er verweilt immer im Guten.

Lao Tse

Das himmlische Tor des Erfolgs steht für Triumph. Es ist ein Hinweis auf den Sieg, der bei der erfolgreichen Meisterung des eigenen Selbst errungen wurde, wie auch bei der Befreiung Ihres Geistes, der sich über die physische Welt erhebt. Der Nutzen, den Sie aus den Einsichten des himmlischen Tors des Erfolgs ziehen, dient dem Guten im Universum und der Schönheit der Natur. Erfolg entsteht in der physischen Welt und bildet die grundlegende Struktur, aus der die Herrlichkeit erwächst und auf der Fundamente errichtet werden können. Erfolg ist die Basis für die Umsetzung anspruchsvoller Möglichkeiten und für eine sinnvolle Lebensführung.

Auf Ihrem bisherigen Weg haben Sie Erkenntnisse für Ihre innere Entwicklung gewonnen und durch den göttlichen Zufluß unendlicher Energie Wissen empfangen. Nun ist es an der Zeit, daß Sie das Gelernte auf eine Weise manifestieren, die mit der Person übereinstimmt, die zu werden Sie im Begriff sind. Es liegt nun an Ihnen, die Dinge zum Laufen zu bringen und all die Quellen anzuzapfen, die erforderlich sind, um eigenverantwortlich und auf der Basis der eigenen Motivation zu handeln. Das Tor des Erfolgs gibt Ihnen die Freiheit, der Mensch zu sein, der Sie sind, und ermutigt Sie zugleich, durch bewußte Lebensführung, wesenhafte Sprache und reines Handeln Ihren Willen mit dem göttlichen zu verschmelzen. Im Labyrinth des Lebens sind Ihnen die Mittel zum Erfolg und die Gelegenheiten gegeben, um die subtilen Unterschiede der einzelnen Verständnisebenen und der einzelnen Reiche der Erfahrung zu meistern.

Im Tor des Erfolgs erhalten Sie Ihre Konzentration aufrecht, ordnen Ihre Prioritäten und entwickeln die Richtung, die Glauben und Vertrauen fördert, während Sie zugleich Ihr Engagement und Ihre Hingabe an einen Zweck pflegen, der über Ihre Person hinausgeht. Hier bekommen Sie eine Welt zu Gesicht, die sich selbst vervollkommnet, ein Leben, das sich vollständig manifestiert, und eine Seele, die in sich selbst triumphiert. Mit dem Durchschreiten der nächsten drei Tore, Erfolg, Herrlichkeit und Kreativität, werden Sie das Fundament, auf dem Ihr Leben auch weiterhin steht, neu erschaffen und wiederaufbereiten. Je mehr Sie sich in das einbringen, was Sie jetzt tun, desto mehr Erfolg bewirken Sie im Universum Ihrer Erfahrung und tragen zur Errichtung eines Fundaments für die Transformation des Planeten bei. Mit der Aufrechterhaltung Ihres Erfolgs bauen Sie die *klippot*, die einengenden äußeren Hüllen ab und erobern für sich den Geist der Freiheit und des Einfühlungsvermögens.

Bevor Sie sich nun der ersten Einsicht zuwenden, nehmen Sie sich etwas Ruhe und führen Sie die Meditation zur Erweckung des Bewußtseins (Seite 208) durch. Diese Meditation wird Sie darin unterstützen, in Ihrer Intention klar und in Ihren Worten und Taten bewußt zu bleiben. Sie wird Ihnen helfen, Ihr Bewußtsein zu erwecken und mit den unendlichen Möglichkeiten für Erfolg und Heiligkeit in Berührung zu kommen. Um die Meditationsübung für sich gut zu nutzen, lesen Sie die Anweisungen langsam. Machen Sie nach jedem Satz eine Pause und spüren Sie dem nach, was Sie gelesen haben. Dann geben Sie sich einen Moment lang dem daraus resultierenden Gefühl von Frieden hin. Wiederholen Sie die Meditation über die Bewußtseinserweckung nach jeder der Erkenntnisse, die Sie in diesem Kapitel lesen.

Meditation zur Erweckung des Bewußtseins

Halten Sie einen Augenblick lang inne, und richten Sie Ihre Aufmerksamkeit auf den Atem. Atmen Sie langsam ein und aus. Gestatten Sie es dem Atem, gleichmäßig und frei durch Ihren Körper zu fließen. Spüren Sie, indem Sie sich dem Bewußtsein des Augenblicks überlassen, wie Ihr Körper sich entspannt und wie sich Ihr Geist leert. Genießen Sie die friedliche, ruhige Stille einen Moment lang. Dann machen Sie sich den nächsten Gedanken, das nächste Wort oder die nächste Tat bewußt, die darauf wartet, von Ihnen auszugehen. Es kann ein Gedanke über eine Aufgabe oder über eine Beziehung sein oder ein Gefühl dessen, was Sie in Ihrer nächsten Präsentation sagen müssen, oder eine Idee zu einer Aktivität, die darauf wartet, daß Sie sie in die Tat umsetzen. Denken Sie nach über Ihre Intention in bezug auf die nächste Transaktion, die Sie im Geist, in Worten oder auf handelnde Weise vornehmen wollen. Werden Sie sich mit klarer Intention der Heiligkeit Ihrer Handlungen, der Reinheit Ihrer Gedanken und des bewußten Mitgefühls Ihrer Worte bewußt. Bleiben Sie klar in Ihrer Intention, bewußt in den Worten, die Sie sprechen, und in den Taten, die Sie tun.

Bewahren Sie sich eine klare Ausrichtung

Wenn du Größe erreichen willst,
gehe einen kleinen Schritt nach dem anderen.

Baal-schem-tow

Suche das Schwierige im Einfachen.

Lao Tse

Eine klare Ausrichtung setzt Disziplin voraus. Ihre Konzentration kann niemand anders für Sie erledigen. Ob Ihre Aufgabe von großer oder kleiner Art ist, Sie müssen sich auf sie ausrichten, um Ihr Ziel zu erreichen. Jede kleine Aufgabe ist Bestandteil von etwas Größerem. Eine Vision oder ein Gefühl für die größere Perspektive aufrechtzuerhalten, während Sie mit vermeintlich kleineren Prioritäten zu tun haben, wird Ihnen dabei helfen, sich Ihre Konzentration zu bewahren. Denken Sie daran, daß es die kleinen Schritte sind, die Sie darin unterstützen, die riesige Leiter des Lebens emporzusteigen. Für manchen ist der erste Schritt der allerschwerste. Für andere ist der erste Schritt aufregend, während die Folgeschritte eine größere Herausforderung darstellen. Das ist der Grund, warum manche Menschen auf die ersten Stufe springen und die Leiter wieder verlassen, bevor diese sie irgendwo hinführen kann; und wieder andere, denen die Fähigkeit der Konzentration abgeht, entscheiden sich, den Aufstieg gar nicht erst zu beginnen.

Visionäre und Propheten im Verlauf der Zeit haben ihre Ausrichtung auf eine wohlwollendere, friedliebendere, mitfühlendere Welt unabhängig von äußeren Einflüssen aufrechterhalten. Sie haben sich mitten im Chaos und in der Verwirrung ihre Träume der Hoffnung und des Muts bewahrt. Sie haben eine Schablone für Beharrlichkeit durch Kraft und feines Gespür geschaffen. Sie selbst sind umgeben von der Linse, durch die Sie sich entscheiden, die Welt zu sehen. Wenn Sie die Linse des Guten wählen, ist das Gute der Weg, auf dem Sie zu dem Schicksal geführt werden, das zu erfüllen Ihnen bestimmt ist. Wählen Sie die Linse der Herausforderungen und der Negativität, ist Negativität der Weg, über den Sie geführt werden. Gott kommt zu Ihnen in den verschiedenen Bildern, mit denen Sie sich Gott vorstellen. Herausforderungen und Hilfestellungen werden durch die Tore oder die Gucklöcher Ihrer Wahrnehmung auf Ihren Weg fallen.

Wenn Sie auf der Straße Ihres Lebens reisen, verlieren Sie sich nicht in der Vergessenheit unzusammenhängender Wege und auf alternativen Routen des Seins. Wenn Sie sich dafür entscheiden, anzuhalten und den Abfall, der von allen Seiten fortgeworfen wird, aufzuheben, wird es Ihnen schwerfallen, sich Ihre Konzentration auf den größeren Zweck und das Ziel Ihres Weges zu bewahren. Häufig verfangen sich die Menschen im Abfall äußerer Einflüsse und momentaner Ablenkungen und vergessen die ursprüngliche Intention, mit der sie ihre Reise auf diesem bestimmten Pfad begonnen haben.

An jeder Kreuzung und an jeder Tür in Ihrem Leben steht einer, der den Eingang bewacht. Diese Wache, ein Bote Gottes, tritt in unterschiedlichen Formen in Erscheinung. Manchmal handelt es sich um einen Freund, der Sie dazu ermuntert, weiter voranzugehen. Manchmal ist es eine herausfordernde oder frustrierende Situation, die Stolpersteine in Ihren Weg legt und Sie von der Straße abdrängt. Manchmal ist es auch eine innere Stimme oder Vision, die Sie auffordert, ihrem Ruf zu folgen. In welcher Form auch der Wächter in Erscheinung tritt, er fordert Sie auf, Ihre Ausrichtung beizubehalten und Ihren Weg in die von Gott gewollte Richtung fortzusetzen.

In Ihrem Leben werden Sie unablässig mit Entscheidungen und Prioritäten konfrontiert. Wie können Sie wissen, ob Sie die richtige Entscheidung getroffen und die passende Priorität gesetzt haben? Dadurch, daß Ihre Entscheidungen und Ihre Wahl aus der Wahrheit Ihres Geistes heraus erfolgen. Ihr innerer Geist fordert Sie auf, nach innen zu gehen, sich zu leeren, zu öffnen und die Konzentration zu empfangen, die zu der Wahrheit des Menschen spricht, der Sie sind. Ihre Entscheidungen sind dann für Sie die richtigen, wenn sie auf Ihre einzigartigen Talente zugreifen und dem Guten in der Welt dienen. Indem Sie Ihre Talente zum Einsatz bringen und zum Guten in der Welt beitragen, erfüllen Sie das Schicksal, für das Sie geboren wurden. Ihre Aufgabe ist anders als die der anderen Menschen, und doch ist sie ein unerläßlicher Bestandteil im Puzzle der Menschheit. Je mehr Sie sich ausrichten und Ihren Intentionen und Zielen Priorität einräumen, desto näher kommt die Menschheit und die Welt der *tikkun olam,* der Welttransformation. Die Transformation der Welt ist abhängig von Ihrer eigenen.

Üben Sie Einfachheit in Ihrer Vorstellung, indem Sie eine Idee herausgreifen und sich einen Tag lang auf diese Idee konzentrieren. Im Inneren dieser Idee entwickeln sich alle anderen Gedanken und Ideen auf natürliche Weise. Verlangt zum Beispiel Ihre Idee für den heutigen Tag von Ihnen, sich daran zu erinnern, daß Gott bei Ihnen ist, dann wird alles, was geschieht, durch die Vorstellung bestätigt, daß Gott bei Ihnen ist. Wenn jemand Ihre Unterstützung benötigt, reagieren Sie in dem Bewußtsein, daß Gott bei Ihnen ist. Wenn Sie im Verlauf des Tages neues Wissen und Verstehen empfangen, reagieren Sie darauf in dem Bewußtsein, daß Gott bei Ihnen ist. Alle Dinge, die sich an diesem Tag ereignen, werden verstärkt, weil Sie sich daran erinnern, daß Gott bei Ihnen ist.

Es liegt große Macht in Ihrem Geist und in seiner Fähigkeit, sich auf einen einfachen Gedanken zu konzentrieren. Durch Gedankenkraft allein vermögen Sie Gesundheit und Reichtum zu erlangen. Rabbi Nachman von Brazlaw beschreibt die Macht der Gedanken auf folgende Weise: »Wenn der externe und der interne Gedanke ebenso wie das Bewußtsein auf eine Sache ausgerichtet sind und sie festhalten – und dies ohne Störung und ohne sich einem anderen Gedanken zuzuwenden fortsetzen –, sorgt diese Konzentration dafür, daß die Dinge sich genauso entwickeln, wie man es sich vorgestellt hat. Diese Konzentration muß auch noch das kleinste Detail erfassen und nicht nur die allgemeine Vorstellung... Doch [derjenige], der eine Sache nur auf oberflächliche Weise überfliegt, ist wie einer, der nur die äußere Form eines Gefäßes schafft, ohne aber es im Inneren auszuhöhlen.«

Ausgerichtetes Denken besitzt die Macht der Heilung. Eine Frau, die meine spirituelle Frauengruppe aufsuchte, berichtete von einem bemerkenswerten Vorfall, bei dem die Heilkraft der Gedanken ihr Leben veränderte und ihren Glauben stärkte. Sie hatte eine Verletzung an der Hand, die sich zu einer eitrigen Infektion entwickelte. Der Arzt erklärte ihr, daß die Infektion ihren ganzen Körper bedrohe und daß der Finger, in dem sich die Infektion befand, amputiert werden müsse. Schockiert über den bevorstehenden Verlust und schmerzgequält kehrte sie nach Hause zurück. Pläne wurden gemacht, damit sie am nächsten Morgen zur sofortigen Operation ins Krankenhaus gehen konnte. Inzwischen besprach sie sich mit einem spirituellen Heiler, der sie ermutigte, ihre Gedanken auf den infizierten Finger zu konzentrieren und ihn so detailliert wie möglich mit dem Licht Gottes gefüllt und geheilt zu sehen. Die Frau blieb die ganze Nacht über wach und meditierte über das göttliche Licht in den Zellen, den Nerven, den Muskeln, den Knochen, im Fleisch und sogar in den Haaren und Poren in der Haut des Fingers und stellte ihn sich geheilt vor. Am nächsten Morgen kleidete sie sich für ihren Besuch im Krankenhaus an, ohne zu wissen, ob ihre Gedanken zur Heilung des Fingers beigetragen hatten oder nicht, denn ihre Hand war mit vielen Schichten Bandage bedeckt, die sie nicht zu entfernen vermochte. Als der Arzt im Krankenhaus die zahlreichen Lagen Verband entfernte, waren sie beide sehr erstaunt. Der infizierte Finger war geheilt.

Ausgerichtetes Denken ist außerdem eine Form des Gebets. Es leitet Ihr Leben in die richtige Richtung. Der Baalschem-tow unterwies in der Kraft der Konzentration und empfahl, sie durch tägliche Affirmationen in Form von Thoralehren zu begleiten. Er riet, im Dienst für Gott durch

Gebet und gute Taten einfach, rein und offenherzig zu bleiben. Er vertrat die Überzeugung, daß der beste Weg, um sich diese Einfachheit, Reinheit und Offenherzigkeit zu bewahren, im täglichen Erlernen einiger Worte aus der Thora besteht. Greifen Sie einen Gedanken heraus, sei er groß oder klein, der im Ort der Heiligkeit seinen Ursprung hat. Bestätigen Sie diesen Gedanken als Thora, und binden Sie ihn während des ganzen Tages an die Worte, die Sie sprechen, und an die guten Taten, die Sie tun.

Der Talmud spricht von einer Zeit in der Zukunft, in der äußere Anordnungen und Gebote (*mitzvot*) nicht mehr länger notwendig sein werden, denn Sie werden das Licht Gottes in Ihrem Inneren tragen und Taten liebevoller Freundlichkeit werden als natürlicher belebter Geist allem Leben zugrunde liegen. Die Macht Ihrer Gedanken bereitet Sie heute auf den nächsten Schritt in Ihrem Leben vor. Indem Sie vorangehen, öffnen Sie sich tieferen Möglichkeiten, um dem Guten zu dienen und um der unendlichen Quelle näherzukommen. Indem Sie Gott näherkommen, gewinnt Ihr Leben an Konzentration und Gerichtetheit. Der vor Ihnen liegende Weg führt Sie zu neuen Dimensionen Ihrer selbst, Ihres Lebens und Ihres Gottesbildes.

Üben Sie sich heute mindestens einmal in der Meditation zur Erweckung des Bewußtseins (Seite 208).

Üben Sie sich in Selbstverantwortung

Es ist nicht im Himmel,
daß du sagen müßtest:
Wer will für uns in den Himmel fahren und es uns holen,
daß wir's hören und tun?
Es ist auch nicht jenseits des Meeres,
daß du sagen müßtest:
Wer will für uns über das Meer fahren [gehen]
und es uns holen,
daß wir's hören und tun?
Denn es ist das Wort ganz nahe bei dir,
in deinem Munde und in deinem Herzen,
daß du es tust.

5. Mose 30,12–14

Der Mensch formt sich nach der Erde;
Die Erde formt sich nach dem Himmel;
Der Himmel formt sich selbst nach dem Weg;
Und der Weg formt sich nach dem, was von sich aus so ist.

Lao Tse

Die Art und Weise, für die Sie sich entscheiden, um in Beziehung zu Gott zu treten, ist die gleiche, die Sie auch auf das Leben selbst anwenden. Indem Sie Gott mehr Raum in sich geben, nimmt auch das Leben mehr Raum in Ihnen ein. Gott ermutigt Sie, selbst die Verantwortung für Ihre Beziehung zu Gott zu übernehmen. Im fünften Buch Mose erklärt Gott Ihnen, daß niemand für Sie in den Himmel gehen oder über das Meer fahren kann; nur Sie vermögen dies für sich zu tun. Dieser Gedanke wird wiederholt im Buch des Propheten Jeremia, als Gott den Propheten dazu inspiriert, den Gott, seinen Gott, zu suchen, er werde dieses Gottesbild finden, wenn er Gott sucht. Das bedeutet, daß Sie verantwortlich sind, und wenn Sie die Verantwortung dafür annehmen, selbst nach Ihrem Gottesbild zu suchen, werden Sie Gott finden. Mit anderen Worten, Sie sind verantwortlich für die Suche nach Ihrem eigenen Gottesbild; das Gottesbild keines anderen Menschen vermag Ihre Bedürfnisse zu erfüllen. Wenn Sie sich auf die Suche begeben, werden Sie auf ein Gottesbild stoßen, das gleichermaßen jenseits von Ihnen wie in Ihnen ist. Denn wenn Sie sich auf die Suche nach der Quelle machen, entdecken Sie Ihre eigene göttliche Natur in sich.

Indem Sie die Verantwortung für Ihre spirituelle Suche selbst übernehmen, werden Sie auch verantwortlich für die Regeln, die Sie auf dem Weg aufstellen. Kein einzelner Weg kann für alle gültig sein. Rabbi Jissacher Bär von Radoschitz bat einmal seinen Lehrer, den Seher von Lublin, ihm doch eine übliche Art zu nennen, in der man Gott dienen könne. Der Seher war nicht bereit, ihm einen solchen Weg zu nennen, denn jeder Mensch wird von einer anderen Straße angezogen und muß selbst dafür verantwortlich sein, daß er dieser Straße mit Kraft und feinem Gespür folgt. Die Regeln, die Sie für Ihren Weg festlegen, mögen die sein, für die sich auch Ihre Eltern und Großeltern bereits entschieden haben oder auch nicht. Auch wenn Sie sich dafür oder dagegen aussprechen können, dem Weg Ihrer Eltern nachzueifern, Gott ermutigt Sie, einen eigenen zu beschreiten. Mit Ihrem Eintritt in die Welt ist ein neues Licht und eine neue Seinsweise in Erscheinung getreten, die niemals zuvor existiert hat. Sie sind eine originäre, einzigartige Person, die auf diese Weise zum allerersten Mal in dieser Welt ist. Ihre Einzigartigkeit ist wichtig für die Transformation der Umwelt, für eine neue Art, um zu sehen, zu hören, zu fühlen und im Leben zu sein. Jede Person ist ein neuer Organismus, der hier ist, um ein Schicksal zu erfüllen, eine Person, die ihre Einzigartigkeit zu einer weit größeren Geschichte in einer weit umfassenderen Welt beisteuert.

Es besteht keine Notwendigkeit, nachzuahmen, zu imitieren oder gar sich als ein anderer auszugeben, nicht einmal als einer der Reichen und Berühmten. Es ist lediglich notwendig, daß Sie Sie selbst sind und die Verantwortung für Ihre einzigartige Handlungsweise übernehmen. Wenn Gott einen weiteren Moses oder eine zweite Mirjam wollte, dann würde der Film des Lebens zurückgespult, und wir würden uns wieder am Ufer des Roten Meers befinden. Das aber geschieht nicht. Obwohl Sie Zugang zu vergangenen Zeiten haben und sich an sie erinnern können, sind die Schritte, die Sie jetzt tun, in die Zukunft gerichtet. Rabbi Shlomo Carlebach sagte oft: »Wenn du in die nächste Welt kommst, wird man dir zwei Szenen zeigen. Die eine ist ein Film über den Menschen, der du warst, und die andere ist ein Film über den Menschen, der du hättest sein können. Mit welchem der beiden wirst du zufrieden sein?«

Jeden Tag müssen wir alle viele Entscheidungen treffen. Diese Entscheidungen können so unbedeutend sein wie jene darüber, was man anziehen soll, oder so bedeutend wie die Entscheidung darüber, wie man sich am besten einer neuen Situation stellt oder eine neue Struktur entwickelt. Seien Sie Zeuge dessen, wie Sie die Verantwortung für Ihre Entscheidungen übernehmen oder aber sie auf einen anderen übertragen. Wenn Sie die Verantwortung freiwillig aufgeben, dann achten Sie darauf, ob dies Ihre Person und Ihre einzigartige Fähigkeit, einen Beitrag zu einer neuen Art des Denkens, Fühlens oder Seins in dieser Welt zu leisten, im Gegenzug eher vergrößert oder verkleinert. Sie wurden geboren, um aus der Fülle Ihres eigenen Verstandes, Körpers und Geistes heraus zu leben. Bewahren Sie sich im Wechselspiel und in den Zusammenhängen des Lebens Ihr eigenes unverwechselbares *Reaktions*-Vermögen.

Üben Sie sich heute mindestens einmal in der Meditation zur Erweckung des Bewußtseins (Seite 208).

Motivieren Sie sich

Sage nicht: »Wenn ich Zeit habe, werde ich studieren.«
Ein Dummkopf verschiebt die Dinge auf morgen.
Ein Weiser erledigt die Dinge gleich.

Baal-schem-tow

Ein Mensch sucht einen Weg, der ihn von Geburt,
Alter, Krankheit und Tod oder von Kummer, Trauer,
Leiden und Qual fortführt; und doch,
kaum ist er diesem Weg eine kurze Strecke lang gefolgt,
erkennt ein klein wenig Fortschritt,
wird er sofort stolz und eingebildet und herrschsüchtig.

Buddha

Ihre Motivation ist entscheidend für die Qualität Ihres Lebens. Niemand vermag für Sie zu atmen und Ihre Kanäle für die Lebensqualitäten zu öffnen, die Sie von Gott empfangen können. Wenn Sie sich mit jedem Atemzug, den Sie tun, mit jedem Wort, das Sie sagen, mit jeder Handlung, die Sie vollziehen, an die unendliche göttliche Quelle binden, verbessert sich die Qualität Ihres Lebens spürbar und kann wunderbare Formen annehmen. Fehlt Ihnen jedoch die Motivation, verlieren Sie sich leicht im Stumpfsinn des Alltags.

Wenn Sie sich selbst motivieren, lernen und wachsen Sie unablässig und steigen die spirituellen Sprossen der Lebensleiter hinauf. Mit jeder neuen Ebene gewinnen Sie eine neue Perspektive, erweitern Ihre Ansichten, vertiefen Ihre Wertschätzung und finden zu einer tieferen Liebe zu Gott, sich selbst, Ihren Mitmenschen und zum Leben im allgemeinen. Wachsen Sie so, daß Sie von einer Sprosse zur nächsten gelangen und sogar noch weiter vorankommen wollen, werden Sie spirituell von der unendlichen Quelle eingehüllt. Glauben Sie jedoch, daß das, was Sie bisher gelernt haben oder zum gegenwärtigen Zeitpunkt zu lernen fähig sind, alles ist, was Sie brauchen, empfangen Sie nur die oberste Schicht und dringen nicht weiter in die Tiefen des Mysteriums dieses Wissens vor. Indem Sie sich selbst motivieren, wird jedes Ding, das Sie erreichen, zum Tor für neuere und noch herrlichere Einblicke. Sie sind die Erde, in die Gott den Samen legt, und der Gärtner der Pflanze, die geerntet wird.

Es ist nicht immer leicht, die Motivation aufrechtzuerhalten und sich eine positive Einstellung zum Wachstum zu bewahren. Motivation setzt all die Einsichten voraus, die Sie bereits auf dem Weg der Kraft kennengelernt haben. Sie bedarf der Konzentration auf Ihre Träume, Visionen, Ihre Wünsche nach Heiligkeit und danach, daß all dies Wirklichkeit werden möge. Es bedarf der Beharrlichkeit und Hartnäckigkeit selbst dann, wenn Sie nicht den Enthusiasmus aufbringen können, den Sie normalerweise willkommen heißen. Es ist Mut erforderlich, damit Sie nicht nach- oder aufgeben, und Selbstdisziplin, um Ihrem Leben eine Bedeutung zu geben, die über Sie selbst hinausgeht. Voraussetzung ist auch der ernsthafte Wunsch, in Freiheit Sie selbst zu sein. Je mehr Sie Ihre Mitmenschen anerkennen und damit sich selbst Anerkennung zollen, und je mehr Sie Gott in allem, was Sie sehen, loben, desto schneller wird sich Ihr Herz für die Leidenschaft und Freude eines Lebens in der Vereinigung mit Gott öffnen.

Sie ergreifen die Initiative, indem Sie mutig genug sind, für das einzustehen, woran Sie glauben, indem Sie das Risiko eingehen, auf Erwartungen zu verzichten, und sich öffnen, um den göttlichen Plan zu empfangen. Dann wird Gott den göttlichen Zufluß in jede Ihrer Poren gießen und Sie für die Wunder erwecken, die Sie erst noch sehen, hören und erfahren müssen. Das ist es, was die Töchter von Zelophhad mutig taten, als sie vor die patriarchale Hierarchie, verkörpert durch Moses, Eleasar und die Stammesfürsten Israels, hintraten. Ihr Vater war auf der Wüstenreise aus Ägypten gestorben; da er seine Frau mit seinen Töchtern und keine

Söhne zurückgelassen hatte, machten die Frauen ihre Rechte auf ihren Anteil seines Landes und Besitzes geltend. Ihr Mut, mit dem sie sich gegen das bestimmende patriarchale System stellten, fand Ausdruck in ihren Stimmen und in ihrer Beharrlichkeit. Statt die Konfrontation zu suchen, griffen sie zurück auf die gelehrte Disziplin des heiligen Kriegers. Sie präsentierten ihr Ansinnen mit Festigkeit; sie überwanden die Schwierigkeit mit Kraft; und statt zurückzusinken und auf ihre Rechte zu verzichten, traten sie vor und stellten sich der Hierarchie entgegen. Die Folge war, daß sie mehr erhielten als den üblichen Anteil an Land und Besitz: Sie bekamen den doppelten Anteil des Erstgeborenen und außerdem das üblicherweise Söhnen zustehende Erbe. Weil sie motiviert waren, sich für ihre Rechte einzusetzen, veränderten sie nicht nur ihr Leben, sondern auch das Leben der nachfolgenden Generationen.

Indem Sie mit Tapferkeit handeln und sich selbst motivieren, wirken Sie nicht nur auf Ihr Leben ein, sondern auf das Leben all derer, mit denen Sie bereits in Berührung sind oder es noch sein werden. Jetzt ist nicht die Zeit, die Schultern hängen zu lassen. Wenn es Ihnen erforderlich scheint, nehmen Sie sich Zeit, um auszuruhen und erst einmal in die Stille zu gehen. Sammeln Sie Ihre Kräfte, um auf Ihr Ziel zuzugehen, hinauf zu dem Ihnen bestimmten Schicksal. Im herrlichen Glanz der spirituellen Lebensweise gibt es noch Arbeit zu tun, Aufgaben zu erledigen, Wege zu bereisen, Freuden zu feiern und Ekstasen in sich aufzunehmen. Wenn Sie die ausgedehnte Leere der Möglichkeiten mit der Weisheit, dem Verstehen, der Liebe und Kraft widerspiegeln, die Sie bisher erlangt haben, sind Sie auf Ihrem Weg zum himmlischen Tor der Herrlichkeit bereit, in eine neue Dimension Ihres Herzens einzutreten.

Üben Sie sich heute mindestens einmal in der Meditation zur Erweckung des Bewußtseins (Seite 208).

Manifestieren Sie die Kraft Ihres Willens

Ich nehme Himmel und Erde heute über euch zu Zeugen:
Ich habe euch Leben und Tod,
Segen und Fluch vorgelegt,
damit du das Leben in Heiligkeit *erwählst*
und am Leben bleibst,
du und deine Nachkommen …

5. Mose 30,19

Zwischen Geburt und Tod
Folgen drei von zehn dem Leben,
Drei von zehn folgen dem Tod,
Jene, die sich nur von Geburt zum Tod bewegen,
Sind auch drei von zehn.
Warum ist dies so?
Weil sie sich im Leben zu sehr verwöhnen.

Lao Tse

Sie vertreten in Freiheit die Art, die Sie gewählt haben, um als Manifestation des göttlichen Willens zu leben. Jeder neue Augenblick stellt Sie erneut vor die Wahl und gibt Ihnen die Freiheit, Ihre eigenen Entscheidungen zu treffen, obgleich Ihre Wahlfreiheit und Gottes Wissen um die Ihnen vorherbestimmte Zukunft ein Paradox darstellen. Wenn Gott bereits weiß, was Sie tun werden, noch bevor Sie es getan haben, wie können Sie dann Wahlfreiheit haben? Wenn Ihre Gedanken und Handlungen bereits in der Skizze der Zukunft festgehalten sind, wo kommt dann Ihr freier Wille zum Tragen? Handelt es sich hier um eine göttliche List, mit der vorübergehend etwas auf den Zeichentisch gelegt wird, oder um eine Auflegemaske, die die Architektur dessen verändern kann, was Gott für Sie zu bauen geplant hat?

Rabbi Nachman lehrt, daß Sie, bevor Sie geboren wurden, mit göttlichem Willen versehen und unter Vertrag genommen wurden, in diese Welt zu gehen, um eine Mission zu erfüllen. Während der Geburt pflanzte Gott eine Mission, nur für Sie allein, in Ihre Seele, um das Leben auf diesem Planeten zu verbessern. Gott hat in Ihnen einen Traum geträumt, und die Umsetzung dieses Traums ist die Voraussetzung für Ihr Wohlergehen und das des Universums. Als Gefäß der Freude für Gottes Licht entfaltet sich Ihr Traum mühelos. Sie werden erkennen, daß Ihr Traum real ist, wenn sich das, was Sie im Leben tun, auf natürliche Weise gut anfühlt und mit Leichtigkeit dem Wohl Ihrer Mitmenschen dient. Es ist Ihr Schicksal, den Traum zum Leben zu erwecken, den Gott in Ihnen träumt. Die Erfüllung Ihres Traums ist nicht abhängig von äußeren Kräften. Sie hängt davon ab, ob Sie bereitwillig in der Integrität und Essenz des Menschen leben, der Sie sind. Wenn Sie aus dem vollen schöpfen, sind Sie ganz und gar in das vertieft, was Sie tun; Sie und die Handlung verschmelzen zu einem. Wenn es sich um das Erschaffen handelt, werden Sie zur Schöpfung selbst; wenn es sich um das Lieben handelt, werden Sie zur Liebe; wenn es sich um das Dienen handelt, werden Sie zum Dienst; wenn es sich um das Denken handelt, werden Sie zum Gedanken selbst. Auf dem Höhepunkt des Schicksals werden Sie ein vollkommenes Ineinandergreifen zwischen dem, was Sie tun, und dem Menschen, der Sie sind, erleben; ein vollkommenes Einswerden von Gottes Traum in Ihnen und Ihnen selbst; und eine totale Vereinigung von Gottes Willen und Ihrem Willen.

Sie sind von Gottes Willen umhüllt, wie die Seele vom Körper oder Wasser von der Luft oder das Universum von der Galaxie umhüllt ist. Diese »Umhüllungen« werden *makifin* genannt. Sie sind wesentliche Gedankenformen, die über dem Bewußtsein Ihres Geistes schweben. Es fällt dem Verstand schwer, diese *makifin* zu begreifen. Sie bringen jene Art Wissen mit sich, die getrennt von Gott nicht existieren kann. In den Welten des Wissens, Fühlens und Handelns kann Ihr Verstand – und dies ist eine Notwendigkeit des

Daseins – jedoch nichts wissen, ohne sich von Gott zu entfernen. Zum Beispiel können Sie sich selbst nicht kennen, wenn Sie vollkommen in sich vertieft sind. Um sich selbst zu kennen, müssen Sie einen Schritt von sich zurücktreten und zu einem fairen Zeugen der Person werden, die Sie sind. In diesen Welten ist es also unmöglich zu wissen, wie nur Gott weiß, denn Gottes Wissen ist eins mit Gott; es gibt keinen Unterschied zwischen beidem. Die *makifin* zu verstehen würde voraussetzen, daß Sie in der Formlosigkeit, also im Engelreich des Seins, leben.

Solange also, wie Sie nicht wissen, was Gott weiß, besitzen Sie einen freien Willen. Wissen Sie erst einmal, was Gott weiß, brauchen Sie keinen freien Willen mehr, denn die Freiheit wird eins sein mit Ihnen und eins mit Gott und eins mit dem Wissen selbst. Solange Sie das Leben wählen, schweben die Umhüllungen über Ihrem aurischen Feld, gerade außerhalb Ihrer Reichweite. Sobald Sie die Dualitäten überwunden haben und erkennen, daß Leben und Tod, oben und unten, innen und außen allesamt Illusionen sind, verschmelzen sie und werden eins.

Solange Sie noch der Menschheit angehören und noch nicht in das Reich der Engel aufgestiegen sind, haben Sie die Freiheit, Ihrem Willen zu folgen. Außerdem besitzen Sie die Fähigkeit, aus sich selbst herauszutreten und festzustellen, auf welche Weise die von Ihnen getroffene Wahl Ihre Entwicklung auf die nächste Stufe des Wachstums unterstützt. Als der Baal-schem-tow einmal mit einem Schüler spazierenging, wurde der Schüler sehr durstig und beklagte sich darüber. Der Baal-schem-tow entgegnete, »Meinst du, Gott hätte dich so weit in deinem Leben vorangebracht, um dich hier auf dieser abgelegenen Straße verdursten zu lassen? Meinst du nicht, daß Gott die Situation vorhergesehen und entsprechende Pläne dafür gemacht hat?« In diesem Augenblick ging ein Mann an ihnen vorüber, der einen Eimer mit Wasser trug. Als er gefragt wurde, was ihn dazu veranlaßt habe, auf dieser abgelegenen Straße zu gehen, da erklärte der Mann, daß sein Lehrer auf der Straße in Ohnmacht gefallen sei und daß er mehrere Meilen weit zu einem Brunnen gegangen sei, um Wasser zu holen. Der Schüler trank, der Wasserträger setzte seinen Weg fort und der Baal-schem-tow faßte die Situation zusammen: »Jetzt weißt du Bescheid, bevor Gott die Welt erschaffen hat, da bestimmte er durch Willenskraft alles, was geschehen würde. Es gibt keine Zufälle; alles hängt von deiner Intelligenz, deinem Geist und deinem Willen ab, dich dafür zu entscheiden, an Gottes Willenskraft Anteil zu haben.«

Die Himmel und die Erde sind Ihre Zeugen, indem Sie sich für das Leben entscheiden, entschließen Sie sich, Ihren Willen mit dem Willen Gottes zu verbinden und auf den Kronen all derer zu stehen, die vor Ihnen kamen, und all jener, die nach Ihnen kommen werden.

Denken Sie über die Bereiche in Ihrem Leben nach, die Sie angezogen und die Sie interessiert haben. Welche davon brachten die meiste Erfüllung mit sich? Können Sie sich daran erinnern, so sehr von einer Aktivität oder einem Gedanken in Anspruch genommen und davon erfüllt gewesen zu sein, daß Sie meinten, sich darin zu verlieren? Haben Sie bemerkt, wie mühelos alles ging, als Sie so in Ihre Tätigkeit vertieft waren? Machen Sie sich heute Ihre Gedanken, Worte und Taten bewußt. Stellen Sie fest, was davon schwer und was mit Leichtigkeit zu Ihnen kommt; was Sie ablenkt und was Ihr Interesse weckt und sich gesund für Ihren Körper anfühlt; was Sie sich entrückt fühlen läßt und was es Ihnen erleichtert, Ihren Dienst in den Willen Gottes zu stellen. Sie wurden nach göttlichem Willen geboren; Ihr Leben ist von Wert; und Ihre Träume sind gewollt, so wie sie sind.

Üben Sie sich heute mindestens einmal in der Meditation zur Erweckung des Bewußtseins (Seite 208).

Gehen Sie sparsam mit Ihrer Energie um

Wer ist stark? Jener, der über die Kraft seiner Impulse verfügt.

Pirke Abot

Um Menschen zu regieren und dem Himmel zu dienen,
Kommt nichts dem Gebrauch von Zurückhaltung gleich.

Lao Tse

Erfolg verlangt von Ihnen inständig, die Gerichtetheit aufrechtzuerhalten und mit Ihrer Energie sparsam umzugehen. Unabhängig von den Umständen, in denen Sie sich befinden, mit Konzentration und Geschick können Sie erfolgreich sein. Wenn Sie an einem Kurzwellenradio sitzen und einen undeutlichen und weit entfernten Kanal einstellen möchten, müssen Sie die atmosphärische Störung durch die anderen Sender reduzieren. Sobald Sie erst einmal die richtige Radiowelle erreicht haben, wird die atmosphärische Störung vermutlich zurückkehren, sobald Sie den Ton lauter stellen. Das gilt auch für Ihr Leben. Wenn Sie sich unablässig in Bewegung befinden, kommen und gehen, tun und richten, lehren und zeigen, geben und sorgen, wird Ihre Energie ebenfalls statisch, und Sie werden Schwierigkeiten damit haben, sich auf die feineren Frequenzen des Geistes einzustellen. Manche Menschen sind die ganze Zeit über sehr beschäftigt und auf Krisen eingestellt; sie halten den Geräuschpegel künstlich hoch, um nicht die Leere in ihrem Inneren hören zu müssen. Ihnen fehlt die wohltuende Freiheit, die der Leere innewohnt, der Frieden und die Gelassenheit, die Bestandteil der Stille sind.

Rabbi Jonathan Omer-man, Gelehrter und Kabbalist der Moderne, lehrt, wie wichtig es ist, mit Energie sparsam umzugehen. Er erzählt aus der Zeit in seinem Leben, als er durch Kinderlähmung handlungsunfähig war, und ein Jahr lang im Krankenhaus auf dem Rücken liegen mußte. Allein auf die Fähigkeit beschränkt, sich zurückzulehnen und zu beobachten, lernte er es, seine Energie sparsam einzusetzen. Er konnte keinen Einfluß auf seine Umgebung nehmen, noch vermochte er Ereignisse zu bestimmen; er konnte nur liegen und beobachten. Und was er sah, war ein größeres Bild des Lebens. Er erkannte, daß sein Leben nur ein kleiner Teil einer viel größeren Erfahrung war. Indem er Erfahrungen außerhalb seiner selbst beobachtete, sah er, wie andere zurechtkamen. Er bemerkte, wie andere Menschen auf die herausfordernden Ereignisse in ihrem Leben reagierten. Er stellte fest, daß manche Menschen auch noch mitten im Chaos ruhig zu bleiben vermochten. Dann untersuchte er seine eigenen Reaktionen als leistungsorientierter Mensch. Und mit großem inneren Kraftaufwand und spirituellem Glauben nutzte er seine Zeit weise, um ruhig zu werden und nach innen zu gehen. Diese Ruhe führte ihn zu tieferen Ebenen der Spiritualität. Es gelang ihm, die Tiefen seines Geistes zu berühren und die Umarmung Gottes zu spüren. In der Folge wurde er ein großer Lehrer, der die Macht der Stille, der Einsamkeit und des Geistes zu vermitteln wußte.

Der sparsame Umgang mit der Energie setzt voraus, daß Sie an sich glauben und darauf vertrauen, daß das was Sie tun, von Wert ist. Wenn Sie Zutrauen zu sich selbst besitzen und Ihren Wert kennen, achten Sie mehr darauf, sich sparsam und flüssig zu bewegen, statt in einem stürmischen Aufruhr verpuffender Luft. Bevor ein chinesischer Wandschirmmaler seinen Pinsel in die Tinte tunkt, vergehen Stunden in Stille und Kontemplation als Vorbereitung. Sobald seine Energien auf das Pergament, den Pinsel und die Tinte eingestimmt sind, bringt der Maler die Arbeit in sehr kurzer Zeit mit einigen wenigen gutplazierten Pinselstrichen zum Abschluß.

Wenn Ihr Atem schneller geht als Sie selbst, wissen Sie, daß es Zeit ist, innezuhalten, die Situation neu zu bewerten und sparsamer zu sein. Vielen Menschen fällt es schwer, den Adrenalinstoß zu bremsen, Grenzen zu ziehen und sich Beschränkungen aufzuerlegen. Es gehört zu den Fertigkeiten eines Menschen, der auf dem Weg des Erfolgs geht, zu erkennen, daß er mehr Energie verbraucht als empfängt, daß das Geplapper gegenüber der Stille überwiegt, daß mehr Bewegung als Ruhe ist. Was immer Sie müde macht, erschöpft auch Ihre Mitmenschen. Was immer Sie müde macht, überanstrengt Ihre Führer und Engel. Wenn Sie Ihre Quellen überstrapazieren, verlieren Sie das, was Sie zu erlangen streben.

Befinden sich Ihre Gedanken, Worte und Handlungen in Übereinstimmung mit der unendlichen göttlichen Quelle, nimmt Ihre Energie nicht ab. In Eintracht mit Gott zu arbeiten, ist mühelose Arbeit und freudiger Dienst. Das ist die Arbeitsweise desjenigen, der zu sitzen, die atmosphärischen Störungen zum Schweigen zu bringen und die innere Stimme zu hören weiß. Wenn Sie lernen, mit Ihrer Energie sparsam umzugehen, erkennen Sie, daß Sie kein Ideenverkäufer sein müssen. Ist Ihr Wille mit dem Willen Gottes verbunden, sind Ihre Gedanken mit den göttlichen Gedanken verknüpft, rücken Ihre Worte Sie näher an das Unendliche heran, und sind Ihre Handlungen mühelos, ist Ihre Begabung für den Erfolg größer. So oft laufen Menschen in alle Richtungen, um eine Sache zu erreichen, oder jonglieren mit vielen Taten und vollbringen doch nur eine. Und dann wundern sie sich, warum sie nicht zufrieden sind. Wenn Sie sich darin verlieren, daß Sie viel Energie ausstoßen, aber nur wenig erreichen, verliert das Leben seinen Sinn. Indem Sie innehalten, können Sie sparen, indem Sie die eine Kerze finden, mit der sich alle übrigen anzünden lassen. Dann haben Sie das Licht weitergereicht, ohne daß Ihnen dabei eine Sicherung durchbrennt.

Sie sind hier, um Gottes Licht zu tragen und die Funken Gottes freizusetzen, die in begrenzenden Seinsweisen verhaftet sind. Dies ist nur dann möglich, wenn Sie Ihre eigenen *klippot* auseinandernehmen und Ihren eigenen Wert sehen, berühren und hören. Ihr Leben ist von Wert; verschwenden Sie es nicht in der schnell beweglichen, sich ewig drehenden Tür der Illusion.

Üben Sie sich heute mindestens einmal in der Meditation zur Erweckung des Bewußtseins (Seite 208).

Bedienen Sie sich der Werkzeuge der Transformation

Bei der Meditation über die Thora oder die Verse der Schrift muß man den Gedanken viele, viele Male wiederholen und an der Tür klopfen und hämmern bis sie geöffnet wird. Manchmal eilt ein heiliger Gedanke schnell durch den Geist, und man braucht große Gewandtheit, um ihn zu verfolgen.

Rabbi Nachman von Brazlaw

Gelange zu äußerster Leere.
Bewahre höchste Gelassenheit.

Lao Tse

Auch im Sanskrit ist das Mantra als Werkzeug des Geistes bekannt: ein Vehikel, das benutzt wird, um von einem Bewußtseinszustand in einen anderen zu wechseln. Verschiedene Lehrer bieten unterschiedliche Gefährte an, um von einem Bewußtseinszustand in einen anderen zu reisen und um vereint und wiedervereint mit dem Göttlichen zu leben. Manche Lehrer verwenden Aspekte der Thora oder Lehren aus anderen religiösen Werken als Mantras, die in ekstatische Zustände der Vereinigung mit Gott führen. Andere setzen auf Wiederholungen von Gebeten als Mantra, um die Türen zu den inneren Räumen des göttlichen Palastes zu öffnen. Wieder andere, wie die alten Propheten, greifen zurück auf Musik, um Zugang zu den Mysterien zu finden und mit der Essenz des Göttlichen in Berührung zu kommen. Einige denken über Gott nach, indem sie alle ihnen in Verstand, Körper und Geist zur Verfügung stehenden Kanäle öffnen; in der Integration leben sie in allen Bereichen des Lebens leidenschaftlich mit Gott zusammen. Für andere ist die Körperbewegung das Gefährt, mit dessen Hilfe sie Zugang zu verschiedenen Bewußtseinszuständen erlangen und sich in der physischen Welt erden können. Die Kabbalisten empfinden den Tanz als eine der wichtigsten Techniken, um zur Erleuchtung zu gelangen. Diese spirituellen Hilfsmittel sind nicht auf den mystischen Judaismus beschränkt; sie sind von alters her durch jene in Gebrauch, die sich in die Mysterien von Zeit, Raum, Bewußtsein und Gott vertiefen.

Heutzutage stehen Ihnen all diese Methoden gleichermaßen zur Verfügung. Sie wurden zugänglich gemacht durch das Jewish Renewal Network, das jüdische »Erneuerungsnetzwerk«, das Studium der Kabbala und die Wiederbelebung sowie Integration mystischer Praktiken. Verwandte Geister schließen sich der Gemeinschaft an und beten miteinander auf eine Vielzahl von Weisen, die sich solcher Geisteswerkzeuge bedienen, um wirkungsvoll in der Vereinigung und Wiedervereinigung mit der Quelle zu leben. Wenn Sie sich in unserer Gemeinschaft beispielsweise einer Andacht am Freitagabend, dem Sabbatabend, anschließen würden, würden Sie sich in ein anderes Reich versetzt fühlen. Alle Aspekte des Gottesdienstes dienen als spirituelle Werkzeuge der Transformation des Bewußtseins und der Vermehrung der Gelegenheiten zur Vereinigung und Wiedervereinigung mit Gott. Der Dienst beginnt auf der physischen Ebene mit Körperbewegungen, wie sie für Yoga oder T'ai Chi typisch sind, gefolgt von stiller Meditation oder geführter Visualisation. Diese Praxis entspannt, und sie erneuert die Energie, die vielleicht durch die Arbeitswoche aufgezehrt worden ist. Heilige Bewegung und Stille öffnen das Fenster zur Seele, die in einer sanften Melodie dort erklingt, wo sich eine Stimme zunächst mit zweien, dreien, vieren und schließlich mit vielen hundert betenden Stimmen im Heiligtum vereinigt. Wir singen alle Gebete in unterschiedlichen Melodien, die wir bewußt auswählen, um die Energie zu steigern und um die emotionalen Bindungen nach innen zu stärken. Sobald die Energie ihren höchsten Stand erreicht hat und die Gemeinschaft der Betenden am stärksten miteinander in einer Gruppe verbunden ist, bilden wir einen heiligen Heilkreis. Während und nach dem Heilkreis bringen Melodien unsere Weichheit hervor, und die Gemeinde erhebt sich in stiller Andacht. Die Stille wird durch Bekundungen der Freude und durch Segnungen unterbrochen, dann neigt sich der Gottesdienst mit Affirmationen und Segenssprüchen in Form von Gebetsliedern seinem Ende entgegen. Die Energie, die sich in einer Gemeinschaft aufbauen kann, die bewußt spirituelle Hilfsmittel wie Gebet, Lehre, Musik und Bewegung einsetzt, wirkt sich positiv auf das Leben aus, heilt Körper, leert den Verstand und transformiert den Geist.

Spirituelle Werkzeuge unterstützen Sie dabei, sich daran zu erinnern, wer Sie als der Träger von Gottes Licht sind. Außer in der Gemeinschaft können Sie spirituelle Hilfsmittel auch in der Zurückgezogenheit Ihres Alleinseins nutzen. Sich einen heiligen Platz oder Altar in Ihrem eigenen Zimmer einzurichten, wo Sie spirituelle Objekte aufstellen können, die für Sie von Bedeutung sind, ist eine Art, daran zu denken, sich zu leeren, zu öffnen und das Licht Gottes zu empfangen. Allein vor einem Spiegel zu sitzen und das eigene Spiegelbild sanft anzulächeln, ist eine Art, um das Licht Gottes zu erkennen und zu empfangen. Sich während der Meditation und des Gottesdienstes in einen Gebetsmantel zu hüllen, ist eine weitere Art, Gott zu spüren und zu empfangen. Ein Gebetbuch oder die Bibel an einer beliebigen Stelle aufzuschlagen und über den Satz, der als erster ins Auge fällt, zu meditieren, macht ebenfalls für Gott empfänglich.

Alle Werkzeuge, derer Sie sich bedienen, um Ihren Geist so weit zu führen, daß er für Gottes Licht offen ist, sind geeignet. Kommen Sie in Ihrer Gedankenwelt vor, so wurden sie von Gott dort für Sie plaziert. Sorgen Sie mit Vertrauen, Heiligkeit und Würde dafür, daß diese Werkzeuge für Sie funktionieren. Spirituelle Hilfsmittel tragen dazu bei, daß Sie ein erfüllteres, freudigeres und gesünderes Leben führen. Sie dienen in allen Aspekten des Lebens als »Überspielkabel« aus der Fülle. Wo immer Ihre Intention zu dem Zeitpunkt ist, da Sie sich eines Mantras bedienen, an dieser Stelle werden Sie am meisten vom Empfangen Gottes profitieren. Der bewußte Einsatz von spirituellen Werkzeugen hilft, Wut zu reduzieren, übermäßiges Essen zu vermindern, nur die

Wahrheit zu sagen und im Angesicht der Herausforderungen und Hilfestellungen des Lebens den Gleichmut zu bewahren.

Nehmen Sie sich jeden Tag Zeit für Stille und Gebet. Wenn Sie heute die Meditation über die Bewußtseinserweiterung durchführen, folgen Sie Ihren Intentionen und fragen Sie sich: Lebe ich oder werde ich gelebt? Und hat meine Seele in dem Leben, das ich führe, Anlaß zu tanzen? Hat mein Herz Anlaß zu singen?

Üben Sie sich heute mindestens einmal in der Meditation zur Erweckung des Bewußtseins (Seite 208).

Üben Sie persönliche Freiheit, und vergegenwärtigen Sie sich die Unendlichkeit der Möglichkeiten

Ich ließ sie ein menschliches Joch ziehen
und in Seilen der Liebe gehen
und half ihnen
das Joch auf ihrem Nacken tragen
und gab ihnen Nahrung …

Hosea 11,4

Der große Weg durchdringt alles …
Er kleidet und nährt die zehntausend Dinge,
Doch kommandiert sie nicht.
Stets ohne Wunsch, sein Name ist klein.
Die zehntausend Dinge kehren zu ihm zurück,
Doch beherrscht er sie nicht.
Sein Name ist groß.

Lao Tse

Gibt es überhaupt so etwas wie Freiheit? Gibt es persönliche Freiheit? Oder löst diese Vorstellung Angst in Ihnen aus und zwingt Sie zu mehr Eigenverantwortlichkeit? Werden Sie sich darüber klar, daß Freiheit mit Eigenverantwortlichkeit einhergeht. Erinnern Sie sich daran, daß die Freiheit Sie dazu auffordert, das Leben in der ganzen Fülle seiner Möglichkeiten wahrzunehmen und zu akzeptieren. Die Freiheit gibt Ihnen ein Zeichen, die Barrieren oder *klippot* abzubauen, welche die Gefühle und Sinneswahrnehmungen gefangenhalten, mittels derer Sie Ihre Freiheit ausdrücken. Nun, da Ihr Weg durch das Tor des Erfolgs fast abgeschlossen ist, ist für Sie der Augenblick gekommen, sich selbst zu befreien. Stellen Sie sich einen Moment lang vor, daß es keine Beschränkungen für Sie gibt. Auf welche Weise würde sich Ihr Leben verändern? Würden Sie mehr Freude erfahren?

Wären Sie zufriedener? Oder würden Sie neue Gründe dafür finden, warum Sie nicht frei sind? Machen Sie sich bewußt, welche Entscheidungen Sie im Leben treffen und welche Entschuldigungen Ihnen für Ihre Unfreiheit einfallen. Freiheit liegt in Ihrer Verantwortung und unterliegt Ihrer Wahl.

Freiheit kommt von innen. Sie wird in Ihrer Seele genährt. Sie manifestiert sich in der Art, wie Sie das Leben sehen und in den Hindernissen, die Sie aus dem Weg räumen oder sich selbst in den Weg legen. Freiheit umfaßt die Gesamtheit des Lebens, die Anstrengungen und Herausforderungen des Alltags. Lassen Sie sich nicht zu der Vorstellung verführen, die Freiheit liege darin, einen Satz Regeln gegen einen anderen einzutauschen oder eine Religion gegen eine andere oder eine Familie oder Partnerschaft gegen eine andere. Freiheit ist weniger eine Folge äußerer Umstände als vielmehr des Zustands Ihres Inneren, Ihres Geistes. Es ist möglich, allen Luxus und Reichtum der Welt zu besitzen und sich dennoch gefangen zu fühlen; ein anderer sitzt vielleicht eine lebenslängliche Haft ab und fühlt sich dennoch frei.

Rabbi Nachman von Brazlaw schickte vier seiner Studenten in einen Obstgarten und ließ sie dort nach der Essenz des Schöpfungsmysteriums suchen. Um ihnen die Tiefe des Mysteriums zu vermitteln, wies Rabbi Nachman sie an, die Frucht des ersten Baums, den sie sehen würden, mitzubringen. In ihrem Bestreben, die Lektion zu verstehen, liefen sie zum ersten Baum, den sie sahen, bereit, seine Früchte zu pflücken. Als sie näher an den Baum herantraten, sahen sie Früchte, die wie kostbare Edelsteine aussahen und von innen heraus mit einem funkelnden Glanz erfüllt waren, der sie faszinierte. Sie fragten sich, ob dies wohl der richtige Baum war und ob sie wirklich derart glänzende Früchte pflücken sollten. Der erste Schüler warnte ängstlich: »Das kann nicht der richtige Baum sein, denn er ist zu bezaubernd, und wenn wir seine Früchte nehmen, werden wir vielleicht ebenfalls verzaubert.« Dieser Schüler fürchtete sich sogar davor, die Früchte zu berühren, aus Angst vor der Gefahr, die von ihnen ausgehen könnte. Der zweite Schüler stimmte zu und gab bereitwillig seine Meinung zum besten: »Vielleicht sind wir über den falschen Baum gestolpert, und wenn wir diese Früchte pflücken, sündigen wir.« Der dritte Schüler war zuversichtlicher und stimmte mit den anderen beiden nicht überein. Er bestand darauf, daß es sich hierbei um den Baum handeln mußte, dessen Früchte sie mitbringen sollten, denn es war der erste Baum, den sie gesehen hatten. Der vierte Schüler war verwundert über die Schönheit des Baums. Er ging um seinen Stamm herum, untersuchte sorgfältig seine Äste und berührte behutsam seine Früchte. Obgleich er den Baum sehen, berühren und riechen konnte, fiel es ihm schwer, sich vorzustellen, daß er wirklich war. Der vierte Schüler stimmte mit den ersten beiden überein und meinte, es sei besser, die Früchte nicht zu nehmen. Er vermochte sich nicht vorzustellen, daß ein so wunderbarer Baum wirklich sein konnte. Er fürchtete sich davor, den Baum und seine Früchte als die Wirklichkeit zu akzeptieren, derer er sich bedienen durfte. Als die Schüler den Obstgarten verließen und zu Rabbi Nachman zurückkehrten, war er bekümmert, weil er sah, daß die Schüler kamen, ohne die Frucht genommen zu haben. Obgleich er die Antwort bereits kannte, fragte er sie, um sie zu lehren: »Hat einer von euch die Frucht des Lebensbaumes mitgebracht?«

Wie oft sind Sie beim Gang durch den Garten Ihres Lebens über eine überraschende Offenbarung oder herzerwärmende Situation gestolpert, die sich herrlich und doch merkwürdig anfühlte? Weil es nicht altbekannt ist, erscheint es verboten oder nicht wirklich genug oder als Verrat an alten Vorstellungen oder alten Seinsweisen. Vielleicht würden Sie gern davon kosten, werden jedoch von den Menschen Ihrer Umgebung beeinflußt und verändern sich lieber nicht. Machen Sie sich die vielen Male bewußt, da Sie am Rande einer Veränderung dessen standen, wie Ihr Leben ist, hin zu dem, was es sein könnte. Die Freiheit liegt in den Möglichkeiten dessen, was erst noch sein wird. Frei zu sein heißt, im Inneren so frei zu sein, daß man Veränderung bereitwillig riskiert, und so mitfühlend zu sein, daß man sich dabei seine Achtsamkeit bewahrt.

Bei jeder Veränderung und jedem Wandel begeben Sie sich von einem Schwerpunkt zum nächsten. Wenn Sie es zulassen, daß Sie selbst und andere Ihre Position von einem Schwerpunkt auf den anderen verlagern, ohne dabei aus dem heiligen Kreis des Lebens zu fallen, dann kann dies für Sie bedingungslose Freiheit bedeuten. Wenn Sie sich selbst und anderen Bedingungen auferlegen, fehlt Ihnen das Vertrauen in Ihre oder der anderen Fähigkeiten, dem Guten von einem neuen Aussichtspunkt aus zu dienen. Diese Beschränkungen sind es, die jenes Verhaftet- und Gebundensein verursachen, das wiederum zu Schmerz und Leid führt. Sich frei von einem Schwerpunkt des Lebens zum anderen zu bewegen, gehört zu Wachstum und Veränderung.

Freiheit heißt, seinen Frieden mit der Tatsache zu machen, daß Veränderung ein fester Bestandteil des Lebens ist. Versklavung widerspricht der menschlichen Natur und der gesamten göttlichen Schöpfung. Die Pessach Haggada lehrt, daß Sie ein fester Bestandteil einer neuen Generation der Menschheit sind und daß Sie ermächtigt werden, sich als persönlich befreit von der Enge des alten Ägypten und den Beschränkungen durch die Sklaverei zu betrachten. Der Gang durch das Rote Meer ist vergleichbar mit einem Geburtsritual. Durch Erinnerung und Gedenken erhalten Sie auch weiterhin Zugang zu einem Gott, der frei ist und Sie dazu ermutigt, ebenfalls frei zu sein.

Da Sie die Meditation über die Bewußtseinserweiterung geübt haben, ist Ihnen nun bewußt, wie wichtig es ist, sich eine klare Intention zu bewahren und auf das, was vor Ihnen liegt, konzentriert zu bleiben. Mit der Macht dieser Einsichten und Praktiken gehen Sie vertrauensvoll voran und machen sich die unendlichen Möglichkeiten der Herrlichkeit zu eigen, die Sie erwarten, wenn Sie das Tor der Herrlichkeit durchschreiten.

Üben Sie sich heute mindestens einmal in der Meditation zur Erweckung des Bewußtseins (Seite 208).

Herrlichkeit

Heilig, heilig, heilig ist der Herr Zebaoth,
alle Lande sind seiner Ehre voll!

Jesaja 6,3

Bring her meine Söhne von ferne
und meine Töchter vom Ende der Erde,
alle, die mit meinem Namen genannt sind,
die ich zu meiner Ehre
geschaffen und zubereitet und gemacht habe.

Jesaja 43,6–7

Treten Sie ein durch das Tor der Herrlichkeit, und erfüllen Sie Ihr Leben mit spirituellem Reichtum, freudiger Bedeutung und grundlegend positivem Sinn. In der Herrlichkeit werden Sie eine Lebensweise finden, die viele Gelegenheiten bereithält, um ästhetische und ehrfurchtgebietende Wunder zu erfahren. Hier wird die Herrlichkeit Gottes Ihr Umfeld, Ihren Geist und Ihren Alltag umfangen.

Indem Sie auf dem Weg der Herrlichkeit wandern, gelingt es Ihnen, loszulassen, beiseite zu treten und dem Geist Gottes in Ihnen auf kreative und produktive Weise zum Durchbruch zu verhelfen. Durch die in diesem Kapitel vermittelten Einsichten lernen Sie, daß Sie mit Gott als Ihrem Partner alles mit größerer Leichtigkeit, Würde, Schönheit und Geistigkeit erreichen. Sie erfahren, wie Sie zu den einzelnen Aspekte Ihrer Seele einen leichteren Zugang finden, um sich selbst besser zu definieren und sich Ihre Talente zunutze zu machen. Sie erkennen die Bedeutung Ihres Ichs und wie es sich zu Ihrer Seele in Beziehung setzt, um Ihr spirituelles Leben voranzubringen. Sie erarbeiten sich die Fähigkeit, Ihren Geist zu nähren, sich ein gesundes, nichtverhaftetes Ich zu erhalten und ihr Leben herrlich und sinnvoll zu gestalten. Sie laden Freude in Ihre Welt und in all Ihr Tun ein und bringen Fülle in Ihr Leben. Mit Energie und Enthusiasmus leben Sie in Ihrer inneren Welt und in Ihrer äußeren Umgebung gleichermaßen bewußt. Sie lassen das innere Plappern Ihres Verstandes verstummen und sprechen positive und bedeutungsvolle Worte, um Ihre Gedanken zu erhöhen und Ihre Mitmenschen zu erbauen. Sie lernen, daß reines Handeln den Himmel zum Jubeln einlädt und daß ernstgemeintes Preisen den Geist der Welt hebt. Indem Sie Ihr Leben entwerfen, »polieren« und verfeinern, vergrößern Sie Ihre Fähigkeit, auf die Welt Einfluß zu nehmen.

Bevor Sie sich nun der ersten Einsicht zuwenden, nehmen Sie sich ein wenig Ruhe und üben Sie sich in der Meditation über das Bewußtbleiben. Um von dieser Meditation zu profitieren, sollten Sie die Anweisungen langsam lesen. Machen Sie nach jedem Satz eine Pause, und spüren Sie dem nach, was Sie gelesen haben. Dann überlassen Sie sich einen Moment lang dem daraus entstehenden Gefühl von Frieden. Wiederholen Sie die Meditation über das Bewußtbleiben nach der Lektüre jeder neuen Einsicht oder am Ende eines jeden Tages.

Meditation über das Bewußtbleiben

Halten Sie einen Augenblick lang inne, und richten Sie Ihre Aufmerksamkeit auf Ihren Atem. Atmen Sie langsam ein und aus. Gestatten Sie dem Atem gleichmäßig hinein und hinaus und frei durch Ihren Körper zu fließen. Spüren Sie, wie sich Ihr Körper entspannt und wie Ihr Geist sich leert. Genießen Sie die friedliche, ruhige Stille einen Moment lang. Indem Sie sich auf das Bewußtsein dieses Augenblicks einlassen, werden Sie sich Ihrer bisherigen Aktivitäten an diesem Tag bewußt und blicken darauf zurück, wie es sich angefühlt hat, Sie selbst zu sein und das zu tun, was Sie getan haben, das zu sagen, was Sie gesagt haben, das zu denken, was Sie gedacht haben. Gestehen Sie diese Gedanken, Worte und Taten vor sich ein, die partnerschaftlich mit Ihrer Göttlichkeit in jenen Augenblicken entstanden, in denen Sie möglicherweise Ihr Bewußtsein von dieser Partnerschaft verloren haben. Nehmen Sie Ihre Fantasie zu Hilfe, um all das zu verändern, was Sie heute in Ihren Gedanken, Worten und Taten gern anders gemacht hätten. Wenn Sie den Rückblick auf Ihren Tag abgeschlossen haben und damit zufrieden sind, zollen Sie sich selbst Anerkennung für all das, was Sie getan haben und weiterhin tun werden, für alles, was Sie sind und auch weiterhin sein werden. Preisen Sie Gott, weil er Sie mit einer vollkommenen Seele ausgestattet hat, und führen Sie Ihr Bewußtsein wieder zurück ins Hier und Jetzt. Mit fortgesetzter Übung und täglichem Nachdenken können Sie Ihre Handlungen und Reaktionen in der Auseinandersetzung mit Ihrem Leben und dessen Entwurf tiefgehend beeinflussen.

Lassen Sie los und treten Sie beiseite

Der Engel sprach: Du sollst nicht mehr Jakob (Ferse) *heißen, sondern Israel* (Gott-Ringer)*; denn du hast mit Gott und mit Menschen gekämpft und hast gewonnen.*

1. Mose 32,29

Daher stellt sich der Weise in den Hintergrund
und findet sich doch im Vordergrund;
schlägt sich die Sorge um sich selbst aus dem Kopf
und stellt doch fest, daß die Sorge um ihn erhalten bleibt.
Kann er nicht deshalb,
weil er sich für sich selbst nicht interessiert,
seine Interessen verwirklichen?

Lao Tse

Sich selbst aus dem Weg zu gehen, wirkt befreiend und führt zu einem freudigeren Leben. Wer befindet sich überhaupt auf dem Kutschbock? Daran zu glauben, daß *Sie* es sind, ist eine Illusion; Gott war schon immer die Kraft, die Sie auf Ihrem Weg der Herrlichkeit zuführte. Vielleicht fällt es Ihnen schwer loszulassen, doch Ihr Widerwille führt Sie auf Umwegen ins Nirgendwo. Vertrauen Sie sich jedoch der Führung der unendlichen Quelle an, wird Ihr Weg eben, die Reise ist gesegnet und wird angenehm und mühelos.

Wenn ich darüber nachdenke, loszulassen und beiseite zu treten, fällt mir die Bibelgeschichte von Jakob und Esau ein. Jakob hatte Esau betrogen und war aus Angst vor dessen Vergeltung geflohen. Während der Jahre ihrer Entfremdung heirateten beide, zeugten zahlreiche Kinder, versammelten große Dienerschaften um sich und mehrten ihren Reichtum. Viele Jahre später entschied Jakob, mit seinen Frauen Lea und Rahel mit der Familie an den Ort seiner Geburt zurückzukehren. Um nach Hause zu gelangen, mußte Jakob aber das Land seines Bruders Esau durchqueren. In der Nacht vor der Durchquerung machte Jakob sich Sorgen, weil er nicht wußte, wie Esau ihn und seine Familie empfangen würde. Er war sich nicht sicher, ob Esau sich ihm entgegenstellen oder friedlich sein würde.

Jakob wußte, daß sein Schicksal in Gottes Hand lag, und ihm war klar, daß er seine Angst loslassen mußte, indem er beiseite trat und Gott die Führung übernehmen ließ. Er tat dies, indem er die Nacht allein unter den Sternen am Ufer des Flusses verbrachte. Durch sein Alleinsein gelang es ihm, nach innen zu gehen, seine Erwartungen aufzugeben und seine Furcht zu überwinden. Durch stille Meditation und Innenschau öffnete er sein Herz und goß seine Seele vor Gott aus. Als Jakob sich Gottes Willen ergab, erschien ihm ein Engel in der Gestalt eines Menschen. Er und der Engel rangen miteinander, bis Jakob vollständig losließ und seine Kraft, seine Angst und seinen Willen aufgab. In dem Augenblick, als Jakob beiseite trat, umarmte ihn der Engel und bat um seinen Segen. Ich habe mich oft gefragt, warum der Engel unbedingt von Jakob gesegnet werden wollte. Warum brauchte der Engel den Segen, wo es doch Jakob war, der litt? Schließlich erkannte ich, daß der Engel in Wahrheit Jakobs höheres Selbst war. Und daß Jakob die ganze Nacht am Ufer des Flusses versucht hatte, aus seinem begrenzten Selbst herauszutreten und seine Göttlichkeit zum Vorschein zu bringen.

Zunächst erkannte Jakob den Engel nicht als sich selbst, also kämpfte er mit ihm. Erst als Jakob vermochte, aus seinem Ich herauszutreten, konnte er seine Göttlichkeit sehen und segnen. Nachdem Jakob den Engel, sein höheres Selbst, gesegnet hatte, gelang es ihm, seine Besorgnis in Ruhe zu verwandeln, seine Ängste in Liebe und sich selbst in einen höher entwickelten Geist, in einen Engel Gottes. Sein Name war nicht mehr länger Jakob, was »Ferse« bedeutet. Er hieß jetzt Israel, »Gott-Ringer«, denn er hatte mit Gott gerungen und sich als fähig erwiesen, beiseite zu treten und seinem höheren Geist den Vortritt zu lassen. Nachdem er seinen höheren Geist hatte hervortreten lassen, konnte Jakob Esau mit Liebe begegnen statt mit Angst. Als die Brüder sich darauf wiedersahen, umarmten sie einander und gingen in Frieden miteinander.

Künstler, Musiker und Schriftsteller, sie alle müssen früher oder später einen Fluß inneren Aufruhrs überqueren. Bei dieser Überquerung ringen sie mit ihren eigenen Hemmungen und Ängsten, bis sie loslassen und beiseite treten können. Durch ihre neue Sichtweise sind sie fähig, auch sich selbst in einem neuen, frischen Licht zu sehen. Aus dieser ichlosen Perspektive ist es ihnen möglich, eine leere Leinwand, ein leeres Notenblatt oder ein weißes Blatt Papier zu betrachten und darauf subtile engelhafte Eindrücke zu erkennen. In der Leere wird ihnen Gottes Fingerabdruck, das Lied des Geistes, die verborgene Geschichte offenbart. Der kreative Mensch tritt beiseite und läßt Gott ein, der dann entrückte Schöpfungen, himmlische Musik und geistreiche Geschichten manifestiert. Selbst ein ganz gewöhnlicher Mensch kann Außerordentliches leisten, wenn er beiseite tritt und Gott eintreten läßt.

Loslassen und beiseite treten ist eine Übung, der ich mich kontinuierlich unterziehe. Indem ich beiseite trete, gebe ich mein Kontrollbedürfnis auf. Ich bin reaktionsfähiger, wenn ich auf Kontrolle verzichte. Ich übe das Loslassen und Beiseitetreten egal, ob ich gerade ein Beratungsgespräch führe, lehre oder einen Gottesdienst leite. Ich beginne mit einer Meditation, trete aus mir selbst heraus und bitte Gott, mir die Weisheit zu schenken, damit ich das richtige sage und tue. Ich tue dies, egal ob ich male oder schreibe, ich meditiere zuerst vor der leeren Leinwand, trete dann aus mir heraus und bitte Gott um kreative Inspiration. Beim Schreiben dieses Buches habe ich mehr Zeit damit verbracht, mich selbst aus dem Weg zu schaffen, als mit dem Schreiben. Ich möchte, daß jedes Wort rein, wahr und gotterfüllt ist. Ich wußte, daß Gott in meinem Leben Wunder bewirkt hat, und ich wollte diese Reise teilen, damit auch Sie die Wunder Gottes und die Wunder des Lebens erfahren können. Ich setzte den Stift nicht aufs Papier, berührte die Tastatur des

Computers nicht, bis ich losgelassen hatte, beiseite getreten war und den Geist Gottes in mich eingehen fühlte. Wenn ich beiseite trete, ob bei Beratungsgesprächen, beim Pläneschmieden, Schreiben, Malen, Beten oder sogar in Gesellschaft, fühle ich mich besser vorbereitet, mehr als ganzer Mensch, produktiver, kreativer und *ehrlicher*.

Beiseite zu treten, auf Kontrolle zu verzichten, die Begrenzungen der durch die Uhr vorgegebenen Zeit und die Schranken des Raums zu überwinden und sich jenseits von Zielen und Erwartungen zu stellen, das ist die heilige Reise des spirituell Eingeweihten. Es ist eine Reise, die Ihre Kreativität zugänglich macht und Ihre Talente zum Vorschein bringt. Sie eröffnet neue Horizonte, schafft eine größere Akzeptanz sich selbst und anderen Menschen gegenüber und ein tieferes Vertrauen in die unendliche Quelle. Indem Sie beiseite treten, gestatten Sie es der göttlichen Kreativität, durch Sie Schönheit, Pracht und Herrlichkeit zu schaffen.

Üben Sie sich schon heute darin, auf Kontrolle zu verzichten. Es ist möglich, die Verantwortung zu übernehmen, ohne zugleich die Kontrolle zu haben. Bringen Sie das Geplapper in Ihrem Verstand zum Schweigen, und sagen Sie nur das, was wichtig ist. Wenn Sie Entscheidungen treffen müssen, gehen Sie sich selbst aus dem Weg, werden Sie zum Zeugen Ihrer Göttlichkeit, und machen Sie sich bewußt, wie Sie wichtige Angelegenheiten gerade deshalb in den Griff bekommen. Die Macht, auf die Sie verzichten, ist nur eine Illusion. Nicht Ihr Ich besitzt die wirkliche Macht, sondern Ihre Göttlichkeit. Diese Macht ist ewig. Wenn Sie heute die Meditation über das Bewußtbleiben durchführen, achten Sie darauf, was geschieht, wenn Sie sich selbst aus dem Weg gehen und den Tag von einer höheren Perspektive aus begutachten.

Üben Sie sich heute mindestens einmal in der Meditation über das Bewußtbleiben (Seite 237).

Nehmen Sie Gott als Ihrem Partner an

Siehe,
der Hüter Israels schläft und schlummert nicht.
Psalm 121,4

Gott hat die Welt erschaffen,
um sie dem Menschen zur Seite zu stellen.
Rabbi Samuel Ben Ammi

Es gibt Zeiten, da spürt man Gott so nah, und andere, da meint man, er sei weit entfernt. Am schwierigsten ist es, wenn man Gott überhaupt nicht wahrnehmen kann. Bei solcher Gelegenheit neigen wir dazu, Leistungen und Erfahrungen im Zeitmaß des Rechts zuzuordnen und für uns in Anspruch zu nehmen. Einige Aspekte unseres Lebens erscheinen uns gut und andere schlecht; manche lassen uns gleichgültig, andere erscheinen uns als nicht mehr zu retten. In diesem Zustand des Festklammerns an Erwartungen und Idealvorstellungen tun wir alles, was in unserer Macht steht, um Schmerz, Leiden und Negativität jeglicher Form abzuwehren. Ironischerweise erzeugt unser Verhaftetsein mit idealen Gedanken, vollkommenen Partnerschaften und positiven Erfahrungen nur noch mehr Leid. Wenn wir loslassen, uns leeren und Erwartungen aufgeben, können wir zum Nichts zurückkehren. Nichts ist sowohl die ausgedehnte, grenzenlose Leere als auch der Name Gottes. Indem wir zum Nichts zurückkehren, nehmen wir Gott als unseren Partner an.

Was bedeutet es, Gott als Partner anzunehmen? Eine solche Verantwortung kommt uns auf den ersten Blick überwältigend und ehrfurchtgebietend vor; doch in Wirklichkeit ist die Partnerschaft mit Gott mühelos und befreiend. Indem Sie das alte Paradigma von einem Gott, der als hierarchischer Richter auf einem Thron sitzt, aufgeben, dringen Sie zu einer zeitgemäßeren, hilfreicheren unendlichen Quelle vor. In Ihnen verborgen ist ein bedingungslos liebender, akzeptierender, freudiger und verspielter Gott. Mit Gott als Ihrem Partner entwerfen Sie für sich ein würdevolles Leben, schmücken Ihre Umgebung mit Schönheit und verkörpern mit Ihrem Handeln das Gute.

Da Ihr Leben und Ihr Geist jedoch von Stimulation überschwemmt sind, könnte es Ihnen schwerfallen, einen Zugang zu dem Gott in Ihnen zu finden oder Gott auch nur in den Sie umgebenden Dingen zu würdigen. Erstens muß es Ihr Wunsch sein, Gott zu kennen. Zweitens müssen Sie sich die Genehmigung erteilen, einen Gott zu kennen, der sich möglicherweise von jenem, wie ihn Ihre Eltern beschrieben haben, unterscheidet. Drittens müssen Sie sich von Ihren Erwartungen verabschieden und sich öffnen, um Gott in den Mysterien des Lebens zu empfangen. Lassen Sie es beispielsweise zu, daß Ihnen Gott in einem Grashalm begegnet, Sie ihn in einem Sonnenuntergang sehen, im Lachen eines Kindes hören. Führen Sie sich vor Augen, daß Gott hinter den vielen Ereignissen in Ihrem Leben steht. Ein Anteil Gottes verbirgt sich im Schmutz einer Serviette, im Schmerz einer Narbe, im Rost eines Rohrs. Gott zeigt Ihnen Gottes Selbst auf jede Weise, für die zu sehen Sie sich entscheiden. Am leichtesten ist es, Gott zu sehen, wenn Sie durch Augen blicken, die Schönheit nicht beurteilen, mit Ohren hören, die den Klang nicht kritisieren, mit Händen berühren, die nicht vor rauhen Oberflächen zurückschrecken. Mit der Kraft, die der Verzicht auf Beurteilungen mit sich bringt, und dem Mitgefühl bedingungsloser Liebe können Sie Gott überall aufspüren.

Einmal kam ein Schüler zu Rabbi Levi Jizchak von Bertitschew und hatte den Wunsch, einen Vorgeschmack auf das Paradies zu erhalten, indem er den Sabbat mit ihm verbrachte. Der Rabbi ging für das Sabbatmahl zum Haus des Wasserträgers, und der Schüler folgte ihm ein wenig verdutzt. Es überraschte ihn, daß ein so heiliger Rabbi den Sabbat bei einem derartigen Einfaltspinsel wie dem

Wasserträger verbringen wollte. Als sie beim Haus des Wasserträgers ankamen, drängte sich die ganze Familie, die Eltern, ihre neun Kinder und die Gäste in den winzigen Raum. Der Schüler stellte fest, daß das Haus entsetzlich stank. Sie sprachen den Segen über dem Wein und dem *challa,* und die Hausfrau setzte ihnen stolz die Speisen vor. Da sie wußte, daß Rabbi Levi Jizchak zu Besuch kommen würde, hatte sie die Reste von Pessach aufbewahrt und bis zu diesem Zeitpunkt, vier Monate später, beiseite gestellt. Der Schüler war wieder entsetzt, daß er Nahrungsmittel essen mußte, die ganz offensichtlich verdorben waren, da es ja keinen Kühlschrank in diesem Heim gab. Die Frau hatte kaum das Gefäß geöffnet, da drohte der Schüler wegen des Gestanks schon die Besinnung zu verlieren. Als sie dem Rabbi auftat, kostete er von den Speisen und sah den Himmel auf Erden und rief aus, wie sehr ihn der Geschmack an das Paradies erinnerte. Jeder einzelne am Tisch aß so, als handle es sich um frische Speisen, die direkt vom Tisch einer Königin kamen. Doch der Schüler lief hinaus und gab alles wieder von sich. Er war vornübergebeugt vor Übelkeit, als der Rabbi zu ihm trat, um ihn zu trösten. Der Rabbi sagte: »Du bist noch nicht bereit, einen Vorgeschmack auf das Paradies zu bekommen.« Um einen Vorgeschmack auf das Paradies zu erhalten und um Gott als Partner anzunehmen, muß man Werturteile überwinden und leer und empfänglich aus dem vollen leben. Das heißt, man muß fähig sein, begeistert und fantasievoll zu leben und der Menschheit ich- und selbstlos zu dienen.

Gott zum Partner zu haben bedeutet für Sie, eine Vision der Heiligkeit zu leben und darauf zu vertrauen, daß Ihre Vision keine Illusion ist, sondern vielmehr die Vision Gottes, die er durch Sie lebt. Damit haben Sie teil am von Gott geweihten, ewig gültigen Wissen. Sie geben den Stolz auf, der damit verbunden ist, daß Sie etwas selbst machen, und bemerken, wie Gott Ihnen hilft. Was Sie in diesem Leben tun, hängt von Ihrer Intention ab, und Ihre Intention ist fest damit verbunden, wie nah oder wie fern Sie sich Gott fühlen. Sie wurden aufgeweckt mit dem Ziel, Gott als Quelle Ihrer

Gedanken und als Endziel Ihrer Handlungen zu erkennen. Ein Leben, das die volle Bandbreite der Gefühle und die unendlichen Möglichkeiten von Erfahrungen akzeptiert, ist ewig. Indem Sie sich Gott zum Partner wählen, leben Sie voller, freier und freudiger. Aus Ihrer Perspektive erscheinen Ihnen Ihre Möglichkeiten begrenzt. Mit Gott als Ihrem Partner jedoch können Sie zu ganz anderen Horizonten vorstoßen.

Üben Sie sich heute mindestens einmal in der Meditation über das Bewußtbleiben (Seite 237).

Eröffnen Sie sich die Herrlichkeit Ihrer Seele

Eine Leuchte des Herrn ist des Menschen Geist …

Sprüche 20,27

Wisse um das Männliche,
Sei das Weibliche!
Fließe wie der Strom des Universums!

Lao Tse

Der Baal-schem-tow erzählte einmal eine Geschichte von einer wertvollen Vase, die umgekehrt in einem Glasbehälter auf einem hohen Regal in der Eingangshalle eines großen Gutshauses stand. Alle, die die Vase sahen, waren von ihr fasziniert, jedoch vermochten sie sie weder zu erreichen noch zu berühren. Eines Tages wartete eine Gruppe Menschen in der Eingangshalle. Eine Frau unter ihnen entschloß sich dazu, hinaufzuklettern und den Glasbehälter, in dem sich die Vase befand, herunterzuholen. Schlau wie sie war, stellte sie mehrere Stühle übereinander und kletterte vorsichtig hinauf. Sorgsam ergriff sie den Glasbehälter und brachte die Vase darin hinunter zu einem Tisch, wo die Leute den Gegenstand näher untersuchen konnten. Behutsam entfernten sie den Deckel des Glasbehälters, und mit Sorgfalt und Neugier berührte ein jeder von ihnen die Vase. Jeder drehte die Vase ein klein wenig, so daß sie schließlich mit der Öffnung nach oben dastand. Und als die Menschen in sie hineinblickten, sahen sie eine klare Leere in ihrem Inneren. Im spiegelnden Glanz der glatten Vasenoberfläche begegnete ihnen ein deutlich erkennbar anderer Anblick ihrer selbst.

Ihre Seele, die am höchsten Ort Ihres Selbst ruht, ist wie diese wertvolle Vase. Sie gibt Ihnen ein Zeichen, sie zu bergen, sie in die Arme zu nehmen, sie zu berühren und in ihrem Inneren ein neues Bild von sich selbst zu sehen. Die Wirklichkeit des Menschen, der Sie sind, und der Seele, die in Ihnen ist, ist so viel mehr, als Sie aus der Entfernung wahrnehmen können. Indem Sie sich Zugang zum Glanz Ihrer Seele verschaffen, definieren Sie Ihre Möglichkeiten vollkommen neu.

Sie sind sowohl ein einzigartiges Individuum als auch ein integraler Bestandteil der Welt im allgemeinen. Sie sind das heilige Behältnis, welches den Geist zum Ausdruck bringt und die besonderen und universellen Aspekte Ihrer Seele gleichermaßen reflektiert. In Ihrer Seele sind alle Seelen, und in jeder Seele ist ein Universum Gottes. Wenn Sie Ihre Seele pflegen und aus sich heraus in die Welt treten, werden Sie in den liebevollen, mitfühlenden Armen der Seele des Universums gehalten.

Gott sieht, hört und spürt Sie durch die Aspekte der Seele, die in Ihrem Körper lebt. Diese Aspekte werden als *neshama k'lalit* und *neshama p'ratit*, als allgemeine Seele und als besondere Seele, bezeichnet. Ihre allgemeine Seele ist Bestandteil der universellen Seele Gottes; die besondere Seele gehört zu jenem privaten, intimen Reich, das für Ihre spirituelle Essenz einzigartig ist. Wenn Sie sich im Modus der allgemeinen Seele befinden, wirken Sie eher sozial bestimmt und unterhaltsam. Von bestimmten Personen heißt es, daß sie ihre *neshama k'lalit*, ihre allgemeine Seele, gut entwickelt haben: Sie sind charismatisch und dienen dem Guten durch ihr Vergnügen daran, große Gruppen von Menschen zu unterhalten. Wenn Sie ruhig und zurückgezogen sind, befinden Sie sich im Modus der besonderen Seele. Menschen, die einsiedlerische Vermittler und alleinreisende spirituelle Eingeweihte sind, operieren von der Basis der *neshama p'ratit*, der besonderen oder persönlichen Seele, aus. Das Übermaß eines der beiden Aspekte erzeugt einen Mangel beim jeweils anderen. Es steht Ihnen frei, Gipfelwanderer zu sein und den Frieden und die Zurückgezogenheit der hochgelegenen Plätze zu empfangen, doch es ist trotzdem erforderlich, hinunter ins Tal zurückzukehren und mit Gott durch die Gemeinschaft zu kommunizieren.

Sie sind ein wunderbares Wesen, kompliziert entworfen und meisterhaft ausgeschmückt. Sie sind gleichermaßen die allgemeine und die besondere Seele. Wenn Sie sich daran festhalten, daß Sie das grenzenlose, ganze Universum sind, verlieren Sie sich vielleicht und gehen zugrunde. Definieren Sie jedoch in diesem Universum des Seins fortwährend die Bereiche, in denen Sie sich am wohlsten fühlen, werden Sie dort am ehesten Sie selbst sein. Und an diesem Ort, an dem Sie sich selbst definieren, wird das Universum mit Ihnen sein. Ihr definierter Bereich ist der Ruhepunkt im Inneren Ihrer Seele, der sich unablässig zurückzieht, erweitert, auflöst und verändert.

Um eine spirituell aktive Identität zu erschaffen und zu definieren, ist es erforderlich, die Barrieren des sich festklammernden Geistes und Ichs zu überwinden und sich selbst mit der Liebe, dem Mitgefühl und der Begeisterung zu sehen, mit der auch Gott Sie sieht, sich so zu hören, wie Gott Sie hört, sich körperlich so anzunehmen, wie Gott Sie annimmt. Sie sind Träger der göttlichen Herrlichkeit, ganz und gar anwesend, leer und offen, um die Wunder des Lebens in Empfang zu nehmen. Greifen Sie auf die Herrlichkeit Ihrer Seele zu, und beobachten Sie, wie Wunder die grenzenlosen Möglichkeiten des Menschen, der Sie sind, enthüllen und Ihnen Gelegenheiten bieten, zu dem Menschen zu werden, der Sie sein können.

Üben Sie sich heute mindestens einmal in der Meditation über das Bewußtbleiben (Seite 237).

Beseelen Sie Ihr Ich

Die Essenz des heiligen Dienstes wohnt dem Geist inne. Wenn die Gedanken eines Menschen mit göttlicher Weisheit und Gesinnung verbunden sind, wird auch die kleinste Handlung zu einer heiligen Handlung.

Baal-schem-tow

Das Verhaftetsein in einer ichbestimmten Persönlichkeit führt die Menschen in die Illusion.

Buddha

Die Herrlichkeit Gottes erfüllt Ihr Leben durch die Interaktion zwischen Ich, Seele und dem Unendlichen. Sie nehmen wie viele Menschen Ihre Seele an und sehnen sich danach, mit dem Unendlichen in Berührung zu kommen, doch wenn es um Ihr Ich geht, spüren Sie das Bedürfnis, es zu unterdrücken. Es gibt Zeiten, da Sie vielleicht meinen, daß Ihr Ich kein gesunder Teil Ihres spirituellen Lebens ist, und Sie versuchen, Ihr eigenes Ich für ungültig zu erklären. Dies aber ist nicht wirklich möglich, denn so sehr Sie auch versuchen, Ihr Ich loszulassen, es wird doch immer da sein und darauf warten, Ihnen dienen zu dürfen. Sie können Ihr Ich nicht aus Ihrer Persönlichkeit entlassen. Ihr Ich muß für Sie arbeiten, und mit dieser Einsicht werden Sie lernen, wie Sie Ihr Ich beseelen können, damit es dazu beiträgt, Ihr spirituelles Leben zu bereichern, statt es herabzusetzen.

Das Ich, die Seele und das Unendliche sind aufs tiefste miteinander verknüpft und einander verantwortlich; doch kann es Augenblicke des Vergessens geben, in denen Sie das Gefühl für die Verbindung zwischen ihnen verlieren. Denken Sie über das Beispiel eines Ladenbesitzers nach, der einen Manager einstellt und ausbildet, um seine Angestellten zu motivieren und zu organisieren. Halten sich die

Angestellten jedoch nicht an die Anweisungen des Managers, regiert das Chaos. Sobald die Angestellten die Weisheit und den Sachverstand des Managers mißachten, die Ziele des Ladenbesitzers ignorieren und nur ihre eigenen kurzfristigen Bedürfnisse in Betracht ziehen, wird der Absatz des Geschäfts rückläufig sein. Dem Manager macht nun seine Arbeit keinen Spaß mehr, und der Ladenbesitzer überdenkt seine Investition.

Stellen Sie sich Ihren Körper als den Laden des Lebens vor. Gute Taten sind sein Produkt. Gott ist der Begründer des Ladens. Ihr Begründer hat mit göttlichen Attributen in Ihren Körper investiert und eine Seele in Sie eingesetzt, damit diese Sie managet und zu guten Taten motiviert und inspiriert. Doch die Seele kann nur Gott dienen. Sie ist nicht auf Ihre emotionalen und physischen Bedürfnisse eingestellt. Damit Ihre Seele Ihnen auf der physischen und emotionalen Ebene Weisheit, Verstehen und Wissen übermitteln kann, muß sie sich das Ich zunutze machen. Das Ich unterstützt die Seele dabei, gute Taten »auszuzahlen«. So wie die Seele Gott dient, so dient das Ich der Seele. Das Ich hilft der Seele, in den physischen und emotionalen Reichen zu überleben. Das Ich ist der Bote mit der herausfordernden Aufgabe, zwischen der Seele und der Außenwelt hin- und herzureisen. Dabei ist es die größte Herausforderung für das Ich, sich nicht sich selbst im Weg zu stehen. Als Bote darf sich das Ich mit seinem Stolz nicht im Netz der Kommunikation verfangen. Das Ich erfüllt für die Seele eine wichtige Aufgabe und ist am gesündesten, wenn es leer bleibt und sich nicht bindet.

Sie haben die Kontrolle über Ihr Ich. Wenn Sie es als heiliges Werkzeug Ihrer Seele einsetzen und sich nicht in selbstsüchtigem Stolz verstricken lassen, erhalten Sie den Gleichmut in Ihrem Leben aufrecht. Diese Vorstellung erinnert mich an die Geschichte von einem Mann, der sich einmal um die Aufnahme in die Gesellschaft der Meditierenden bemühte. Die erste Frage, die ihm der seinen Antrag bearbeitende Interviewer stellte, lautete: »Ihre Intention ist gut, aber haben Sie auch den notwendigen Gleichmut erlangt?« Der Mann zeigte sich verwirrt, also fragte der Interviewer:

»Wenn ein Mensch Ihnen schmeichelt und ein anderer Sie beleidigt, sind dann beide in Ihren Augen gleichwertig?« Der Weise dachte nach und antwortete: »Nein, mein Freund. Der Schmeichler bereitet mir Freude und der Mensch, der mich beleidigt, verursacht mir Schmerz. Doch achte ich sorgfältig darauf, nicht nachtragend zu sein oder Rache zu nehmen.« Der Interviewer von der Gesellschaft der Meditierenden zog daraus den Schluß, daß der Mann noch nicht bereit war und entgegnete: »Gehen Sie in Frieden. Sie haben Gleichmut noch nicht erlangt. Sie haben in Ihrer Seele noch nicht die Ebene erreicht, in der das Ich weder Lob noch Tadel, Freude oder Schmerz verhaftet ist. Deshalb können Sie noch nicht in die Gesellschaft der Meditierenden aufgenommen werden. Gehen Sie und üben Sie sich in der Kunst des Nichtverhaftetseins, bis Sie Gleichmut erlangt haben. Erst dann werden Sie dazu bereit sein, sich auf den tiefsten Ebenen mit der Quelle zu verbinden.«

Wenn Sie weiter darüber meditieren, bewußt zu bleiben, bedenken Sie die vielen Möglichkeiten, um Gleichmut in allen Teilen Ihres Menschseins und in den vielen Facetten Ihres Lebens aufrechtzuerhalten und für sich zugänglich zu machen. Achten Sie darauf, wenn Sie Angst und Wut fühlen, und erkennen Sie, daß durch diese Gefühle das Verhaftetsein des Ichs zum Ausdruck kommt und daß Sie Weisheit und Verstehen von der Seele fernhalten. In dem persönlichen inneren Heiligtum Ihres Körpers verfügen Sie über all die Teile, die erforderlich sind, um mit Gott in Berührung zu kommen, Ihre Seele zu nähren, sich ein gesundes, nichtverhaftetes Ich zu bewahren und ein herrliches Leben zu führen.

Üben Sie sich heute mindestens einmal in der Meditation über das Bewußtbleiben (Seite 237).

Tragen Sie Freude in die Welt

So sah ich denn, daß nichts Besseres ist,
als daß ein Mensch fröhlich sei in seiner Arbeit.

Prediger 3,22

Stehe ihm gegenüber, und du siehst nicht sein Antlitz.
Folge ihm, und du siehst nicht seinen Rücken.

Lao Tse

Wissen Sie, daß das, was Sie heute in die Welt tragen, jahrhundertelang zur Verfügung stehen wird? Erzeugen Sie heute in Ihrem Leben Freude, und Sie bereichern die Welt mit Vibrationen der Freude, die eine Ewigkeit bestehen bleiben.

Rabbi Nachman von Brazlaw lehrte, daß die Freude das einzige ist, das es wert ist, an die eigenen Kinder weitergegeben zu werden. Lehren Sie Ihre Kinder Freude, und lehren Sie Ihr inneres Kind Freude. Freude führt Sie aus der Verwirrung in die Klarheit. Freude transformiert negative Gedanken in positive Erfahrungen, die Freiheit und Kreativität gleichermaßen begünstigen. Machen Sie Freude zu Ihrer größten Hinterlassenschaft.

Bevor ich ordiniert wurde, fragte mich mein Lehrer, Rabbi Zalman Schachter-Shalomi: »Was ist die Botschaft, die du als Rabbi vermitteln willst?« Ich antwortete: »Freude.« Ich habe die Freude in Gott und im Judaismus gefunden. Und ich möchte andere auf die Freude hinweisen, die sie in ihren vielen Vorstellungen von Gott finden können, und sie dazu ermutigen, sie in sich selbst und sogar in ihrem spirituellen Erbe zu suchen.

Freude ist ansteckend. Wenn Sie Freude in Ihr Leben tragen, werden Ihre Mitmenschen davon angesteckt. Indem Sie jedem Gedanken, jedem Wort und jeder Tat Vergnügen und

Freude einflößen, holen Sie den Himmel auf die Erde. Erhebende Gedanken haben Ihre Erhebung zur Folge. Lassen Sie es jedoch zu, daß Ihre Gedanken Sie herunterziehen, lösen Sie damit eine Sie herunterziehende Reaktion aus. Selbst in der tiefsten Dunkelheit gibt es einen Lichtstrahl, der nur darauf wartet, bemerkt zu werden; auch in der größten Herausforderung ist ein Wunder verborgen, das nur gefunden werden muß; und selbst hinter dem größten Leid verbergen sich freudige Erinnerungen, die nur erfaßt werden müssen. Indem Sie positive, wunderschöne Gedanken denken, haben Sie die Fähigkeit, das Unendliche zu berühren und Wunder zu manifestieren.

Wenn in Ihrem Herzen Freude ist, ist Glauben in Ihrem Geist und Fülle in Ihrem Leben. Freude bereichert und Trauer schmälert. Der Baal-schem-tow erzählt eine Geschichte ähnlich der folgenden. Es war einmal ein Bettler, der den Hof eines Monarchen betrat und tränenreich um Hilfe bat. Man reichte ihm kurzerhand eine kleine Spende. Dann betrat ein fröhlicher Mensch den Hof, lobte den Herrscher und erbat eine Gunst. Er wurde ohne Umschweife in den Palast geführt, und es wurde ihm eine Gunst gewährt, die von weit größerem Wert war als die Gabe, welche der tränenreiche Bettler erhalten hatte. Indem Sie in Ihrem eigenen Leben Ihren Geist verarmen lassen und ihm durch geringes Selbstwertgefühl, Ängste und Depression Freude verwehren, schränken Sie den Nutzen des gegenwärtigen Augenblicks und der zukünftigen Möglichkeiten ein. Lassen Sie die Furcht los, die die Freude dieses Augenblicks blockiert. Rabbi Nachman von Brazlaw sagt, daß es Menschen gibt, die Angst davor haben, sich an dem zu erfreuen, was sie heute haben, weil sie sich um das Morgen Sorgen machen. Es gibt Menschen, die ihr Unglück selbst erzeugen, weil sie sich an Dingen festhalten, die sie nicht kontrollieren können. Was ihnen fehlt, ist die herrliche Freude und die süße Ekstase des gegenwärtigen Augenblicks.

Der Psalmist sagt: »Dient dem Herrn mit Freuden, kommt vor sein Angesicht mit Frohlocken!« Jene, die im Angesicht

Gottes leben, versagen sich selbst die Freude nicht. »Laß sich freuen alle, die auf dich trauen ...« Sie wissen, was Ekstase ist, und fühlen sich beschützt. In der Freude finden Sie Gott. Indem Sie Gott in sich finden, verschaffen Sie sich Zugang zu einem Bewußtseinszustand, der Ihren göttlichen Funken entzündet, Ihre Kreativität inspiriert und mit Freude in jeder Pore Ihres Seins vibriert.

Machen Sie sich die Freuden und Segnungen bewußt, die Ihnen heute zuteil werden. Erkennen Sie die Wunder, die sich als Folge Ihrer Freudigkeit in Ihrem Leben ereignen. Achten Sie auf die Menschen, die sich von Ihnen angezogen fühlen, wenn sie fröhlich sind. Entsinnen Sie sich der Möglichkeiten, die sich für Sie ergaben, weil Sie für Freude offen waren. Freude erzeugt Freude. Teilen Sie Ihre Freude, und spüren Sie die Herrlichkeit Gottes.

Üben Sie sich heute mindestens einmal in der Meditation über das Bewußtbleiben (Seite 237).

Leben Sie bewußt

Es gibt etwas, das nur an einem Ort gefunden werden kann.
Es ist ein großer Schatz, den man als die Erfüllung des Daseins bezeichnen könnte.
Der Ort, an dem dieser Schatz zu finden ist, ist der Ort, an dem man steht.

Martin Buber

Ein Baum, so dick wie eine Armspanne,
entsprießt einem winzigen Samenkorn.
Eine Terrasse mit neun Stufen,
beginnt mit einem Erdhaufen;
Eine Reise von tausend Meilen,
fängt mit einem Schritt an.

Lao Tse

Bewußtsein ist das Mittel, mit dem Sie ein spirituell erfülltes Leben führen können. In einer alten Geschichte wird von einer Frau berichtet, die geträumt hatte, daß sie einen großen Schatz fände, wenn sie sich bei Sonnenaufgang in ein Tal zwischen zwei Bergen begäbe und an einer bestimmten Stelle grübe, welche die Sonne beleuchte. Also stand sie vor Sonnenaufgang auf und machte sich auf den Weg zu dem Ort. Als die Sonne aufging, beleuchtete sie eine Stelle, an der die Frau sofort nach dem Schatz zu graben begann. Bis zum Mittag grub sie fieberhaft. Als sie ihren Kopf hob, um sich über die Stirn zu wischen, sah sie, daß die Sonne direkt über ihrem Kopf schien. Ihr eigenes strahlendes Bild im vollen Sonnenlicht betrachtend, begriff sie die wahre Bedeutung des Traums. Sie erkannte, daß sich der Schatz, nach dem sie grub, nicht im Boden befand; er war in ihr selbst. Sie war der Schatz!

Wenn Sie sich Ihrer selbst bewußt sind, erhalten Sie ein Bewußtsein all der Dimensionen aufrecht, die Sie im Leben erfahren. Sie sind sich dessen bewußt, der Beobachter, der Beobachtete und die Beobachtung selbst zu sein. Sie erkennen, daß Sie zugleich der Seher, das Gesehene und die Vision sind. Wenn Sie zum Bewußtsein erwachen, erwachen Sie zur Herrlichkeit Gottes, die so üppig in den universellen Reichen und in Ihrer eigenen persönlichen Sphäre vorhanden ist.

Rituale sind Handlungen, die vollzogen werden, um das Bewußtsein zu heben. Doch gibt es viele Rituale, die Sie täglich ohne bewußte Aufmerksamkeit vollziehen, wie etwa Ihr Gesicht zu waschen, Ihre Zähne zu putzen oder Ihre Haare zu kämmen. Es gibt auch Rituale, die Sie mit einem etwas größeren gedanklichen Aufwand ausführen, wie etwa das Lesen der Zeitung, den Spaziergang mit dem Hund oder das Waschen des Autos. Dann gibt es Alltagsrituale, wie das Begrüßen von Freunden und Mitarbeitern, die Sie vielleicht in unbewußter Wiederholung vollziehen. Die Rituale, die Sie gewohnheitsmäßig und ohne Bewußtsein ausüben, können Gelegenheiten für Sie sein, Ihr Interesse für Ihr Bewußtsein zu wecken.

Bedeutsame Rituale vermögen die gewöhnlichen, stumpfsinnigen Vorgänge in Ihrem Leben in eine hochmoderne Lebensweise zu verwandeln. Ein bewußt durchgeführtes Ritual macht Ihnen die Wunder des Lebens bewußt. Wenn Sie den Einzelheiten so viel Aufmerksamkeit widmen, als seien sie mit enormer spiritueller Macht versehen, wird Ihr Leben unendlich interessanter, magischer und neu. Der Sohar, das kabbalistische »Buch des Glanzes«, teilt uns mit, daß sich im Kopf einer kleinen Stecknadel unzählbar viele gotterfüllte Geister befinden. Wenn es bereits in einem winzigen Stecknadelkopf zahllose Geister gibt, wie viele mehr müssen dann in einem Gesichtsmuskel, auf der Zungenspitze und in einer Haarsträhne sein? Wenn Sie eine Zeitung in der Hand halten, sind Sie sich dessen bewußt, daß Sie den Baum, den Samen, die Erde, die Sonne und den Regen in Händen halten, die allesamt Bestandteile dessen sind, was in die Herstellung des Papiers eingeflossen ist? Außerdem sind da noch die Vibrationen all der Journalisten und ihrer Gedanken, ebenso wie die Angelegenheiten selbst, von denen in der Zeitung berichtet wird.

Bewußtsein ist nichts, was jemals zu einem Abschluß zu bringen ist. Im Bewußtsein sind das Ziel und der Prozeß ein und dasselbe. Sobald Ihr Bewußtsein einmal erweckt ist, erhalten Sie Zugang zu tieferem Bewußtsein und rufen damit tiefere und bedeutsamere Seinsweisen hervor. Mit dem Bewußtsein wird das, was zunächst gewöhnlich erschien, außergewöhnlich. Was einmal begrenzt und eingesperrt wirkte, wird mit Bewußtsein offen und weit. Was einmal wertend war, wird mit Bewußtsein befreiend. Gewöhnliches Handeln in all den physischen, emotionalen, spirituellen und geweihten Dimensionen wahrzunehmen, führt Sie näher an das Schicksal heran, um dessen Erfüllung willen Sie geboren wurden.

Zum Bewußtsein zu erwachen heißt, aus dem vollen zu leben, so wie der Himmel auf der Erde lebt. Als Abraham und Sara die drei Engel in ihrem Zelt willkommen hießen und ihnen zu essen anboten, erfüllten sie einen wichtigen Teil ihres Schicksals als Menschen. Durch Abraham und Sara hatten die Engel, die es nicht gewohnt waren zu essen, Anteil an einer menschlichen Tätigkeit, die von ästhetischer Schönheit, Liebe, Hingabe und Dankbarkeit an Gott bestimmt ist. Indem sie aßen, ermöglichten Abraham und Sara es den Engeln und Gott, durch sie zu leben, und weihten damit ihre natürlichen Bedürfnisse. Indem Sie Ihre Handlungen heiligen, egal wie trivial sie auch sein mögen, geben Sie den Engeln und Gott die Möglichkeit, durch Sie zu leben und den Himmel auf die Erde zu tragen.

Öffnen Sie Ihren Geist, befreien Sie Ihren Verstand, und betrachten Sie die kleinsten, trivialsten Handlungen, als seien sie zugleich Mittel und Zweck, durch die Sie und Gott Freude aneinander gewinnen.

Üben Sie sich heute mindestens einmal in der Meditation über das Bewußtbleiben (Seite 237).

Bedienen Sie sich einer auf das Wesentliche beschränkten Sprache und reiner Handlung

Wenn ich meinen Sinn an Gott hefte,
lasse ich meinen Mund reden, was er will;
denn alle Worte sind dann an ihre obere Wurzel gebunden.

Baal-schem-tow

Welche Worte wir auch sagen, wir sollten sie mit großer Sorgfalt auswählen, denn Menschen werden sie hören und zum Guten oder zum Schlechten durch sie beeinflußt.

Buddha

Worte und Handlungen haben sehr viel Macht. Sie können vernichten oder heilen. So mächtig sind Worte, daß sie das Gleichgewicht zwischen Gedanken und Taten halten. Es gibt eine sanfte Sprache und eine harte Sprache, eine auf das Wesentliche beschränkte Sprache und eitles Geplapper, bewußtes Reden und überflüssiges Schwafeln. Rabbi Levi Jizchak von Berditschew sprach von dem Unterschied zwischen einem, der tadelnd, und einem, der sanft zu den Menschen redet. Jener, der sanft spricht, erhebt die Seelen der Menschen und verweilt in der Heiligkeit. Jener, der sich einer tadelnden Sprache bedient, macht den Menschen angst und beschämt sie. Was aber eine auf das Wesentliche beschränkte Sprache und reines Handeln betrifft, so sagte Rabbi Pinchas von Korez: »Es gibt keine Worte, die in sich eitel sind, und es gibt keine Handlungen, die in sich eitel sind. Aber man kann Worte und Handlungen zu eitlen machen, indem man sie eitel redet und eitel vollzieht.«

Eine auf das Wesentliche beschränkte Sprache ist direkt, ausgerichtet, schwankt nicht und kennt kein Erstaunen. Sie ist eine Form der Kommunikation, die sparsam mit Energie umgeht und sich selbst minimalisiert. Mit wenigen, gut plazierten Worten kann viel zum Ausdruck gebracht werden.

Ein klarer Geist drückt sich in einer auf das Wesentliche beschränkten Sprache aus; ein überladener Geist versucht sich hinter nutzlosem Geplapper zu verbergen. Legen Sie während des Tages dann und wann eine Pause ein, und achten Sie darauf, ob sich Ihre Sprache auf das Wesentliche beschränkt oder ob sie in nutzloses Geplapper abgleitet. Ist sie bewußt, fließt sie aus dem Geist Gottes, der Ihrer Seele innewohnt und Ihre Worte lenkt. Eine bewußte, auf das Wesentliche beschränkte, sanfte Sprache entsteht auf natürliche Weise, wenn Sie Ihren Geist klären und mit der Leere beginnen.

Es ist entscheidend, positive Gedanken zum Ausdruck zu bringen und mit Ihrem Handeln dem Guten zu dienen. Selbst wenn jemand Ihnen Unrecht zugefügt hat, überlegen Sie sorgfältig, wie Sie mit ihm sprechen, denn alle Seelen sind eins. Ihre Seele und die des anderen haben ihren Ursprung als Funken in der göttlichen Seele. Wenn Sie die Herrlichkeit einer anderen Seele herabsetzen, tun Sie gleiches mit Ihrer eigenen Seele. Haben Sie Mitgefühl mit dem anderen, wie Sie dies auch mit sich selbst hätten; sehen Sie die Herrlichkeit, bringen Sie das Positive zum Ausdruck, und handeln Sie auf der Basis Ihrer Integrität.

Wenn Sie einen anderen Menschen loben, vergessen Sie nicht, auch sich selbst zu loben. Denken Sie daran, andere und sich selbst mit den gleichen freundlichen Handlungen zu erfreuen. Seien Sie sanft und mitfühlend auch darin, wie Sie sich selbst behandeln. Rabbi David Wolfe-Blank hat es einmal so ausgedrückt: »Loben Sie sich. Kritik zerbricht den Geist. Lob baut ihn auf.« Loben Sie sich, wie Sie ein Kind Gottes loben würden. Ernstgemeintes Lob und herzerfülltes Handeln läßt die Himmel jubeln und Gott Ihren Geist erneuern.

Einmal blieb der Baal-schem-tow an der Schwelle eines Bethauses stehen und zögerte, es zu betreten. Er meinte das Heiligtum nicht betreten zu können, weil es mit Lehren und Gebeten überfüllt war und es keinen Platz mehr für ihn zum Stehen gab. Sein Zögern verwirrte die Umstehenden: Wie schließlich konnte ein Raum mit Gebeten überfüllt sein? Er erklärte, daß die Worte der Beter und Lehrer nicht aus der Reinheit ihrer Herzen kamen. Ihre Worte und ihre Taten befanden sich im Ungleichgewicht miteinander. Daher vermögen ihre Lehren und Gebete nicht durch die Decke des Raums in den Himmel aufzusteigen, »sondern füllen das Haus von Wand zu Wand und vom Boden zur Decke«, ohne Platz für die Menschen zu lassen.

Worte des Gebets, die von Herzen kommen, und Handlungen, die auf der Basis reiner Intention ausgeführt werden, steigen in die Höhe und ziehen Heilungsenergie hinab. Herzensworte und reine Taten erschaffen neue Welten und heilen die bestehenden. In unserer Liturgie werden Sie jeden Morgen an die Schöpfungsmacht der Worte erinnert, indem Sie rezitieren: »Gesegnet sei der Gott, der sprach und die Welt erschuf.« Nach der persönlichen Gebetsmeditation, dem *amidah*, rezitieren Sie: »Mein Gott, bewahre meine Zunge vor negativer Sprache und meine Lippen davor, falsch zu sprechen.« Die persönliche Gebetsmeditation wird am Sabbat durch das Folgende ergänzt: »Jene, die liebevolle Worte sprechen, haben Größe gewählt.«

Ob Sie privat oder öffentlich sprechen, Ihre Worte sind das Gewand der Seele und hüten den Austausch zwischen Gedanken und Taten. Wenn Sie sich niederlegen und wenn Sie aufstehen, heften Sie Ihre Sinne an Gott, und werden Sie zum Zeugen dessen, was Ihr Mund spricht. Denn wenn Ihre Worte an ihre Wurzeln im Himmel geheftet sind, bringen Sie das Wesentliche zum Ausdruck. Wenn Ihre Handlungen aus der reinen Intention hervorgehen, sind sie heilsam, sanft und bewußt. Sie können Gebete rezitieren oder Gott mit Ihren eigenen Segenssprüche anrufen, um Ihre Sprache und Ihre Taten leichter achtsam zu handhaben. Denken Sie daran, Worte erschaffen Welten, und Worte in Verbindung mit von Herzen empfundenen Handlungen bringen eine herrliche Lebensweise hervor.

Üben Sie sich heute mindestens einmal in der Meditation über das Bewußtbleiben (Seite 237).

Kreativität

Und Gott der Herr sprach:
Es ist nicht gut, daß der Mensch allein sei;
ich will ihm eine Hilfe machen, die ihm entspricht.

1. Mose 2,18

Ist die Art des Himmels nicht wie das Spannen des Bogens?
Das Obere senkt sich, und das Untere hebt sich.

Lao Tse

Sie stehen nun vor dem Tor, aus dem Überschwenglichkeit und Freude des Lebens geboren werden, vor dem Tor der Kreativität. Kreativität ist die Basis, von der aus Sie Ihr Leben regenerieren und revitalisieren. Kreativität ist die göttliche Kraft, die in Ihrem Geist wohnt und Sie dazu bewegt, neues Leben zu gebären, neue Gelegenheiten zu schaffen und neue Leistungen hervorzubringen. Mit Kreativität vermögen Sie die schwierigsten Probleme zu lösen und die herausforderndsten Ziele zu erreichen.

Wenn Sie das Tor der Kreativität durchschreiten, prüfen Sie Ihre Erfahrungen der Vergangenheit auf Herz und Nieren und formen aus ihnen ihre speziellen Bedürfnisse. Sie erkennen, daß Sie, obgleich Sie mit der Menschheit eins sind, allein für Gott geboren und für dieses Universum lebenswichtig sind. Indem Sie den göttlichen Akt der Sexualität pflegen, öffnen Sie sich mit tieferem Glauben und größerer Freizügigkeit der Liebe zu sich selbst und zu Ihren Begrenzungen. Sie überwinden Ihre Befangenheit und fühlen sich mit Gott als einem Geliebten, Freund und sorgenden Führer wohl. Sie berühren Gott, indem Sie andere in ernsthaften und fürsorglichen Beziehungen berühren. Sie gewinnen Einblicke, die Ihnen bei der Suche nach Ihrem Seelenpartner helfen und, was noch wichtiger ist, dabei, selbst ein Seelenpartner zu werden. Die Liebe, Freude, Leidenschaft, Begeisterung und Ekstase, die Sie durch das Tor der Kreativität hervorbringen, wird Ihnen und denen, die Sie berühren, reiche Freude schenken. Die Freude, die Sie heute hervorrufen, ist Ihr Vermächtnis für morgen.

Bevor Sie sich nun der ersten Einsicht zuwenden, nehmen Sie sich ein wenig Ruhe, um die Meditation über die Flamme durchzuführen. Um von der Wirkung der Meditation zu profitieren, sollten Sie den Text langsam lesen. Machen Sie nach jedem Satz eine Pause, und spüren Sie dem nach, was Sie gelesen haben. Dann geben Sie sich einen Moment lang dem daraus resultierenden Gefühl von Frieden hin. Wiederholen Sie die Meditation über die Flamme nach jeder der folgenden Einsichten. Sie werden Sie als hilfreiche Erfahrung empfinden, um Ihre mystischen Einblicke zu verstehen und zu integrieren. Für die folgende Meditation möchten Sie sich vielleicht eine Kerze anzünden und sie vor sich aufstellen, oder aber Sie stellen sich eine angezündete Kerze vor.

Meditation über die Flamme

Halten Sie einen Augenblick inne, und setzen Sie sich bequem auf einen Stuhl oder auf den Boden. Spüren Sie, wie Ihr Atem in Ihren Körper hinein- und aus ihm herausströmt und wie Ihr Körper sich entspannt, während Sie langsam ein- und ausatmen. Halten Sie Ihre Augen geöffnet, und blicken Sie auf die Flamme der Kerze. Machen Sie sich die unterschiedlichen Farben mit ihren subtilen Abstufungen und ihrem Glitzern bewußt. Achten Sie sorgsam auf die sanfte Bewegung des flackernden Lichts. Spüren Sie, wie Sie eins werden mit der Kerze, eins werden mit der Flamme und ihren Farben, eins werden mit der sanft flackernden Bewegung. Erhalten Sie Ihre Konzentration auf die Kerze vor sich aufrecht, und spüren Sie, wie Ihnen die Kerze und der Sinneseindruck der Kerze immer näher kommen. Sobald Sie die Kerze in sich sehen und spüren können, blasen Sie sie vor sich aus, und konzentrieren sich auf die Flamme in Ihrem Körper. Hören Sie, wie sie in Ihrem Atem flackert. Sehen Sie, wie sie Ihren Körper bis zur Basis Ihrer Wirbelsäule und die Beine hinunter mit Strahlen erfüllt. Spüren Sie, wie das Licht sich langsam Ihre Beine hinauf und zur Basis Ihrer Wirbelsäule und durch jeden Teil Ihres Körpers hindurch wieder nach oben bewegt. Beobachten Sie, wie es einen Körperteil nach dem anderen durchdringt, bis es Sie mit Leidenschaft erfüllt hat und am Scheitel Ihres Kopfes in einer Fontäne der Farben, des Lichts und der Energie wieder austritt. Genießen Sie den energetisierenden Fluß einen Moment lang.

Erkennen Sie, daß Sie aus Gott heraus geboren sind

Kundtun will ich den Ratschluß des Herrn.
Er hat zu mir gesagt: »Du bist mein Sohn, heute habe ich dich gezeugt.«

Psalm 2,7

Das Niedrige ist die Grundlage des Hohen.

Lao Tse

Sie sind aus Gott heraus geboren, und Sie sind Gott so wichtig, als seien Sie sein einziges Kind. Für Gottes Plan sind Sie einzigartig und wesentlich. Ihre Anwesenheit hier ist entscheidend für diese Welt. So wie Sie aus Gott heraus geboren und ihm wichtig sind, so verhält es sich auch mit jedem anderen Menschen. Sie und jeder andere Mensch sind Gottes Einzelkinder. Wie ist es möglich, daß jeder aus Gott heraus erschaffene Mensch als Priorität betrachtet wird? In Gottes Welt sind wir alle die Nummer eins, weil wir alle Bestandteil voneinander sind. Jeder von uns ist zum einen ein einzigartiges Individuum und zum anderen Teil des Einsseins der Menschheit. Wenn Sie sich als von mir getrennt erleben, vergessen Sie dabei, daß Sie und ich aus Gott heraus geboren und eins sind mit Gottes gesamter Schöpfung.

Sie sind nicht nur aus Gott heraus geboren und eins mit der gesamten göttlichen Schöpfung, Sie sind auch nach dem Bild Gottes geschaffen. Das bedeutet, daß jeder Teil dessen, der Sie sind, alle Teile Ihres Körpers und alle Aspekte Ihrer Persönlichkeit, Abdrücke des göttlichen Bildes, Gott wichtig und für das Vorankommen dieser Welt lebenswichtig sind. Zu jedem Augenblick in Ihrem Leben, in allen Rollen, die Sie spielen, sind Sie besonders und geliebt. Allein das Wissen, daß Sie nach dem Abbild Gottes geschaffen sind, wirkt sich tiefgreifend auf die Art, wie Sie leben, aus. Wenn Sie sich daran erinnern, daß Sie Ihren Ursprung in Gott haben, können Sie gar nicht anders, als mit der Überzeugung leben, daß Ihr Leben und alles Leben heilig ist. Indem Sie Ihren besonderen Platz in Gottes Liebe und in Gottes Welt anerkennen, finden Sie zu einem größeren Vertrauen in sich selbst. Erkennen Sie erst einmal, daß das Bild Gottes in Ihnen auch in jedem anderen Menschen der Schöpfung existiert, so treten Sie heraus aus Ihrer Trägheit und sehen die ehrfurchtgebietenden Wunder, die sich überall entfalten. Wenn Sie sich daran erinnern, wie besonders Sie sind, nehmen Sie damit Ihr Leben an und mit ihm die Tatsache, daß Sie genug sind, genug tun und genug haben. Und mit Vergnügen und Begeisterung leben Sie in der Freude und Fülle von Gottes Welt.

Oft genug vergessen wir, daß wir aus Gott heraus geboren sind, und meinen, weniger zu sein, als wir tatsächlich sind. Dann glauben wir, daß alle anderen klüger, schlauer, hübscher und wichtiger sind als wir selbst. Ich kannte einmal eine Frau, die intelligent, talentiert und finanziell erfolgreich war und ein scheinbar schönes Leben führte, bis sie vergaß, wer sie war, und ihren Geist fortgab, um ihre geringe Selbstachtung zu nähren. Sie tat das, was so viele andere ebenfalls tun. Sie gab ihre Macht auf und erstickte ihren Geist, all dies vermeintlich zur Errettung anderer. Als die Menschen, die sie liebte, an ihre Tür kamen, gab sie sich selbst fort, ein Stück nach dem anderen. Zuerst war es ihre hypochondrisch veranlagte Mutter, die ihrer Aufmerksamkeit bedurfte. Sobald ihre Mutter anrief, hielt diese Frau in der Tätigkeit inne, in der sie gerade begriffen war, und gab ihrer Mutter ein kleines Stück von ihrer Zeit und Energie. Dann war es ihr anspruchsvoller Ehemann, der ihre Hilfe in seinem Büro benötigte. Wieder unterbrach diese Frau ihre Konzentration auf ihre eigene Arbeit und auf ihren Beruf und wandte sich der Arbeit und dem Beruf ihres Mannes zu, die ganze Zeit ein kleines Stück von sich selbst ihrem Mann gebend. Der nächste war ihr klagender Sohn, der arbeitslos vom College zurückkehrte. Wieder gab diese Frau ihre Routine auf und ordnete ihr Leben neu, um ein weiteres kleines Stück von sich ihrem Sohn zu geben. Danach kam ihre jüngere Schwester, die sich hatte scheiden lassen und Unterstützung brauchte. Auch in diesem Fall unterbrach diese Frau ihre Betätigung und arbeitete sogar noch härter, um ihrer Schwester ebenfalls ein kleines Stück von sich selbst geben zu können. Diese Frau meinte, daß alle anderen wichtiger seien als sie selbst. Sie glaubte, daß Gesundheit, Glück, Zufriedenheit und ihr Selbstbild im Zusammenhang mit ihrer Familie von größerer Bedeutung seien, als in bezug auf sie selbst. Ihrer Energie und ihrer Macht beraubt brach diese Frau schließlich in einer Depression zusammen. Sie erkannte, daß sie irgendwo auf ihrem Weg, den sie der Hilfe anderer verschrieben hatte, sich selbst verlorengegangen war. Indem sie sich selbst Stück für Stück fortgegeben hatte, hatte sie vergessen, wer sie selbst war. Sie war nicht zur Märtyrerin geboren. Wer war sie? Sie war ein Kind Gottes von Geburt an und war es wert, ein Leben aus der Fülle ihres eigenen Lichts heraus zu führen, und nicht dazu, im Schatten anderer zu stehen. Sie hatte vergessen, daß auch die Mitglieder ihrer Familie aus Gott heraus geboren waren und selbst ebenfalls die Macht besaßen, aus der Fülle ihres eigenen Lichts zu leben. Sie hatte vergessen, sich selbst das Kind sein zu lassen, das es wert ist, geliebt, umsorgt und ebenso besonders behandelt zu werden, wie sie andere Menschen behandelte, ebenso geliebt zu werden, wie sie andere liebte, ebenso geachtet zu werden, wie sie andere achtete.

Sie sind aus dem Gott heraus geboren, dessen Name lautet: »Ich bin, der ich bin.« Den vielen Rollen, die Sie im Leben spielen, liegt das intime Wissen zugrunde, daß Sie das »Ich bin« aus dem »Ich bin, der ich bin« von Gottes Namen sind. Immer wenn Sie »Ich bin« sagen, sprechen Sie nicht nur von sich selbst; Sie sprechen auch von Gottes Bild in Ihnen. Wenn Sie sagen: »Ich bin nicht klug genug, ich bin nicht gut genug«, setzen Sie das Bild Gottes in sich herab. Gottes Bild ist Ihr wahrhaftigstes Potential, und wenn Sie es herabsetzen, entstellen Sie den Teil Gottes, der in Ihnen ist. Wenn Sie die Fülle dessen, der Sie sind, bestätigen und positive Aussagen unter Verwendung der Worte »Ich bin« treffen, wie zum Beispiel: »Ich bin intelligent, ich bin es wert, ich bin schön, ich bin so vollkommen, wie ich bin«, dann verstärken Sie Gottes Bild und die Heiligkeit der ganzen Schöpfung in sich.

Sie und Gott umhüllen einander ohne Unterlaß. Manche Kabbalisten fühlen sich von Gott so eingehüllt, daß sie nicht mehr länger das Pronomen »ich« verwenden, sondern statt dessen »wir« sagen. Statt zu sagen: »Ich bin gesund und zufrieden«, nehmen sie auf sich selbst als auf einen Bestandteil Gottes Bezug und sagen: »Wir sind gesund, und wir sind zufrieden.« So oft, wenn ich bete oder meditiere, spüre ich, daß ich es nicht allein tue, sondern daß »wir« beten und daß »wir« meditieren. Ich spüre, daß die Anwesenheit Gottes es mit mir vollzieht.

Kennen und feiern Sie den Menschen, der Sie sind, in jedem Augenblick und in jeder Situation. Jeder Teil Ihres Lebens ist ein Teil Gottes. Sie stehen auf dem Fundament, das Gott unter Ihren Füßen errichtet hat. Unterhalb Ihrer Vorstellungen, Ihren Titeln, Ihren Verantwortlichkeiten, den Hilfestellungen und den Herausforderungen der Rollen, die Sie in Ihrem Leben spielen, befindet sich das Fundament, auf dem der größte Teil Ihrer Essenz den größten Teil von Gottes Essenz berührt. Wenn Sie an die Fülle der Göttlichkeit in sich glauben, sind Sie mit sich selbst zufriedener. Wenn Sie zufrieden und ganz und heilig sind, wirkt sich dies auf jeden Teil Ihres Lebens aus. Sie sind in Ihrem Beruf erfolgreicher, zu Hause gelassener und haben mehr Spaß am Spiel.

Jeden Augenblick, jede Stunde, jeden Tag werden Sie von neuem in Gott geboren. Unter dem Tor der Kreativität werden sie in dem metaphorischen Schoß der Möglichkeiten und auf Ihrem sich weitenden Fundament fortwährend neu geboren. Stellen Sie sich selbst in dem metaphorischen Schoß von Gottes Welt vor, heranreifend in der ausgedehnten Leere, durch die göttliches Licht in Sie hineinfließt. Fühlen Sie bei jedem Ein- und Ausatmen, wie sich der leere Schoß zusammenzieht und wieder weitet. Hören Sie den pulsierenden Rhythmus und sehen Sie, wie Gottes vollkommenes Strahlen Sie durchdringt. In diesem Leuchten flüstert die göttliche Stimme: »Du bist das Kind, das ich heute hervorgebracht habe.« Und Sie sehen sich selbst, wie Sie in eine Realität hineingeboren werden, die schöner ist, als Sie es sich je hätten vorstellen können.

Alles ist möglich, wenn Sie aus Gott heraus geboren sind. Denken Sie an die unterschiedlichen Rollen, die Sie bei der Arbeit, zu Hause oder in Ihrer Freizeit spielen? Gerät irgendeine dieser Rollen in Konflikt mit einer anderen? Welches sind die Rollen, die Sie näher zu Gott führen? Gibt es Aspekte in den Rollen, die Sie in Ihrem Leben und in Ihren Beziehungen mit anderen spielen, die Gott verborgen zu sein scheinen oder ungöttlich sind? Sollte dies der Fall sein, können Sie zu erkennen beginnen, daß die Konflikte in Ihren Beziehungen und in Ihrem Leben darauf zurückgehen, daß Sie sich von Gottes Bild in sich selbst distanzieren? Wenn Sie vergessen haben, daß Sie aus Gott heraus geboren sind und daß jeder Teil Ihrer selbst rein und gotterfüllt ist, wird es Zeit, daß Sie innehalten, sich leeren, loslassen, aufgeben und sich daran erinnern, daß Sie das »Ich bin« aus dem »Ich bin, der ich bin« sind und das »wir« des Gottes, der in Ihnen ist.

Üben Sie sich heute mindestens einmal in der Meditation über die Flamme (Seite 263).

Lieben Sie sich selbst

Wenn ich nicht für mich selbst bin, wer aber bin ich dann?
Wenn ich nur für mich selbst bin, was aber bin ich dann?

Hillel

Liebe die Welt wie dich selbst;
Dann kannst du für die Welt sorgen.

Lao Tse

Sie sind vollkommen, so wie Sie sind, doch die Vollkommenheit, dessen, der Sie sind, befindet sich beständig im Fluß. Es ist keine Vollkommenheit, die äußeren Standards gerecht wird. Es handelt sich vielmehr um eine Vollkommenheit, die neue Abenteuer und Möglichkeiten offenbart, während Sie im Verlauf Ihres Lebenswegs auf das Schicksal zugehen, für dessen Erfüllung Sie geboren wurden. Um in einen neuen Bereich vorzudringen, ist es notwendig, daß Sie, unterstützt von einem Glauben an eine Kraft, die tief in Ihr Inneres hinein und darüber hinausreicht, Ihre eigenen Fähigkeiten pflegen. Voraussetzung ist, daß Sie alle Teile Ihrer selbst bedingungslos lieben. Nur in einer liebenden inneren Umgebung können Sie sich selbst ausreichend hegen und pflegen, um weiterhin zu wachsen und neue Dimensionen hervorzubringen.

Sich selbst zu lieben ist ein fortgesetzter Prozeß, der nicht mit einem bestimmten Alter oder Ereignis verbunden ist. Das ist die Gegenseitigkeit, die allem innewohnt, was Sie je gewesen sind und jemals sein werden. Halten Sie jetzt einen Augenblick inne, und erinnern Sie sich an die Wendepunkte in Ihrem Leben. Indem Sie dies tun, erkennen Sie die Muster, die diese weben und mit denen sie Ihre Ziele und Ihr Schicksal bestimmen. Wenn Sie an die Meilensteine Ihres Lebens denken, umgibt Sie die Energie dieser Ereignisse, als geschähen sie jetzt, außerhalb der Zeit, in Ihrem Inneren. Je positiver die Erinnerung, um so liebevoller die Gefühle.

Ihr Selbst zu lieben heißt, Ihre Begrenzungen zu lieben. Oft genug versuchen Menschen das Leben eines anderen zu leben, auch wenn es gar nicht paßt. Eine Frau, die zu Wohlstand gekommen war, beauftragte einen berühmten Modedesigner, ihr für eine besondere Gelegenheit eine wunderbare Robe zu entwerfen. Als sie das Gewand anprobierte, sah sie auf den ersten Blick wunderschön aus. Dann, als der Abend voranschritt, wurde die Robe zu schwer, zu eng und zu hinderlich, als daß sie darin das hätte tun können, was sie am meisten mochte, nämlich tanzen. Welchen Sinn hatte dieses Designerkleidungsstück, wenn es sie daran hinderte, sie selbst zu sein? Zu oft lassen wir unser Unbehagen unberücksichtigt und verbergen Einschränkungen, um so zu erscheinen wie alle anderen auch. Doch Sie sind nicht wie alle anderen. Sie wurden geboren, um als einzigartiges Wesen ein einzigartiges Schicksal zu erfüllen. Lieben Sie sich für diese Einzigartigkeit. Indem Sie sich bedingungslos lieben, erzeugen Sie eine Umgebung bedingungsloser Liebe, von der andere profitieren können. Je wohler Sie sich mit sich und Ihren Beschränkungen fühlen, desto wohler fühlen sich andere mit ihren Beschränkungen und Ihnen.

Sich selbst zu lieben heißt, sich mit sich selbst und den eigenen Schrullen und Eigenarten wohl zu fühlen. Das bedeutet auch, daß Sie sich mit den Schrullen und Eigenarten anderer Menschen wohl fühlen. Der wohlbekannte Rabbi Jaakob Jizchak von Lublin fühlte sich mit sich selbst so wohl, daß er gelegentlich während des Gottesdienstes eine Prise Schnupftabak zu sich nahm. Ein eifriger Beter fand, daß sich dies nicht gezieme. Darauf angesprochen erklärte der Rabbi sein Handeln mit der folgenden Geschichte: Ein großer Herrscher ging einst durch eine Straße seiner Hauptstadt und hörte einen zerlumpten Straßensänger ein Lied singen und dazu die Harfe schlagen. Die Musik gefiel dem Herrscher so gut, daß er den Straßenmusikanten mit zurück in den Palast nahm, wo dieser den ganzen Tag lang und jeden weiteren Tag sang und spielte. Der Spielmann musizierte auf einer alten Harfe, die er liebgewonnen hatte und nicht gegen eine andere eintauschen wollte. Doch mußte sie häufig gestimmt werden, oftmals sogar während des Vortrags. Einmal fuhr ein Höfling den Musiker ungeduldig an und fragte abfällig, warum denn die Harfe nicht im voraus gestimmt werden könne. Der Straßensänger entgegnete mit Selbstvertrauen: »Unser Herr hat in Chören und Kapellen Scharen besserer Leute als ich. Aber wenn sie ihm nicht Genüge tun und er sich meine Harfe herausgesucht hat, ist es offenbar sein Wille, ihre und meine Art zu ertragen.«

Sich selbst zu lieben heißt, sich von Angesicht zu Angesicht mit der eigenen Wahrheit zu konfrontieren, durch diese Wahrheit und durch die eigenen Ängste hindurchzugehen. Zu Zeiten vermehrten inneren Aufruhrs und von Verwirrung bedeutet dies, daß Sie es sich gestatten, gerade die Mythen und Glaubensvorstellungen in Frage zu stellen, die Sie tragen. Man hat uns gelehrt, daran zu glauben, daß Arbeit schwierig sein muß. Das trifft jedoch nicht zu. Was die Arbeit schwierig macht, ist das Vergessen, daß Gott Ihr Partner ist. Ihr Ich läßt sich von der Arbeit verhaften, und Sie geraten sich selbst in den Weg. Wenn es Ihnen gelingt, sich selbst und Ihr klammerndes Ich aus dem Weg zu schaffen, tritt Gott hinzu und hilft Ihnen. Sind Ihnen nicht die Male in Ihrem Leben aufgefallen, da Sie an einer Idee gezogen und geschoben haben, und doch ist sie trotz all Ihrer Bemühungen gescheitert? Oder bei anderer Gelegenheit, wo Sie sich sicher waren, daß Ihr Tun von Gott gewollt war, und doch schien es solche Schwierigkeiten und Mühen zu verursachen? Diese Schwierigkeiten entstehen, weil Ihr Ich sich zu fest an die Arbeit klammert. Es ist aber erforderlich, daß Sie Ihr Ich aus dem Weg räumen, damit Gott zum Einsatz kommen kann. Wenn Ihre Arbeit von Gott gewollt ist und Ihr Ich nicht in ihr verhaftet ist, wissen Sie das, weil es sich so gut anfühlt. Selbst wenn Sie stundenlang gearbeitet haben und müde nach Hause kommen, fühlen Sie sich zufrieden und gesund, weil Sie wissend, daß Sie etwas erreicht haben, das jenseits Ihres Ichs liegt und sich für Ihre Seele heilig anfühlt.

Sie können nicht anders, als sich erfüllt und freudig fühlen. Die Anstrengung wird mühelos, sie folgt einem kreativen Bestreben. Rabbi Nachman von Brazlaw zufolge verringert die Tatsache, daß Sie vielleicht annehmen, für etwas hart arbeiten zu müssen, Ihren Glauben an Gott und an sich selbst. Ihr Zweifel zeigt, daß Ihnen das Vertrauen in Ihre Partnerschaft mit Gott und in Gottes Entscheidung fehlt, Sie zum Partner für diese Aufgabe zu wählen. Selbst wenn Sie meinen, an Gott zu glauben, wird doch Ihr Glaube durch den mangelnden Glauben an Sie selbst verringert. Rabbi Nachman nennt dies »kleines Denken«, und kleines Denken führt zu kleinem Leben.

Sich selbst zu lieben heißt, auf die Tatsache zu vertrauen, daß Sie Gott lieb sind und ihm nahestehen und daß Sie mit Vertrauen, Anmut, Würde und Mitgefühl jede Hürde überwinden können. Indem Sie durch Ihre Ängste hindurchgehen, werden die Wahrheit und die Großartigkeit dessen, der Sie sind, immer offensichtlicher.

Sich selbst zu lieben heißt, daß Sie die Schönheit und den Geist Ihres Körpers bestätigen. Vergessen Sie, wenn Sie sich selbst neu gebären, nicht die Freuden und das Vergnügen, die Ihnen zur Verfügung stehen. Auch Sie benötigen Hege und liebevolle Fürsorge. Sich selbst zu hegen kann auch bedeuten, daß Sie sich mit sich allein wohl fühlen und Freude an sich selbst haben. Sexuelle Freuden und sinnliche Bedürfnisse sind wichtig für Ihr physisches Wohlergehen. In Verbindung mit *kavannah*, der spirituellen Intention, werden Ihre Sinne zu Vehikeln der Erleuchtung. Statt Ihre Sinne zu leugnen, sollten Sie liebevoll für sie sorgen und sie als Bestandteile Gottes heiligen.

Alles, was sich bisher in Ihrem Leben ereignet hat, hat das Fundament gelegt, um Selbstliebe hervorzubringen. Indem Sie sich selbst lieben, lieben Sie das Spiegelbild Gottes. Indem Sie sich mit sich selbst gut fühlen, identifizieren Sie sich mit der Großartigkeit dessen, der Sie sind. Wenn Sie sich mit sich selbst und Ihrem Alleinsein am wohlsten fühlen, sind Sie vollkommen, wie auch die Menschen in Ihrem Umfeld. Indem Sie sich selbst hegen und pflegen, hegen und pflegen Sie den Teil Gottes, der sich in Ihnen befindet. Indem Sie sich selbst lieben, geben Sie sich die Kraft, um Gott und anderen fürderhin zu dienen. Wenn Sie Ihre Bemühungen dahingehend einsetzen, sich selbst zu lieben, sind Sie Gott am nächsten.

Üben Sie sich heute mindestens einmal in der Meditation über die Flamme (Seite 263).

Kultivieren Sie den göttlichen Akt der Sexualität

Als aber der Herr sah, daß Lea ungeliebt war,
machte er sie fruchtbar …

1. Mose 29,31

Nur der Weg ist gut, um die Dinge zu beginnen,
und auch, um Dinge zum Abschluß zu bringen.

Lao Tse

In der mystischen jüdischen Tradition begreifen und erleben wir Sexualität als göttlichen Akt. Sex ist das höchste Geschenk der Gegenseitigkeit zwischen dem Männlichen, dem Weiblichen und Gott. Diese Beziehung wird im allgemeinen verstanden als das Geben und Empfangen, welches während des Geschlechtsverkehrs bei Paaren abläuft. Doch die Heilige Schrift beschreibt auch Gott als den Bewohner von Körpern, als einen Heiliger von Seelen, der die Unfruchtbaren befruchtet und Kinder zeugt. In Jesaia 54,2–6 tröstet der Prophet das Volk auf eine sinnesfreudige Weise:

Mache den Raum deines Zeltes weit
und breite aus die Decken deiner Wohnstatt;
spare nicht!
Spanne deine Seile lang
und stecke deine Pflöcke fest!
Denn du wirst dich ausbreiten zur Rechten
und zur Linken …
Fürchte dich nicht,
denn du sollst nicht zuschanden werden …
Denn der dich gemacht hat,
ist dein Mann – Herr Zebaoth heißt sein Name –,
und dein Erlöser ist der Heilige Israels,
der in aller Welt Gott genannt wird.

In vielen östlichen mystischen Traditionen ist die Basis der Spiritualität auf dem Fundament der Sexualität gegründet. In Indien ist die Lotosblüte das Symbol für die Yoni (Vulva) und wurde als Tor zu den inneren Mysterien der Göttin betrachtet. Mit heiligen sexuellen Übungen konnten die Mystiker das Erblühen der Offenbarung aus dem unsichtbaren Licht erreichen, das von dem tausendblättrigen Lotos ausgeht, der in einer Spirale vom Beckenboden bis hinauf in den Kopf reicht. Wie die Göttin des Lotos ist die hebräische Göttin Schekina das unendliche Göttliche in endlicher Form. Ihr Name auf hebräisch bedeutet »Wohnstatt«, und sie wohnt im Körper und der Seele jedes Menschen.

Wenn Sie Raum schaffen, um zu empfangen, befruchtet der Gott der vielen Gesichter Ihren Körper und Ihre Seele auf verschiedene Weisen. Die Kabbalisten nennen den Akt der göttlichen Befruchtung *ibbur*. Dabei dringt Gott durch inkarnierte Seelen in Ihren Körper ein. Die Kabbalisten beschreiben *ibbur* als Gelegenheit für einen Funken des Himmels, der als der Geist einer Seele der Vergangenheit oder eines Heiligen in den Körper oder in das Leben einer würdigen Person eindringt, um so zu helfen oder zu führen. Es gibt Vorfälle, bei denen eine Person um Hilfe aus den himmlischen Reichen beten kann und sie durch den Funken eines Heiligen oder Verwandten geschickt bekommt. Diese zuvor bereits inkarnierten Seelen vermögen in Ihren Körper einzudringen und Ihnen in entscheidenden Phasen Ihres Lebens bei der Bewältigung bestimmter Aufgaben zu helfen. Die göttlichen »Durchdringer« können lange oder kurze Zeit bleiben, abhängig von der Aufgabe, bei der ihre Mitwirkung erbeten wurde. Sie sind sich ihrer Anwesenheit möglicherweise gar nicht bewußt, dennoch kehren sie in Ihren Körper ein und transformieren Ihr Leben. Sie erhöhen das Niveau und die Leistungsfähigkeit Ihres Bewußtseins. Sie sind fähig, Sie über zukünftige Ereignisse in Kenntnis zu setzen oder Sie in die Gegenwart zu führen.

Durch die Annahme dieser Einsicht empfangen Sie Ihren eigenen Körper, ehren Ihre Sexualität und öffnen sich Gott als Partner, Geliebtem und Freund. Im Verlauf dieses

Prozesses geraten Sie in Berührung mit einem Aspekt des Menschseins, der sich mit den wohlwollenden Energien eines lebendigen Gottes vermischt und ein ekstatisches, freudiges Leben bewirkt. Wenn Sie sich heute in der Meditation über die Flamme üben, gestatten Sie der Flamme, in Ihren Körper einzutreten, und stellen Sie sie sich als lebhaftes Licht des tausendblättrigen Lotos Gottes vor, der Ihre Seele befruchtet und Heiligkeit in jeden Teil Ihres Körpers trägt, angefangen bei der Wurzel Ihrer Wirbelsäule bis hinauf in Ihren Kopf. Indem Sie in dieser Welt Ihr Selbst, Ihre Sexualität und Ihre Spiritualität heiligen, werden Sie in den Welten darüber ebenfalls geheiligt.

Üben Sie sich heute mindestens einmal in der Meditation über die Flamme (Seite 263).

Pflegen Sie Ihre Beziehungen

Du sollst deinen Nächsten lieben wie dich selbst.

3. Mose 19,18

Schätze die Welt wie dich selbst;
Dann kannst du für die Welt sorgen.
Liebe die Welt wie dich selbst;
Dann kannst du der Welt dienen.

Lao Tse

Die Kabbalisten sagen, bevor wir in menschliche Formen geschieden wurden, gingen wir von ein und derselben Quelle aus. Jeder von uns war Bestandteil der göttlichen Seele. Das bedeutet, daß Sie, als Sie mit der göttlichen Seele noch eins waren, in einem Raum jenseits des Raumes und in einer Zeit jenseits der Zeit gehegt und gepflegt wurden. Als die Welt sich drehte und die Planeten in den Raum gestellt wurden und Ihre Zeit kam, da gebar Gott Sie aus der göttlichen Seele in diese Welt hinein. Als Sie aus Gottes Seele hervorgingen, hielten Sie an einem kleinen Stück von Gott fest, und dieses kleine Stück ist jetzt Ihre Seele. Sie wurden mit einer bestimmten Aufgabe zu diesem Zeitpunkt in die Welt hineingeboren: um das kleine Stück von Gottes Seele in Ihnen zu verfeinern. Eine verfeinerte Seele erinnert sich daran, daß ihre Energie von Gott kommt. Eine verfeinerte Seele strahlt Licht, Liebe, Akzeptanz und Mitgefühl aus. Sie verfeinern Ihre Seele, indem Sie Ihren inneren Geist nähren, für Ihre Beziehung mit Gott in Ihrem Leben sorgen und die Fülle von Abbildern Gottes in den Leben Ihrer Mitmenschen ehren.

Die Art und Weise, mit der Sie Ihre Seele verfeinern, spiegelt sich wider in der Art, wie Sie für Ihre Beziehungen sorgen. Wir alle sehnen uns danach, wirkliche, aufrichtige

Freundschaften zu führen und Anteil an einfühlsamen und fürsorglichen Beziehungen zu haben. Es ist nicht notwendig, daß Sie mit jedermann gut Freund sind oder eine Million oberflächlicher Bekanntschaften haben. Sie brauchen nur eine Handvoll wirklicher, aufrichtiger Freunde. Wirkliche und aufrichtige Freundschaften sind leichter zu finden als Sie vielleicht glauben. Alles was Sie tun müssen ist, eine Pause einzulegen, sich zu leeren und die Seele zu sehen, die sich hinter dem Bild im Spiegel verbirgt. Hinter dem künstlichen Glitzern und dem oberflächlichen Glanz wartet eine Seele darauf, erkannt zu werden. Wenn Sie die Seele eines anderen Menschen erkennen und seine innere Wahrheit hören, können Sie gar nicht anders, als die Aufrichtigkeit dieser Person zu sehen und Liebe zu fühlen.

Mitunter begegnen mir im Gottesdienst am Sabbat Menschen, deren Seelen hinter Ansprüchen und Auffassungen verborgen sind, die von ihrer wahren Natur ablenken. Es handelt sich um Menschen, die sich mit sich selbst nicht wohl fühlen und auf ihr Spiegelbild in anderen blicken, um sich so ihre Unzufriedenheit bestätigen zu lassen. Solche Leute ärgern sich, wenn sie das Heiligtum betreten und dort nur auf Bilder der Güte und Liebe stoßen. Wie oft haben Sie sich in Ihrem Leben an einem Tiefpunkt befunden, der Liebe ins Gesicht geblickt und sich doch geweigert, sie zu sehen oder anzuerkennen? Um Liebe zu empfangen, müssen Sie sich erst selbst dem Lieben öffnen. Um die Beziehung anzuziehen, nach der Sie sich sehnen, müssen Sie zunächst diese Beziehung in sich selbst reflektieren.

Wenn Sie eine Liebesbeziehung mit der Seele eingegangen sind, egal ob es sich dabei um Ihre eigene oder um die eines anderen Menschen handelt, gibt es keine Verwirrung in bezug auf den Stolz oder das Ich. Die Seele erkennt, daß jede Beziehung das Potential hat, die Seele zu fördern und die gütigen Kräfte des Himmels auf die Erde zu holen. Alle Attribute Gottes sind in der Seele eines jeden Menschen anzutreffen. Indem Sie zueinander in Beziehung treten, nehmen Sie auch eine Beziehung zu Gott im anderen auf. Indem Sie sich auf die Attribute bedingungslose Liebe, Kraft,

Harmonie, Erfolg, Herrlichkeit, Kreativität und Seelenadel beziehen, spiegeln Sie diese Attribute auch in sich selbst wider. Üben Sie heute, ein Spiegel zu sein, ob Sie nun bei der Arbeit sind oder Ihre Freizeit genießen, und lassen Sie Ihr Licht auf eine Weise erstrahlen, daß es ausreicht, um in die Seele des anderen zu blicken und zugleich ihre eigene zu reflektieren. Erkennen Sie die Aufrichtigkeit, und spüren Sie die Liebe.

Es gibt kein Falsch oder Richtig, keine unbewegliche Struktur, um einer Beziehung zum Erfolg zu verhelfen, nur den dynamischen Fluß des Dienstes an Gott durch den Dienst aneinander. Wenn Sie Gott besser kennenlernen wollen, beschäftigen Sie sich tiefer mit sich und Ihrem Partner, und gehen Sie offener mit Ihren Gefühlen um. Sollte es irgendeinen Zweifel darüber geben, ob sich etwas in einer Beziehung gesund anfühlt oder nicht, stellen Sie sich die Frage: »Bringt das meine Seele in mir und im anderen näher zu Gott, oder entfernt es sie von Gott?« Die Geschichte Ihrer Seele ist die Geschichte Ihrer Beziehung zu Gott, zu allen Teilen Ihres inneren Selbst, zu den Menschen, die Sie lieben, und zu jenen, die Ihnen erst noch begegnen werden. Der mystische Judaismus ist keine statische Ausgabe von Gesetzen und Regeln; er ist die Gabe, sich gleichzeitig in der Beziehung mit einer Gemeinschaft von Menschen, einer Gemeinschaft von Engelskräften und dem Universum Gottes zu befinden.

Üben Sie sich heute mindestens einmal in der Meditation über die Flamme (Seite 263).

Finden Sie Ihren Seelengefährten

Ein jeder wird seinen Seelengefährten oder seine Seelengefährtin finden, wie geschrieben steht in Hesekiel 36,26: »Und ich will euch ein neues Herz und einen neuen Geist in euch geben.«

Sohar

Jeder Mensch sehnt sich danach, einen Seelengefährten zu finden. Indem Sie die Beziehung zu Ihrer eigenen Seele pflegen, werden Sie zunehmend offen, um einen Seelengefährten anzuziehen. Die Kabbalisten glauben, daß eine Seele in sich selbst vollständig ist, bevor sie in diese Welt hineingeboren wird. Eine vollständige Seele ist androgyn, sowohl männlich als auch weiblich. Doch um in diese Welt eintreten zu können, teilt sich die Seele in zwei Hälften. Der männliche und der weibliche Aspekt werden voneinander getrennt, treten ein in die Seele des Universums und werden mit ihren eigenen, voneinander unabhängigen Körpern bekleidet, um die Aufgaben zu erfüllen, für die sie geboren wurden. Indem die beiden Personen in sich selbst wachsen und ihre Seelen verfeinern, nimmt die Wahrscheinlichkeit zu, daß sie einander erkennen und sich gegenseitig anziehen.

Was die Kabbalisten schon immer als das Mysterium der Beziehung und der Seelengefährten begriffen haben, brachte teilweise auch der Quantenphysiker John Stewart Bell 1964 zum Ausdruck. Bells Theorem zufolge vermag ein Atom in einem Molekül das Atom zu erkennen, mit dem es ursprünglich ein Paar bildete. Dieses Erkennen nimmt nicht mit der Distanz zu und wird auch nicht von Licht, Klang oder Gravitation verringert, noch ist es in Raum oder Zeit lokalisiert. Bells Theorem und die kabbalistische Sichtweise sind beide nicht lokalisierend und gehen über die Grenzen von

Welten, Zeiten und Räumen hinaus. Wenn Sie sich der spirituellen und wissenschaftlichen Dynamik von Beziehungen bewußt sind, wissen Sie, daß die Begegnung mit Ihrem Seelengefährten eines tiefgreifenden Seelenerkennens bedarf, das mehrere Leben der inneren Entwicklung überdauern kann. Indem Sie sich darin üben, die Attribute Gottes in sich zu sehen, ist es Ihnen eher möglich, sie in einem anderen Menschen widergespiegelt zu erkennen.

Ich erinnere mich an eine Geschichte, in der eine Königin Gott testen und herausfinden wollte, ob es wirklich einen göttlichen Plan gäbe, nach dem jeder Mensch seinen Seelenpartner finden würde. Die Königin wählte das schönste Mädchen an ihrem Hof aus, brachte es zu einer weit entfernt liegenden Insel und verbarg es in einem Baumstamm. Sie versorgte das Mädchen mit allen Bequemlichkeiten eines Heims außer mit menschlicher Gesellschaft. Die Königin war überzeugt, wenn es wirklich einen Seelengefährten für das Mädchen gab, dann würde er sie finden, egal wo sie sich befand. Wie die Natur es wollte, wurde ein Schiff von einem Sturm ergriffen und strandete an der Insel. Der einzige, der den Sturm überlebte, war ein fürstlicher Jüngling, der sich auf den Weg zu dem Baumstamm machte, um dort sein müdes Haupt zur Ruhe zu betten. Er spürte eine leichte Bewegung im Inneren des Baumstamms und sah hinein. Dort erblickte er das Mädchen seiner Träume. Die beiden verliebten sich ineinander, und als sie zur Königin zurückkehrten, richtete diese ihnen eine große Hochzeit aus. Der Glaube der Königin an die Macht Gottes und das Schicksal der Seelen war wiederhergestellt, und alle freuten sich mit ihr.

Für jede Seele gibt es einen durch das Schicksal vorherbestimmten Gefährten, doch manchmal begegnen wir unserem Seelengefährten und erkennen ihn nicht als den, der er ist. Ich habe einmal einen Film gesehen, der von einem Mann und einer Frau handelte, die im Himmel wohnten und einander in tiefer Liebe zugetan waren. Die Frau wurde zurück auf die Erde gerufen, noch bevor beide sich an ihrer Liebe erfreuen konnten. Der Mann, dessen Herz gebrochen war, ging einen Handel mit Gott ein. Er überredete Gott, ihn zurück auf die Erde schicken, damit er seine Geliebte finden könnte und war einverstanden, hierzu nur eine begrenzte Zahl von Jahren Zeit zu haben. Der Mann kehrte als Neugeborenes auf die Erde zurück und führte als junger Mann ein unstetes Leben in einem abgelegenen Städtchen, während seine himmlische Geliebte in der kultivierten Umgebung einer Großstadt aufwuchs. Im Verlauf des Films erlebt man ihre parallelen Geschichten mit und erkennt, daß die Zeit davonfließt; wenn der Mann noch zu seiner Seelengefährtin finden will, muß er sich mit seinem Wachstum ein wenig beeilen. Einmal sieht man ihn, wie er in einer der Straßen der Stadt an ihr vorbeigeht, und man will ihm zurufen: »Sieh doch, direkt vor deiner Nase! Da ist sie doch! Weißt du denn nicht mehr, warum du ins Leben zurückgekehrt bist? Um sie zu finden!« Aber natürlich handelt es sich nur um einen Film. Als ich ihn sah, liefen mir Tränen die Wangen hinunter, und ich vermochte mir nicht rational zu erklären, warum diese Geschichte tief in meiner Seele einen vertrauten Ton anschlug. Doch sind wir schließlich nicht alle hier, um unseren Seelengefährten zu finden? Welches Glück einige von uns doch haben, daß sie den ihren innerhalb ihres gegenwärtigen Lebens finden.

Ich bin glücklich darüber, daß es mir gelungen ist, meinen Seelengefährten zu finden, doch haben wir viele Jahre dazu benötigt, um einander zu erkennen. Anders als im Film lernten wir uns kennen und betraten erst, nachdem wir jahrelang zueinander in Beziehung standen, diesen Ort tiefgründigen und heiligen Erkennens. Wir vermochten einander nicht während unserer Entwicklungsjahre zu erkennen, als wir noch in einem Labyrinth der spirituellen Unreife, der emotionalen Unzulänglichkeiten und körperlichen Unsicherheiten gefangen waren. Wir mußten uns zuerst leeren, bevor wir Raum hatten, um Gott eintreten und unsere Seelen erwachen zu lassen. Wir brauchten Jahre dazu, um unsere Barrieren und eine ungesunde gegenseitige Abhängigkeit abzubauen. Dann erst, als Gott uns den Weg wies, vermochten wir zu erkennen, auf welch ehrfurchtgebietende Weise der eine der Seele des anderen seinen einzigartigen Stempel aufgedrückt hatte.

Indem Sie sich weiterhin darum bemühen, zu dem Menschen zu werden, als der Sie gemeint waren und die wahre Natur Ihrer Göttlichkeit zu leben, werden Sie Ihren Seelengefährten finden. Wahre Seelengefährten sprechen einander Mut zu, um ihren einzigartigen Zweck zu erfüllen, sowohl auf individueller wie auf gemeinsamer Basis. Sie achten ein jeder den Geist des anderen und teilen miteinander heilige Visionen und das spirituelle Verlangen, eins mit Gott zu sein.

Manche Leute erzählen, daß sie ihren Seelenpartner über einen Raum voller Menschen hinweg gefunden haben und einfach wußten, daß diese Person der oder die richtige war. Andere berichten von einem Donnern oder einem elektrischen Schlag, der sie erkennen ließ, daß dies ihr Seelengefährte oder ihre Seelengefährtin war. Manchmal ist es so und manchmal nicht. Ich weiß von elektrisch aufgeladenen Beziehungen, die als impulsive Kämpfe vor dem Scheidungsgericht endeten. Ich weiß auch von unglücklichen Ehen, in denen die Partner, wenn sie sich nur für die Seele des jeweils anderen öffnen und aus der Fülle ihres Seins leben würden, erkennen könnten, daß der Gegner im Bett tatsächlich der Seelengefährte im Himmel ist. Der Mensch, mit dem Sie zusammen sind oder den Sie gerade kennenlernen, könnte der Grund sein, warum Sie in dieses Leben hineingeboren wurden, und ist vielleicht Ihr Seelengefährte. Werden Sie zu dem Menschen, als der Sie gemeint waren, und ziehen Sie den einen an, der ein Leben lang nach Ihnen gesucht hat.

Üben Sie sich heute mindestens einmal Meditation über die Flamme (Seite 263).

Fühlen Sie sich mit Gott wohl

Aber ihr, die ihr dem Herrn, eurem Gott, anhinget,
lebt alle heute noch.

5. Mose 4,4

Wahrlich, großartig schnitzt der,
der das Holz nicht spaltet.

Lao Tse

Die Anwesenheit des Weges in der Welt
Ist wie die Beziehung von kleinen Bächen in Tälern
Zu Flüssen und Meeren.

Lao Tse

Das Tor der Kreativität eröffnet Ihnen die Gelegenheit, mit der göttlichen Quelle in Berührung zu kommen und mit der Gesamtheit des Lebens eins zu sein. Doch ist es allein Ihre Entscheidung. Obgleich die Anwesenheit Gottes das ganze Universum und auch alle Teile des Menschen, der Sie sind, durchdringt, haben Sie die Wahl, ob Sie sein Licht annehmen wollen oder nicht.

Ihr Verlangen danach, Gottes Licht zu empfangen, mit seiner Essenz in Berührung zu kommen und an allem festzuhalten, was heilig ist, stellt das höchste Ziel dar, die größte Herausforderung und die höchste auf Gegenseitigkeit beruhende Partnerschaft, die Sie eingehen können. Doch sind Sie mit der unabhängigen Wahlmöglichkeit versehen. Obwohl Sie aus dem göttlichen Willen heraus geboren sind, obliegt es Ihrem Willen, ob Sie die Schnittstelle zwischen sich und Gott pflegen oder nicht. Gott führt Sie zu Achtsamkeit und zum Nichtverhaftetsein Ihrer Gedanken, Worte und Taten. Und Gott lädt Sie ein und ermutigt Sie, an allem festzuhalten, was heilig ist.

Dieser Zustand des Anschlusses an Gott wird *debekuth* genannt. *Debekuth* ist der Prozeß des Verschmelzens mit dem Göttlichen, der über Sie selbst und Ihre selbstauferlegten Grenzen hinausgeht. *Debekuth* heißt, mit Gott ein so enges Verhältnis zu haben wie das Sonnenlicht mit der Sonne. Das bedeutet, sich mit Gott wohl zu fühlen, so wie sich der Honig auf dem Brot wohl fühlt. Zum ersten Mal hörte ich den Ausdruck »sich mit Gott wohl fühlen« von meinem Lehrer Rabbi Zalman Schachter-Shalomi, und er hörte sich für mich so gut an, daß ich ihn in die Praxis meiner eigenen Gottesvorstellung umsetzte.

Debekuth ist eine Intimität, in der alle Gedanken und Vorstellungen zwischen Ihnen und Gott klar sind. Das bedeutet, Gott durch die gleichen Augen zu sehen, durch die Gott Sie sieht, den Rhythmus Ihres Herzens mit dem göttlichen Herzschlag des Universums in Übereinstimmung zu bringen. *Debekuth* ist Ihr Körper, der im Körper Gottes enkodiert ist, Ihre Seele, die von Gottes Seele umschlossen ist, und Ihre Handlung, die Gottes Vorstellung manifestiert.

Debekuth kann überall und jederzeit geschehen. Erforderlich ist lediglich der Wunsch und der Wille. Nichts kann erreicht werden ohne den Willen, es zu tun. Wenn Ihr Wille im Anschluß an Gott aktiv ist, geschehen bestimmte Dinge. Wenn ein Bauer ein Pferd vor seinen Wagen spannen will, geschieht dies nicht von allein. Zunächst muß der Bauer den Wunsch dazu verspüren; dann geht er die nötigen Schritte, um sein Ziel zu erreichen. Auf die gleiche Weise würden Sie Ihren Kopf nicht nach links drehen oder Ihren Arm über den Kopf heben, wenn Sie nicht den Willen dazu hätten. Wenn dann auch der Wunsch an der richtigen Stelle greift, drehen Sie Ihren Kopf und heben Ihren Arm.

Debekuth braucht keine Worte und keine Taten. Sie können an Gott festhalten, indem Sie den Wunsch danach einfach in Ihrem Bewußtsein bestätigen. Das tiefgründigste Tun liegt im Nichttun, bevor Sie irgend etwas tun. Das ist es, was geschieht, wenn Sie in einem Zustand des *debekuth* meditieren und die Gegenwart des Allwissenden, Allseienden, Allheiligen Einen spüren. Der Anschluß an Gott und das

Gebet sind eng miteinander verbunden. Wenn Sie mit reiner Intention beten, sind Sie in *debekuth*. Wenn Sie danach trachten, in jedem Gedanken, jedem Wort und jeder Tat an Gott angeschlossen zu sein, leben Sie ein andächtiges Leben. Das Gebet ist nicht nur eine Form des Vortrags; es ist eine Seinsweise. Sowohl das Gebet als auch *debekuth* durchdringen Sie jenseits des gesprochenen Wortes.

Bevor wir ins Leben gerufen wurden, erschuf Gott eine Welt voller Licht. Er schied das Licht in winzige Funken, und als solche gelangte es in alle Lebensformen. In Ihnen ist ein Funke von Gottes Licht, der noch aus der Zeit der Schöpfung stammt. Das Problem besteht darin, daß viele Menschen sich an den Funken in ihnen nicht erinnern. Kommt das Licht jedoch nicht zur Verwendung, verblaßt es mit der Zeit und wird in den *klippot* unseres Lebens eingekapselt. Leben Sie ein andächtiges Leben, in dem Sie sich mit Gott wohl fühlen, und Sie werden sehen, wie hell Ihr Licht scheinen kann und jene, die Sie lieben, und die Welt im allgemeinen positiv beeinflußt.

Wenn Sie sich dafür entscheiden, Gott in Ihr Leben einzuladen, halten Sie an den heiligsten Aspekten Ihrer selbst fest und führen Sie ein göttliches, wunderbares Dasein. Erkennen Sie an, daß Sie und Gott eins sind an der Stelle, an der Sie am offensten und lebensbejahendsten sind. Indem Sie den Anschluß an Gott – *debekuth* – üben und sich an der Anwesenheit des Heiligen festhalten, gelangen Sie über das Bewußtsein Ihrer selbst hinaus zu einem kurzen Augenblick der Stille und ausgedehnten Leere, in der es nichts anderes gibt als Gott. Indem Sie mit dem Nichts in Berührung geraten, umfangen Sie den Gott in sich.

Üben Sie sich heute mindestens einmal in der Meditation über die Flamme (Seite 263).

Reisen Sie mit leichtem Gepäck, und atmen Sie tief

Da machte Gott der Herr den Menschen aus Erde vom Acker
und blies ihm den Odem des Lebens in seine Nase.
Und so ward der Mensch ein lebendiges Wesen.

1. Mose 2,7

Es zu ergreifen heißt, es zu verlieren.

Lao Tse

Eine gute Bewegung hinterläßt keine Spuren.

Lao Tse

Schhh. Pause. Werden Sie still. In der stillen Ruhe Ihres Herzens hören Sie den Atem der Seele in Ihrem Körper und den Atem des Planeten im Universum. Spüren Sie sein beständiges Kontrahieren und Expandieren. Gemäß der kabbalistischen Kosmologie ist alle Schöpfung eine Folge von Kontraktion und Expansion. Aus Kontraktion und Expansion werden neue Energie geboren, neue Paradigmen geformt, und alte Seinsweisen werden zu neuen Realitäten transformiert. Der göttliche Atem, der kosmische Schoß, der Geburtsprozeß bei der Frau und das Ein- und Ausatmen in Ihrem Körper sind allesamt Bestandteile des kreativen Prozesses des »Reisens mit leichtem Gepäck« und des vollständigen Atmens.

Der Musiker holt bewußt Luft, bevor er sein Instrument zu spielen beginnt; die Schriftstellerin atmet bewußt ein, bevor sie ihren Stift auf das Papier setzt; der Schauspieler macht einen bewußten tiefen Atemzug, bevor er mit seinem Vortrag beginnt; die Malerin füllt bewußt ihre Lungen, bevor sie den ersten Pinselstrich auf der Leinwand anbringt. Durch tiefes Atmen kann jeder Mensch sich an die ästhetische Kreativität Gottes anbinden und diese mit einem Instrument, Stift und

Papier, einer Darstellung oder einer Leinwand und Farben zum Einsatz bringen.

Im Versuch, die Dinge des Herzens, die Belange des Geistes und die Sinnlichkeit des Körpers auszugleichen, geht Ihr Atem oft kurz, und Ihr Leben tritt ein in das schwergewichtige Drama von Aufruhr, Unentschlossenheit und Ängstlichkeit. Sie vergessen, daß Sie Bestandteil einer weit umfassenderen Geschichte sind, die jenseits der Barrieren begrenzter Wahrnehmung noch unendlich viele Möglichkeiten bereithält. Stellen Sie sich die Welt als riesiges Spielfeld vor. Stellen Sie sich vor, daß Gott diesen ganzen munteren Schauplatz geschaffen hat, mit all den farbenprächtigen Darstellungen von aufregenden Erfahrungen, geschmückt mit dem passenden Zubehör und bereit für Ausflüge in die Fantasie. Als er fertiggestellt war, setzte Gott Sie in dieses wunderbare Umfeld, in der Hoffnung, daß Sie mit Gott spielen und Leben in eine ansonsten unbelebte Landschaft bringen würden. Gott sagt zu Ihnen: »Diese Welt ist unser Spielfeld, und ich möchte mit dir spielen! Steh nicht einfach nur da. Erwache zum Leben!« Sie wurden erschaffen, um leichten Fußes zu gehen, freudig zu spielen und mit dem Schöpfer dieses Universums in die Höhe aufzusteigen.

Halten Sie das Erkennen in Ihrem Herzen fest, daß Gedanken unbeständig und Muster des Erkennens ewig veränderlich sind. Doch denken Sie bei jedem Ein- und Ausatmen daran: Die Energie, mit deren Hilfe Sie mit leichtem Gepäck reisen und voll und ganz atmen, ist ein ewig zugängliches Element in der Geschichte Ihres Lebens. Unendlich viel Energie wird mit jedem Atemzug und in jeder Kontraktion und Expansion des Universums transportiert. Ob es sich um die pulsierende Energie Ihrer Vorfahren oder Ihrer Nachkommen handelt, um die oszillierende Energie des intensiven *debekuth* oder der nichtverhafteten Leere oder um die rhythmische Energie von Kontraktion und Expansion, die Freiheit, mit der Sie atmen, und die Leichtigkeit, mit der Sie leben, ist die Energie, die von Ihnen an die nächste Generation weitergegeben wird. Wenn sich auch alles mit der Zeit auflöst, die Energie, die Sie in die Welt einbringen, bleibt als Bestandteil Ihres ewigen Vermächtnisses bestehen.

Wenn Sie den Rhythmus Ihres Lebens festlegen, lassen Sie genug Raum für Widerspruch und Expansion. Was heute gut paßt, erfüllt vielleicht schon morgen Ihre Bedürfnisse nicht mehr. In den Melodien Ihres Herzens und in den Schritten Ihres Gangs entfalten sich Möglichkeiten für eine sogar noch großartigere Symphonie, die gleichzeitig zu groß und ausgedehnt wie auch zu klein und eng für den Weg ist, den zu gehen Sie im Begriff sind. Auf diesem Spielfeld des Lebens ist es nicht möglich, einen Weg gründlich und schwer bepackt zu bereisen und die übrigen Wege unberührt zu lassen. Denn kein einzelner Weg und keine einzelne Erfahrung kann all Ihre Bedürfnisse nach Wachstum und Expansion erfüllen.

Denken Sie über die Male nach, da Sie in Ihrem Leben mit schwerem Gepäck gereist, und an jene, bei denen Sie leichten Fußes unterwegs waren. Führen Sie sich vor Augen, wie Augenblicke der Schwere zu Kurzatmigkeit führten und Ihre Energie blockierten, während Momente der Fröhlichkeit und Leichtigkeit Ihren Atem vertieften und Ihre Energie vermehrten. Indem Sie leicht zwischen den Kontraktionen und Expansionen hin- und hergehen, erkennen Sie neue und erneuerte Bereiche der Freude in Aspekten Ihrer selbst und in den Aspekten der Schöpfung im allgemeinen. Indem Sie bei jedem Schritt, den Sie gehen, voll und ganz atmen, haben Sie und Gott zunehmende Freude an dem Zusammenspiel, das die Welten in den Welten durchquert. Mit jedem Atemzug, den Sie tun, bläst Gott erweckte Geister und universelle Wunder in Sie hinein.

Üben Sie sich heute mindestens einmal in der Meditation über die Flamme (Seite 263).

Erhabenheit

Dein Reich ist ein ewiges Reich,
und deine Herrschaft währet für und für.

Psalm 145,13

Warum ist das Meer Herr der hundert Täler?
Weil es immer tiefer liegt als sie,
Daher ist es Herr der hundert Täler.

Lao Tse

Treten Sie durch das Tor der Erhabenheit, und gewinnen Sie Zugang zur Erhabenheit in sich selbst. Auf Ihrem Weg durch dieses Tor gelangen Sie zu einer tiefgreifenden Ehrfurcht vor dem Leben und zu ihrer praktischen Anwendung auf das Hervorbringen und Wiederhervorbringen von Möglichkeiten für Ihr Leben. Im Tor der Erhabenheit sind Sie geduldig und flexibel, nehmen Veränderung und Erneuerung als Bestandteil Ihrer täglichen Routine an. Hier empfangen Sie alles, was Sie bisher in Ihrem Leben entgegengenommen, erlebt und gezeigt haben und erheben es auf seine höchste Stufe, um dem Guten mit Würde und in Anmut zu dienen. Im Tor der Erhabenheit stehen Sie mit Vertrauen auf der Schwelle zwischen dem, was Sie bereits erreicht und vervollständigt haben, und dem, womit Sie gerade beginnen.

Das Tor der Erhabenheit läßt Ihnen Einsichten zuteil werden, die Ihnen dabei helfen, die Einzigartigkeit Ihres Geistes zu bestätigen und die Würde des Menschen zu entdecken, der Sie sind. Sie erhalten erneut Zugang zu Ihrer königlichen Herkunft und vermögen Ehrfurcht, Erhabenheit, Würde und Güte in der Welt aktiv wiederherzustellen. Sie lernen, Ihre Realität zu erweitern und über Ihre Vergangenheit in eine Zukunft hineinzuwachsen, die einfacher und doch gewaltiger sein wird, als Sie es sich bisher vorstellen konnten. Sie leben mit größerer Harmonie und Integrität in den spirituellen und physischen Reichen Ihres Lebens und fühlen sich zufrieden, vollständig und ganz.

Mit dem Vertrauen auf den Zweck Ihres Lebens streben Sie danach, Ihre tiefsten Wünsche und Talente in die Gemeinschaft mit anderen einzubringen. Im Umgang mit anderen sprechen Sie ehrlich und handeln zuverlässig, während Sie zugleich Ihr Leben und Ihren Dienst an Gott und der Menschheit beständig neu bewerten. Im Kneten, Modellieren und Formen Ihres Lebens führen Sie das Alte zu seinem Höhepunkt und beginnen das Neue. Indem Sie sich dem Neuen öffnen, lernen Sie, daß Loslassen befreiend ist, daß Abschlüsse Anfängen gleichkommen und daß der Tod nicht endgültig ist.

Das Tor der Erhabenheit ermächtigt Sie, unabhängig zu werden, während Sie zugleich erkennen, daß Sie niemals allein sind. Durch die Fähigkeit, über sich selbst hinauszugehen, werden Sie sich darüber bewußt, daß Sie eins sind mit allem, was da ist. Sie sind ein Individuum und zugleich eine Welt, eine Seele und alle Seelen, ein Herz und alle Herzen, ein Geist und alle Geister.

Indem Sie diesen Kreis der Reise durch die zehn Tore beenden, werden Sie gewahr, daß die Brücke zwischen einem Tor und dem nächsten auf der Begeisterung Ihres eigenen Geistes und auf den Errungenschaften Ihrer Intentionen errichtet ist.

Bevor Sie sich der ersten Einsicht im Tor der Erhabenheit zuwenden, nehmen Sie sich ein wenig Ruhe, und üben Sie die Meditation über die Vollkommenheit (Seite 294). Um von der Meditation zu profitieren, lesen Sie die Anweisungen langsam. Machen Sie nach jedem Satz eine Pause, und spüren Sie dem nach, was Sie gelesen haben. Überlassen Sie sich nun einen Moment lang dem daraus resultierenden Gefühl von Frieden. Wiederholen Sie die Meditation über die Vollkommenheit nach jeder der folgenden Einsichten.

Meditation über die Vollkommenheit

Legen Sie eine Pause ein, und setzen Sie sich bequem auf einen Stuhl oder auf den Boden. Spüren Sie, wie der Atem in Ihren Körper strömt, während Sie langsam ein- und ausatmen. Entspannen Sie einen Augenblick lang in der wohltuenden Ruhe Ihres Atems. Wenn Sie spüren, daß Sie ruhig werden und in Ihrer Mitte sind, öffnen Sie Ihre Augen und sehen Sie sich in Ihrer Umgebung um. Nehmen Sie die Konturen, Formen und Farben wahr. Nehmen Sie alles genau so an, wie es ist, und erkennen Sie die Vollkommenheit des Universums an. Nun schließen Sie Ihre Augen und lauschen den Geräuschen Ihrer Umgebung. Horchen Sie auf die Kadenzen und Rhythmen all der Klänge, die Sie wahrnehmen, und erkennen Sie ihre Vollkommenheit im Universum an. Blicken Sie nun in Ihr Inneres, und sehen Sie Ihre innere Umgebung. Sehen, hören und fühlen Sie alles, was in der Welt in Ihrem Inneren erwacht, und erkennen Sie die Vollkommenheit des Universums an. Untersuchen Sie im inneren Raum Ihrer Fantasie die Elemente, aus denen sich das Universum zusammensetzt. Nehmen Sie sie in ihren unterschiedlichen Bestandteilen und in ihren zahllosen Zusammensetzungen wahr. Fühlen Sie die Weisheit, die ihren Formen innewohnt und ihren Zweck bestimmt. Hören Sie die Geister, die in ihnen wohnen und die Transformationen des Universums verursachen. Erkennen Sie den Zusammenhang all dessen, was sich unter und über Ihnen befindet, ehren Sie die Vollkommenheit, die jedem der Teile innewohnt, und die Göttlichkeit, die das Ganze kennzeichnet.

Enthüllen Sie die Majestät des Menschen, der Sie sind

Ihr steht heute alle
vor dem Herrn, eurem Gott …
5. Mose 29,9

Sei wahrhaft eins und kehre zurück.
Lao Tse

Heute und jeden Tag stehen Sie vor Gott, der Sie bedingungslos liebt, gutheißt und akzeptiert als genau der Mensch, der Sie sind. Sie sind heilig. Die Wahlmöglichkeiten, um in Heiligkeit fortzuleben, stehen Ihnen für immer offen. Wenn Sie vor Gott stehen, offen, verletzlich, bewußt und wissend um Ihre Verpflichtung, in der Einzigartigkeit des Menschen, der Sie sind, weiterhin bereit, auf dem vor Ihnen liegenden Weg zu reisen, hilft Gott Ihnen, er unterstützt und führt Sie.

Der Weg, den Sie für Ihre Reise ausgewählt haben, kann der gleiche sein wie der Ihrer Eltern oder Großeltern. Ob Sie sich dafür entscheiden oder nicht, dem Weg Ihrer Eltern nachzustreben, Gott ermutigt Sie, sich Ihre eigene Vision von der Heiligkeit zu erschaffen. Mit Ihrem Eintritt in diese Welt ist ein neues Licht, eine neue Seinsweise gekommen. Sie sind ein Original, eine einzigartige Person, die zum allerersten Mal in dieser Welt und in dieser Form ist. Ihre Einzigartigkeit ist für die Heilung und Transformation Ihrer Umgebung, für eine neue Art des Sehens, Hörens, Fühlens und des Lebens wichtig. Jeder Mensch ist ein neuer Organismus, der dazu berufen ist, ein Schicksal zu erfüllen, in dem er oder sie seine oder ihre Einzigartigkeit in eine weit größere Geschichte in einer unendlich größeren Welt einbringt.

Sie haben es nicht nötig, eine andere Person zu imitieren, nicht einmal einen Angehörigen der Reichen und Berühmten. Gott verlangt von Ihnen nur, Sie selbst zu sein und die Kraft aufzubringen, um aus der Einzigartigkeit des Menschen zu handeln, der Sie sind. Obgleich es Ihnen freisteht, Lehren aus der Vergangenheit zu Ihrer Orientierung heranzuziehen, sollen die Schritte, die Sie jetzt machen, Sie in die Zukunft führen. In einer beliebten Geschichte hatte Reb Zusya, ein chassidischer Rabbi, eine Vision von seinem eigenen Tod, in der seine Seele in den Himmel aufstieg, sich in den inneren Räumen Gottes befand und sein Leben auf Erden Revue passierte. Dort hörte er, wie Gott ihm die tiefgründigste aller Fragen stellte. Gott fragte ihn nicht, warum er kein Moses sei, sondern: »Warum warst du nicht Reb Zusya?« Durch die Einfachheit der Fragestellung erkannte Reb Zusya, worum es in seinem Leben eigentlich ging. Sein Leben war ihm gegeben, damit er die Einzigartigkeit seiner selbst verwirklichte.

In dem Buch »The Teaching of Buddha« findet sich eine Parabel über eine arme Frau, die eine Truhe erbte. Nicht wissend, daß die Truhe mit Gold gefüllt war, lebte die Frau auch weiterhin in Armut. Eines Tages kam eine andere Frau zu Besuch, öffnete die Truhe und offenbarte somit das Gold. Wie oft beklagen die Menschen ihr Schicksal, ohne den Versuch zu machen, die Kräfte, die in ihnen selbst verborgen liegen, zur Verbesserung ihres Lebens einzusetzen. Indem Sie sich heute umblicken, werden Ihnen vermutlich mehrere Menschen auffallen, die durch eine ärmliche Selbstwahrnehmung eingeschränkt werden. Gehören auch Sie dazu?

Manchmal ist eine Tragödie erforderlich, damit Sie die Vollkommenheit des Menschen erkennen, der Sie sind. Eine andere buddhistische Parabel berichtet von einem Ringer, der einen wertvollen Edelstein als Kopfschmuck trug. Im Verlauf eines Kampfes wurde ihm der Stein in die Stirn gedrückt. Er glaubte, den Stein verloren zu haben und ging zu einem Arzt, um seine Stirnwunde behandeln zu lassen. Als der Arzt damit begann, die Wunde zu versorgen, fand er den Edelstein eingebettet in das Fleisch seiner Stirn, unter Blut und Schmutz verborgen. Er hielt dem Ringer einen

Spiegel vor, damit dieser sehen konnte, daß der wertvolle Stein noch da war, eingebettet im Fleisch und Blut des Menschen, der er war.

Sie sind aus Gott heraus geboren, und das macht Sie göttlich und königlich. Sie stammen ab von einer Familie der Könige und Königinnen, der Priester und Priesterinnen. Die größte Selbstfesselung besteht darin, nicht mehr zu wissen, daß Sie von edler Geburt und majestätischer Herkunft sind. Denken Sie daran, daß Sie königliche Gene und königliche Macht besitzen. Erinnern Sie sich an die Majestät dessen, der Sie sind, und stellen Sie Ihren Adel wieder her, indem Sie sich aktiv in Ihr Leben einbringen. Werden Sie zu einem edlen Wesen, und heben Sie die Gestrauchelten eigenhändig auf, verhelfen Sie den Fragmentierten zur Ganzheitlichkeit, und helfen Sie jenen voran, die zurückgeblieben sind. Werden Sie zu einem Reb Zusya, und manifestieren Sie Ihre einzigartigen Qualitäten, ohne sich selbst mit anderen zu vergleichen. Öffnen Sie die Schatztruhe Ihrer Seele, und entdecken Sie Ihre Majestät. Bringen Sie das Gold zum Vorschein, das im verborgenen eines Lebens schlummert, das erst noch gelebt werden muß. Werden Sie zu dem Ringer aus der Geschichte, und setzen Sie die Edelsteine Ihres Geistes ein, um das Gute in der Welt zu fördern. Reisen Sie in den Himmel, und sehen Sie Ihr eigenes Leben in dem Vertrauen an sich vorbeiziehen, daß Sie voll und ganz in dem Menschen leben, als der Sie gedacht waren. Im Tor der Erhabenheit fordert Gott Sie auf, die heilige Aufgabe, für die Sie geboren wurden, mit gütiger Großzügigkeit, heiterer Majestät und heiligem Adel zu vollenden.

Üben Sie sich heute mindestens einmal in der Meditation über die Vollkommenheit (Seite 294).

Erweitern Sie Ihre Realität

Diese Welt hat für sich genommen keine Existenz.
Wir nehmen die Realität allein durch die Qualitäten unserer Wahrnehmung wahr.

Rabbi Nachman von Brazlaw

Das Schwere ist die Wurzel des Leichten;
Die Stille ist der Herr der Bewegung.

Lao Tse

Nun, da Sie auf dem Weg des Lebensbaumes gereist sind und vor dem zehnten Tor, dem Tor der Erhabenheit, stehen, wie definieren Sie Realität? Würden Sie die Realität aufgrund Ihrer inneren Welt oder auf der Basis Ihrer äußeren Umgebung definieren? Würde Ihre Definition auf dem beruhen, was andere als wirklich bestimmt haben, oder darauf, was für Sie Wirklichkeit ist?

Durch die Einsichten der bereits hinter Ihnen liegenden Tore haben Sie gelernt, daß die Schöpfung aus dem Nichts beginnt und daß Ihnen *alle* Möglichkeiten offenstehen. Mit Weisheit haben Sie erlebt, wie alle Dinge zugleich geschehen. Mit dem Verstehen haben Sie im Zusammenhang mit Erfahrungen Muster des Erkennens bezeugt und wahrgenommen. Mit bedingungsloser Liebe und Mitgefühl wird diese Realität, die auf Ihren Erfahrungen und auf dem Erkennen der Muster beruht, die diese Erfahrungen miteinander gemeinsam haben, lebendig, dynamisch und ist von fortwährendem Wachstum geprägt.

Wirkliche Erfahrungen bauen aufeinander auf und definieren sich gegenseitig. Muster des Erkennens setzen sich zu neueren Mustern zusammen. Wenn das Gebäude der Realität zu überwältigend und kompliziert wird, schwächt dies Ihr Fundament, und es ist an der Zeit, still zu werden, sich abzulösen und eine Realität neu zu definieren, die in sich eine heilige Ordnung und Einfachheit bewahrt. Wenn der Sohn des Maggid von Mesritsch, der sich in das Studium der Kabbala versenkt hatte, meditierte, brachten ihn seine Engel in die äußeren Reiche der reinen Emanation. Einmal, als er mit seinem Zeitgenossen Rabbi Schneer Zalman, meditierte, war der Sohn des Maggid so weit fort, daß Rabbi Schneer Zalman fürchtete, die Engel könnten ihn vielleicht nicht wieder zurückbringen. Also lief er in die Küche, kam mit etwas Brot zurück und stopfte es dem jungen Mann in den Mund. Diese Tat veranlaßte den Engel und den jungen Mann zur Rückkehr. Am nächsten Morgen dankte ihm der Maggid für das, was er für seinen Sohn getan hatte und sagte: »Weißt du, was ich an dir am meisten bewundere? Daß du fähig bist, auf der höchsten Ebene der Energie zu meditieren, und gleichzeitig Brot holen kannst.« In der Realität einer Welt zu sein schließt die Möglichkeit nicht aus, zugleich auch in der anderen Welt zu leben.

Es gibt zwei grundlegende Realitäten, in denen Sie leben: die physische Welt der Materie und die spirituelle Welt der Energie. Das spirituelle Reich enthält Materie in ihrer energetischen Form. Energie geht über die Zeit selbst hinaus. Das ist die Realität, in der sich der Sohn des Maggid aufhielt, als er tief im Gebet versunken war. Die Welt, in der Rabbi Schneer Zalman das Brot holte, ist die Welt der physischen Materie. Die physische Welt wird durch Zeit gemessen. In einer von Zeit gemessenen Welt sind alle Dinge zeitlich begrenzt; nichts ist von Dauer. Ereignisse, Besitz, Beziehungen – alles ist zeitlich begrenzt, sogar Vorstellungen weisen eine zeitliche Begrenzung auf. Doch die Energien, die in diese Ereignisse, in den Besitz, die Beziehungen und Vorstellungen einfließen, sind zeitlos. Sie sind wie die Art von Energie, die man in einem Zirkuszelt spüren kann, lange nachdem die Leute und die Darsteller aufgebrochen sind, oder die Energie, die Sie fühlen, wenn Sie Jahre später an Ihren ersten Schülerball oder an Ihren Schulabschluß denken. Sie sind wie die Energie, die Sie jetzt spüren können, wenn Sie sich den Ablauf eines großartigen Ereignisses in der Zukunft vorstellen, zum Beispiel eine Feier mit geliebten Menschen, eine Reise an einen exotischen Ort oder den Beginn eines erfolgreichen Projekts. Auf die Energie, die Ihre Gedanken aufbieten, kann in multiplen Realitäten zugegriffen werden, sie vermag sich an zahllosen Orten zu manifestieren und kann zu jedem beliebigen Zeitpunkt genutzt werden.

Es ist für Sie möglich, Ihre Realität derartig zu erweitern, daß sie das Zeitlose und das Zeitliche einschließt. Es steht Ihnen frei, sich gleichzeitig in der spirituellen und in der physischen Welt in Harmonie aufzuhalten. Wenn Rabbi Shlomo Carlebach dabei war, eine neue Melodie zu komponieren, erhob sich sein Geist in den Äther des Universums und ergriff eine Melodie, die dort in der Luft hing. Rabbi Shlomo dankte den Seelen aller Zeiten dafür, daß sie die Melodie in seine Reichweite gerückt hatten. Er hat uns oft gefragt: »Was meint ihr, woher die Inspiration kommt, um Bilder zu malen, zu musizieren oder Schauspiele zu schreiben? Vom Äther der Seelen, die sie in die Luft gehängt haben, damit ihr sie ergreift. Alle Künstler greifen zum Zweck ihrer Inspiration in den Äther, sogar Whitney Houston!«

Ich war einmal bei einer Konferenz, bei der ein Mann namens Tom Sawyer darüber sprach, wie sehr eine Nachtodeserfahrung seine Realität erweitert hatte. Ein wichtiger Bestandteil seiner Botschaft legte nahe, daß es in der letzten Realität keine Zeit gibt. Er benutzte das Gebet als Beispiel. Tom sagte, daß ein Gebet, das mit reiner Intention rezitiert wird, über die Zeit hinausgeht und sich auf jene auswirkt, die bereits verschieden sind, auf jene, die heute da sind, und auf jene, die erst noch geboren werden müssen. Ich vermag dies anhand meiner eigenen Erfahrungen zu begreifen. Manchmal merke ich, wie ich für Menschen bete, die schon lange nicht mehr unter den Lebenden weilen, und doch weiß ich, daß die Energie meines Gebets sie erreicht, als befänden sie sich direkt neben mir. Bei anderer Gelegenheit, wenn ich für jene bete, die in meinem augenblicklichen Leben eine besonders wichtige Rolle spielen, oder für jene, die erst noch geboren werden müssen, spüre ich, wie die Energie des Gebets ihre Geister erreicht.

Gedanken sind nicht dafür gedacht, von Dauer zu sein, und auch Lebensmuster sind in beständiger Veränderung begriffen, doch die Energie hinter Ihren Gedanken ist im großen Gesamtbild des Lebens immer vorhanden. Die Energie, die Sie in die Dinge investieren, die Sie denken, sagen und tun, ist allen Zeiten und Menschen zugänglich. Können Sie sich vorstellen, was Ihre Gedanken, Worte und Taten der Güte und des Friedens für das Morgen zu vollbringen vermögen? Sobald Sie Ihre Realität ausdehnen, nehmen Ihre Möglichkeiten grenzenlos zu. Eine Seele aus dem Gestern könnte geheilt werden durch die Gedanken und Intentionen, die Sie heute im Universum plazieren. Ein Kind, das erst noch geboren wird, muß vielleicht gerade das begreifen, was Sie gestern gedacht haben. Erweitern Sie Ihre Wirklichkeit in der heutigen Welt, und Sie erweitern die Möglichkeiten für das Universum von morgen.

Das Wahre ist ebenso unbegrenzt wie die Realität, die Sie gerade jetzt für sich erschaffen. Es entspricht nicht der Natur der Realität, daß eine Definition, die Ihnen heute paßt, auch in der Zukunft noch Ihren Bedürfnissen angemessen sein wird. In der Natur der Realität enthält das Leben mehr Möglichkeiten und entfaltet eine sogar noch größere Einfachheit, für welche die heutigen Definitionen zugleich zu umfassend und hinderlich wie auch zu klein und eng sind.

Halten Sie einen Augenblick lang inne, und denken Sie darüber nach, wie Sie Ihre Realität für sich definiert haben. Wenn Sie darin fortfahren, zugleich in der physischen und in der spirituellen Realität zu leben, werden Sie feststellen, daß immer mehr Dinge geschehen, die mit Ihren Gedanken übereinstimmen. Sie denken an einen Freund und er ruft plötzlich an, oder Sie machen sich Sorgen wegen eines Problems, und die Lösung offenbart sich Ihnen mühelos. Indem Sie Ihre Realität aus der Perspektive von Energie und Materie aus definieren, erkennen Sie, wie Ihre Geschichte mit den Geschichten anderer verknüpft ist. Eine vollkommen neue

Definition der Realität entfaltet sich vor Ihnen. Die Realität ist jedoch nur für Sie neu, denn Sie haben eben erst begonnen, sich ihr zu öffnen. In Wirklichkeit war sie schon immer ein Bestandteil des göttlichen Musters Ihrer Seele und hat nur darauf gewartet, daß Sie sie aktivieren.

Weder Gott noch der Geist, weder der Verstand noch das Leben sind statisch. Sie befinden sich mitten in einer dynamischen, fließenden, ewig veränderlichen und doch ewigen Beziehung mit dem Universum Ihrer Erfahrung. Dieses Universum besteht aus Atomen, die sich unablässig in Bewegung befinden, in die Leere hineinstreben und sie wieder verlassen. Unabhängig von und doch gemeinsam mit allen anderen Lebensformen sind Sie in einem fortwährenden Austausch und in einer ständigen Regeneration von Atomen begriffen. Gemeinsam mit der gesamten Schöpfung, sowohl physischer wie spiritueller Art, belebter und unbelebter Natur, teilen Sie einen unermeßlichen Schatz der Erfahrungen.

Wie frei ist Ihr Geist? Führt Ihre Neugier Sie in neue Erfahrungswelten, oder ziehen Sie sich hinter die hoch aufragenden Barrieren des Lebens zurück, das sich in den *klippot* oder Schalen der Begrenzung verborgen hat, die Sie ihm auferlegen? Stellen Sie sich ins Licht und lassen den Gottesfunken erstrahlen, oder halten Sie sich im Schatten versteckt? Jene, die in ihrem eigenen Schatten stehen, müssen nur zur Seite treten, um die Fülle ihres Lichts zu erleben. In den Worten von Abraham Joshua Heschel: »Die Dunkelheit beruht weitgehend auf einem Mangel an Erfahrungen. Unser Geist wird verdunkelt durch die Finsternis und nicht durch die Sonne.« Indem Sie die *klippot* abbauen, öffnen Sie das Tor zur Offenbarung.

Vergrößern Sie Ihre Intelligenz, indem Sie Ihren Geist für neue Erfahrungen und Entdeckungen öffnen. Entwachsen Sie Ihren Grenzen, und haben Sie keine Angst davor, auf dem Weg Fehler zu machen. Bedienen Sie sich der Stolpersteine der Erfahrung auf die gleiche Weise, wie ein Künstler zufällige Pinselstriche setzt, um das Gemälde zu verbessern, oder ein Musiker improvisierte Echos verwendet, um den Sound jazziger zu gestalten, und empfangen Sie größere Intelligenz. Lassen Sie es zu, daß Sie stolpern, und Sie werden neue Dinge erlernen.

Üben Sie sich heute mindestens einmal in der Meditation über die Vollkommenheit (Seite 294).

Träumen Sie größere Träume

Wo keine Offenbarung ist, wird das Volk wild und wüst.

Sprüche 29,18

Der Weg durchdringt alles; er kann allzeit benutzt werden, doch ist er niemals vollständig.

Lao Tse

Träume erschaffen Welten. Träume sind dynamische, organische, interaktive Visionen dessen, was möglich ist. Gott hat Sie in diese Welt gestellt, um einen Zweck zu erfüllen. Gott träumt in Ihnen einen Traum, den Sie ebenfalls träumen. Das Erkennen Ihres Traums ist entscheidend für das Wohlergehen und die Vollständigkeit des Universums. Wenn Sie Ihren Traum leben, erschaffen Sie damit für andere neue Welten. Ihren Traum zu leben, ist Ihr Anteil am göttlichen Plan.

Tikkun olam, die Transformation der Welt, beginnt damit, daß Sie den Traum leben, den Gott in Ihnen träumt. Wenn Sie Ihre Träume leugnen, leugnen Sie Gottes Träume und hinterlassen eine unbesetzte Stelle in der globalen Vision der Heiligkeit. Der Baal-schem-tow sagt, daß jeder Mensch einen Anteil daran hat, ein Zeitalter der Aufklärung herbeizuführen und einen kollektiven Messias zu erschaffen. Wenn Sie Ihren individuellen Anteil übernehmen, nähert sich die globale Realität Ihrer Vervollständigung.

Es ist nie zu spät, um zu träumen und nach Ihren Träumen zu handeln. Selbst wenn Sie sich im Herbst und Winter Ihres Lebens befinden, sollten Sie mehr in die Zukunft denn in die Vergangenheit blicken. Lassen Sie es nicht zu, daß Gesundheit, Geld und der Verlust der Unabhängigkeit Sie vom Träumen abhalten. Diese Probleme sind keine Entschuldigung dafür, daß Sie Ihre Träume aufgeben. Allein schon die Tatsache, daß Sie hier sind, zeigt, daß ein Traum Gottes noch in Ihnen lebt. Dieser Traum wartet darauf, von Ihnen geboren zu werden.

Jeder Tag ist erfüllt von Träumen. Sie haben Träume, wenn Sie wach sind und wenn Sie schlafen. Sie haben Träume, die eng sind und selbstverherrlichend, und solche, die weit sind und allumfassend. Die Träume, die Gott in Ihnen träumt, sind jene Visionen der Heiligkeit, die alles einschließen, die persönlich und universell zugleich sind. Gottes Traum wird Sie transformieren, und damit wird er zugleich auch die Welt transformieren.

Indem Sie dafür sorgen, daß Ihr Traum wahr wird, schließen Sie sich an den universellen Traum an. Dieser ist wie ein Puzzle, dessen Teile in Träumen jedem Mann und jeder Frau gegeben sind. Wenn neue Erfahrungen und neue Menschen in Ihr Leben treten, werden Sie jene kennenlernen, die das Puzzle vergrößern und dazu beitragen, Ihren Traum zu vervollständigen. Menschen, die sich größeren Träumen hingeben, leben auch »größere« Leben mit einer umfassenderen Bedeutung und finden einfachere, freudigere Wege, um das Puzzle in all seinen Teilen zu vervollständigen.

Wer sind die glücklichsten, reichsten Menschen, die Sie kennen? Sind es nicht jene, die ihre Visionen ausleben, egal welche Hindernisse und Herausforderungen sich ihnen auch in den Weg stellen? Sind es nicht jene, die immer noch größere Träume haben und ihre Talente und Quellen zum großen Ganzen der Welt beisteuern? Es sind die Menschen, die ihr Leben freudig und mit Begeisterung führen, unabhängig von ihrem vorhandenen oder nicht vorhandenen Besitz. Diese Menschen besitzen etwas Wertvolleres als materielle Güter. Sie besitzen einen Funken Gottes, der in allem widerstrahlt, was sie tun. Sie sind die Menschen, die ihrem Glück folgen und eine Karawane von Anhängern mit auf die Reise nehmen. Sie sind keine Menschen, die ständig die Uhr beobachten oder dauernd die Hand auf den Geldbeutel halten. Sie sind bereit, sich im Augenblick zu verlieren, die Grenzen des Raums zu überschreiten und die weite Leere der Neuanfänge zu betreten.

Ihre Träume zu leben ist mehr als nur eine Fantasie. Es ist die Realität des Göttlichen, dem es bestimmt ist, durch Sie ausgelebt zu werden.

Wie können Sie wissen, ob es sich um einen wirklichen Traum handelt und nicht nur um eine verzerrte Darstellung des Ichs? Sie wissen, daß er wirklich ist, wenn er nicht durch Ihren Verstand gefiltert wird und nicht mit entmutigenden Meinungen und negativen Aussagen anderer kollidiert. Er ist wirklich, wenn Sie ihn in der Tiefe Ihrer Seele sehen, berühren, schmecken, hören und riechen können. Er ist wirklich, wenn er weniger mit Ihrer Sicherheit zu tun hat und mehr mit der heilenden Transformation der Welt. Er ist wirklich, wenn Sie anfangen, ihn zu leben, und andere Menschen sich daran beteiligen und Sie unterstützen, weil sie Ihre Vision teilen.

Fragen Sie sich: »Welches ist der Traum, den ich der Welt gebe?« Dann verwirklichen Sie ihn! Leben Sie ihn ganz und gar aus! Machen Sie ihn so wahr, daß Sie es nicht mehr länger umgehen können, tatsächlich in ihm zu leben. Sie werden Ihren Beitrag zu *tikkum olam* leisten, und andere werden in der Folge davon profitieren.

Üben Sie sich heute mindestens einmal in der Meditation über die Vollkommenheit (Seite 294).

Handeln Sie nach Ihrer Rede

Herr, wer darf weilen in deinem Zelt?
Wer darf wohnen auf deinem heiligen Berge?
Wer untadelig lebt und tut, was recht ist,
und die Wahrheit redet von Herzen,
wer mit seiner Zunge nicht verleumdet,
wer seinem Nächsten nichts Arges tut
und seinen Nachbarn nicht schmäht.

Psalm 15,1–3

Im Wohnen sei nahe dem Boden.
In der Meditation gehe tief ins Herz.
In Beziehungen sei sanft und freundlich.
In der Sprache sei offen und ehrlich.
Im Umgang mit Menschen sei fair und gerecht.
In allen Dingen sei sorgfältig und tüchtig.
In jeder Bewegung wähle den rechten Zeitpunkt.

Lao Tse

Nun ist der richtige Zeitpunkt gekommen, um eine Pause einzulegen, vollständig loszulassen und sich zu erneuern. Wenn Sie davon sprechen, an den Rosen riechen und freie Zeit nehmen zu wollen, tun Sie es jetzt. Wenn Sie davon reden, ein Projekt beenden und ein neues beginnen zu wollen, tun Sie es jetzt. Wenn Sie reden, nur um zu reden, so reden Sie nur weiter; wenn Sie jedoch reden, um zu tun, fangen Sie jetzt an zu tun. Es gibt einen Zeitpunkt, da hört Reden auf, wesentlich zu sein, und verwandelt sich in Geplapper. Und jeder weiß, daß die Bedeutung nicht im Sprechen, sondern im Tun liegt.

Der mystische Weg im Judaismus hebt Ihr Bedürfnis nach Ganzheitlichkeit hervor. In Ihnen befindet sich das gesamte

Universum. Sie sind ein Mikrokosmos des Makrokosmos. Wenn sich Aspekte Ihrer Funktion aus dem Gesamtbild lösen, sind Sie fragmentiert. Wenn Sie sich im Inneren fragmentiert fühlen, kann es im Äußeren keine Ganzheitlichkeit geben. Ihre innere Welt wird in Ihren äußeren Erfahrungen reflektiert. Das Gefühl von Ganzheitlichkeit in allen Teilen Ihrer selbst bringt Übereinstimmung in Ihr Leben. Fehlende Übereinstimmung hat Isolation und Einsamkeit zur Folge. Die Einsamkeit, die Sie von Zeit zu Zeit fühlen mögen, gilt jenen Aspekten Ihres Selbst, die aus der Integrität oder Übereinstimmung mit allen anderen Teilen des Menschen, der Sie sind, herausgefallen sind. Wenn Sie von sich selbst isoliert sind, kriecht ein inneres Gefühl der Isolation langsam in die Beziehungen zu Ihren Mitmenschen, zu Ihrer Umwelt und schließlich zur ganzen Welt. Die Folge ist, daß Sie durch die Filter der Isolation denken, hören, sprechen und handeln. Und damit läßt sich ein Leben nicht freudevoll gestalten.

Die jüdisch-mystische Tradition betont die Notwendigkeit von individueller Ganzheitlichkeit vor der Integration in die Gemeinschaft. Als Jakob vor dem Zorn seines Bruders Esau floh, nachdem er diesen um den Segen des Erstgeborenen betrogen hatte, ging er nicht direkt zum Onkel seiner Mutter. Als Moses vor der Wut des Gerichts floh, nachdem er den Sklavenaufseher getötet hatte, ging er nicht direkt zu Freunden oder zu seiner Familie; auch er zog sich in die Wüste zurück, um in sich zu gehen. Die Reise des spirituell Eingeweihten führt Sie auf Gipfel und in Täler, um Stolpersteine herum und über selbsterrichtete Zäune. Sie fordert Sie auf, Ihren Zweck und Ihr Schicksal im Gedächtnis zu behalten, egal wie steinig der Weg oder wie stürmisch die Winde sind. Wenn Sie erst auf Ihrem eigenen festen Boden stehen, können andere sich Ihnen anschließen, sich sicher und anerkannt fühlen.

Ob Sie bei der Arbeit oder beim Spiel sind, sich in der Privatsphäre Ihres Zuhauses oder auf dem öffentlichen Marktplatz befinden, so zu handeln, wie Sie reden, ist wichtig für die Integrität des Menschen, der Sie sind, und für die

Mission, für deren Erfüllung Sie geboren wurden. Als Bilak, der König der Moabiter, den Propheten und Weissager Bileam aufforderte, die Israeliten zu verfluchen, schickte er ihm Boten mit allen Mitteln der Überzeugung, damit dieser die Aufgabe erfüllte. Doch Bileam mußte sich selbst treu bleiben. Gott hatte ihm seine Begabung geschenkt, damit er mit ihr Gott und der Göttlichkeit diene. Im Nachdenken über die Mission versenkte sich Bileam zunächst in einen meditativen Zustand und sprach mit Gott darüber, ob es angemessen sei, die Israeliten zu verfluchen. Die Botschaft, die er von Gott erhielt, lautete, dem Wunsch des Königs nicht zu entsprechen. Auf dem Fundament seiner Glaubwürdigkeit stehend, sagte Bileam: »Wenn mir Balak sein Haus voll Silber und Gold gäbe, so könnte ich doch nicht übertreten das Wort des Herrn, meines Gottes, weder im Kleinen noch im Großen.« Selbst als der König ihn an den Ort führte, an dem der Fluch ausgesprochen werden sollte, sagte Bileam zu ihm: »Gott ist nicht ein Mensch, daß er lüge, noch ein Menschenkind, daß ihn etwas gereue. Sollte er etwas sagen und nicht tun? Sollte er etwas reden und nicht halten? Siehe, zu segnen ist mir befohlen; er hat gesegnet, und ich kann's nicht wenden.« Indem er sich behauptete und sich seine Integrität bewahrte, indem er Wort hielt, machte Bileam seinen Frieden mit sich und mit dem König der Moabiter. Und was erst eine Aufforderung war, einen Fluch auszusprechen, wurde zu einem Segen für die Israeliten, Bileam und den König Balak.

Neben den Welten, die Sie für sich schaffen, haben Ihre Gedanken, Worte und Taten einen Einfluß auf die Gemeinschaft von Menschen, mit denen Sie arbeiten und leben. Die Menschen treten aufgrund der Ehrlichkeit zu Ihnen in Beziehung, aus der heraus Sie zu ihnen sprechen, und aufgrund der Zuverlässigkeit, mit der Sie handeln. Disziplinieren Sie sich, damit Sie das sagen, was Sie meinen, und diesem bis zum Ende folgen. Das Handeln nach Ihrer Rede ist die Erfüllung Ihres gelebten Schicksals und der geleistete Beitrag zu einem qualitätvollen Leben in der Gemeinschaft mit anderen. Die Schritte, die Sie tun, sind eine wichtige Stütze für Ihre Gemeinschaft.

Gott wird Ihre Füße behüten, wenn Sie auf dem göttlichen Weg reisen. Obgleich Sie Ihre Füße in den Staub der Erde setzen, vermag Ihr Geist sich in die Himmel zu erheben. Indem Sie nach Ihrer Rede handeln, leben Sie Ihr Schicksal aus, erhalten Zugang zu Ihrer Göttlichkeit und berühren den Himmel auf Erden.

Üben Sie sich heute mindestens einmal in der Meditation über die Vollkommenheit (Seite 294).

Kehren Sie um, lösen Sie Ihre Schuld ein und definieren Sie sich neu

In unseren täglichen Meditationen beten wir zu Gott, der die Welt füllt und unsere Herzen füllt und uns von Sprosse zu Sprosse führt, bis wir dort ankommen, wo wir schon immer waren.

Rabbi Zalman Schachter-Shalomi

Zurückkehren ist die Bewegung des Weges,
Nachgeben ist die Art des Weges.
Die zehntausend Dinge sind aus dem Etwas geboren.
Etwas ist aus dem Nichts geboren.

Lao Tse

Gemäß den Lehren von Rabbi Zalman Schachter-Shalomi gibt es fünf Stufen spirituellen Vorankommens. Jede Stufe ist eine Sprosse auf der spiralförmigen Leiter des Lebens. Die erste Stufe ist die Sprosse der Liebe. Sie betreten diese Sprosse energetisch, begeistert und bereit loszulegen, gleich welche Schwierigkeiten auch vor Ihnen liegen mögen. Ihre Perspektive von dieser Sprosse aus ist optimistisch und voller Erwartungen. Von hier aus blicken Sie nur nach oben. Sich auf der Sprosse der Liebe aufzuhalten, ist aufregend, insbesondere, wenn Sie offen genug sind, um Liebe zu geben und zu empfangen. Diese Sprosse ist geprägt von Liebe, Freude und Ekstase.

Es gibt jedoch Menschen, die springen von einer mystischen Tradition zur nächsten, wie von einer Leiter zur anderen, damit sie in der Leidenschaft der ersten Stufe verharren können. Sie erfreuen sich an dem spirituellen Hoch, ohne die Disziplin aufzubringen, zur nächsten Ebene voranzuschreiten. Um die nächste Ebene zu erreichen, benötigen Sie Geduld, technische Meisterschaft und praktische spirituelle Erfahrung.

Die zweite ist die Sprosse der Macht. Hierbei handelt es sich um die innere, heilige Macht, die entsteht, wenn Sie dem Guten dienen, und nicht um hierarchische Macht über etwas oder über jemanden. Spirituelle Fähigkeiten wie Meditation, Gebet, Körperbewegungen, gesundes Essen und der selbstlose Dienst an anderen sind Bestandteile der Sprosse der Macht. Indem Sie diese Fertigkeiten meistern, fühlen Sie sich mit sich selbst gut, und es ist folglich nicht erforderlich, mit den anderen, die sich ebenfalls auf dieser Sprosse befinden, zu konkurrieren. Auf dieser Stufe ist die Selbstdisziplin entwickelt und die Bereitschaft gefestigt, dem inneren Licht zu folgen.

Die Entwicklung der spirituellen Fertigkeiten von innerer Disziplin und äußeren Praktiken führt Sie zur Sprosse der Schönheit. Hier sehen, fühlen und anerkennen Sie die Schönheit in allen Reichen und Tiefen Ihrer Erfahrungen. Hier offenbaren sich Ihre Seele und die göttliche Seele einander und tanzen als Partner, Freunde, Geliebte, Eltern und Führer durch Ihre Kreativität. Die Schönheit Ihrer Beziehung zu Gott leitet Sie sanft aus sich selbst heraus auf die vierte Sprosse, wo Sie mit jenen teilen, die gemeinsam mit Ihnen auf der spiralförmigen Leiter reisen. Die fünfte ist die Sprosse der Gemeinschaft. Alles, was Sie gewonnen haben, setzen Sie jetzt durch Ihren Dienst an der Gemeinschaft und an der Welt in die Praxis um. Indem Sie sich in die Gemeinschaft mit anderen einfügen, integrieren Sie sich auch in Gott. Indem Sie die Liebe, Macht und Schönheit in sich selbst einlösen, lösen Sie sich auch in anderen ein. In der einfachen, reinen Integration und in den Wechselbeziehungen zwischen Ihnen und Ihren Mitmenschen werden Sie auf die fünfte Stufe zu einer privaten Audienz mit der unendlichen Quelle gerufen. Auf dieser Sprosse der Vereinigung gibt es keine Trennung zwischen Ihnen und Gott. Diese Sprosse ist dynamisch und dreht sich immerfort. Sie erreichen Sie für einen Augenblick oder eine Sekunde in der Zeit und tragen dann die Essenz dieser Vereinigung in sich, wenn Sie zu den anderen Sprossen auf der spiralförmigen Leiter des Lebens zurückkehren.

Indem Sie ununterbrochen von einer spiralförmigen Sprosse zur nächsten zurückkehren, werden Sie Gelegenheiten wahrnehmen, um sich neu zu definieren und Ihr Leben neu zu erschaffen. Sie meinen vielleicht, einen Höhepunkt erreicht zu haben, doch aus der Perspektive der Spirale dreht sich der Höhepunkt immer von sich selbst fort. Unsere wirkliche spirituelle Reise führt uns im Kreis und immer wieder zurück zu unserer göttlichen Natur im Inneren.

Es ist nicht einfach, umzukehren, sich zu reinigen, sich neu zu definieren und das eigene Bild von Gott und vom Leben neu zu erschaffen, wenn Sie sich der Vergangenheit verhaftet fühlen. Es ist leichter, in alte Gewohnheiten zu regredieren, auch dann, wenn diese für Sie vielleicht gar nicht mehr funktionieren. Vielleicht sind Sie bei der Arbeit überlastet und geben die Meditation auf. Sie sind möglicherweise von persönlichen Angelegenheiten in Anspruch genommen und bringen Ihre innere Entwicklung zum Stillstand. Oder Sie sind es leid, für sich selbst die Verantwortung zu übernehmen und klettern zurück in den Schoß einer Mutter oder überlassen sich der beschützenden Umarmung eines Vaters. Machen Sie sich klar, daß Regression eine vorübergehende Flucht vor Ihrem wahren Schicksal sein darf. Denken Sie jedoch daran, daß es nicht möglich ist, jemals wieder zu dem zurückzukehren, was war, denn alles ist ununterbrochen im Fluß, wartet nur darauf, eingelöst, neu definiert und neu erschaffen zu werden.

Eine gute Freundin kehrte kürzlich von einem Besuch bei ihrer Familie in Europa zurück. Sie ist Mutter eines kleinen Kindes, Collegestudentin und Teilzeitsekretärin. Bevor sie in den Urlaub aufbrach, war sie in der Erwartung ihrer Pilgerreise nach Hause guter Dinge. Sie wollte in die Umgebung ihrer Kindheit zurückkehren und so wie vor Jahren umsorgt werden. Sie fuhr nach Hause, um in den fürsorglichen, verwöhnenden Armen ihrer Eltern und Großeltern Schutz zu suchen. Sie hatte das Gefühl, daß alles gut sein würde, wenn sie nur nach Hause zurückkehrte. Zu ihrer Bestürzung stellte sie bei ihrer Ankunft in Europa fest, daß sich ihre Familie ebenso wie sie im Laufe der Jahre verändert hatte. Sie waren nicht mehr die verwöhnenden Eltern und fürsorglichen Großeltern, an die sie sich erinnerte. Sie hatten ihre Leben neu definiert und waren nicht mehr dieselben. Sie erkannte, daß ihre Fantasie dessen, was *Zuhause* für sie bedeutet hatte, nicht mehr länger in dem Dorf ihrer Kindheit in Europa zu finden war. Ihr Zuhause ist dort, wo sie jetzt lebt. Die Folge ihrer Pilgerreise ist es, daß sie sich jetzt in einem Prozeß befindet, in dem sie ihre eigene Realität, ihr Potential und ihre Möglichkeiten physischer und spiritueller Natur untersucht, einlöst und neu definiert.

So wie sich die Dinge verändern, so verändern sich auch Ihre Intentionen, und Sie energetisieren Ihr Leben mit neuen Wachstumsmöglichkeiten. Gott gibt Ihnen die Energie und die Einsichten, die notwendig sind, um Sie in die Höhe und voranzubringen. Gott ermächtigt Sie, innerhalb Ihres eigenen ewig veränderlichen Gottesbildes zu arbeiten und eine Beziehung zu entwickeln, zu der Sie mit Liebe, Kraft und Schönheit, sowohl auf individueller Ebene wie auch in der Gemeinschaft mit geistesverwandten Menschen, zurückkehren können. Dies gelingt Ihnen, indem Sie umkehren, Ihre Schuld einlösen, Ihr Gottesbild neu definieren und neu erschaffen, ein Prozeß in dem Sie sich selbst von Grund auf reorganisieren und neu gebären.

Üben Sie sich heute mindestens einmal in der Meditation über die Vollkommenheit (Seite 294).

Heißen Sie Neuanfänge willkommen

Diese Welt ist nichts als die Eingangshalle der kommenden Welt.

Pirke Abot 4,4

Es gibt keinen Anfang des Kosmos,
Die Mutter aller Dinge.
Die Mutter zu kennen heißt, den Sohn zu kennen.
Den Sohn zu kennen,
und doch in Verbindung mit der Mutter zu bleiben,
Heißt, bis ans Lebensende ohne Sorge zu sein.

Dies bedeutet tiefe Wurzeln und ein festes Fundament.
Der Weg langen Lebens und dauernder Voraussicht.

Lao Tse

Diese Welt ist nichts als die Eingangshalle zur kommenden Welt. Die Kabbalisten glauben, daß die Lebenskraft des Menschen mit seinem Tod nicht vollständig erloschen ist, wenn er stirbt. Eine Spur von Lebenskraft bleibt erhalten, damit er in der kommenden Welt auferstehen kann. Die Kabbalisten wie auch die heiligen Männer und Frauen der Vergangenheit waren in der Lage, den Prozeß des Übergangs von einer Welt in die nächste für die Seelen zu erleichtern. Im vierten Buch Mose (17,12–13) wird beschrieben, wie Aaron Räucherwerk anzündete und für das Volk Buße tat, als er zwischen den Lebenden und den Toten stand. Zu allen Zeiten lehrten die Weisen, daß »das Liegen im Grab« eine Redewendung für die Rückkehr des Samens des Menschseins in den Schoß der Neuschöpfung ist. Wenn man stirbt, ruht man im Schoß der Mutter Erde, die sich ihrerseits im Schoß Gottes befindet. Das Licht aus der unendlichen Quelle erweckt und erneuert den Aufstieg und Abstieg der Seele, welche die Welten verläßt und von neuem in sie eintritt, um den Zweck ihres Daseins zu erfüllen.

Die Kabbalisten nennen diesen Prozeß der Seelenwanderung *gilgul,* was »Rad« bedeutet. *Gilgul* ist das sich drehende Rad des Lebens. Ihre Seele vergrößert fortwährend ihr Potential und verschafft sich mit jeder Drehung des Rades Zugang zu neuem Leben. Ihre Seele ist ein glänzender Edelstein am Rad des Engel-Wagens der Engel. Das Rad führt Sie durch die Erfahrungen von Lebenszeiten. Was Ihre Seele gerade jetzt, in dieser Welt, in Ihrem Körper erlebt, ist nur ein Haltepunkt des Rades. Wenn Sie Ihre Aufgabe hier erledigt haben, sterben Sie für diese Welt, kehren zum Rad zurück und inkarnieren sich bei der nächstmöglichen Drehung. Die Inkarnationen Ihrer Seele setzen sich fort, bis Sie den Lebenszweck der Seele hier auf Erden zum Abschluß gebracht haben. Diese Zeit wird »das Ende aller Tage« genannt, denn Sie werden sich jenseits der Zeit, in der Vollkommenheit des Daseins befinden.

Denken Sie über die möglichen Ziele Ihrer Seele in dieser Lebenszeit nach. Stellen Sie fest, ob es irgend etwas im Verlauf dieses Tages gibt, wie zum Beispiel ein Treffen mit einem Freund oder neuen Bekannten, das einen inneren Funken tiefgreifender Befriedigung in Ihnen entfacht und Sie Ihrem Lebenszweck scheinbar näherbringt. Wenn sich etwas so vollkommen anfühlt, soll es so sein. Wenn Sie heute über die Vollkommenheit meditieren, stellen Sie sich dabei den Lebenszweck Ihrer Seele vor. Machen Sie sich ein Bild von dem Ort, an dem Ihre Seele ihren Ursprung hat. Erkennen Sie den Haltepunkt an, den sie auf dem Rad des Lebens eingelegt hat, um jetzt durch Sie zu leben. Machen Sie sich bewußt, wie großartig es ist, daß Sie jetzt die Gelegenheit haben, die Mission Ihrer Seele in diesem Leben durch bewußtes Leben und den Dienst am Guten zu erfüllen. Führen Sie sich die Möglichkeiten für Ihre Seele vor Augen, die Ihren zwischenmenschlichen Beziehungen innewohnen. Die Menschen, mit denen Sie in diesem Leben reisen, sind Seelen, die von Ihrer Seele angezogen werden, weil es gemeinsam Aufgaben zu erfüllen und Aufträge zu erledigen gibt. Eines anderen Menschen Seele ist in dieses Leben eingetreten, um sich mit der Ihren zu vereinigen, und gemeinsam schließen Sie und Ihre Freunde die Reise der Seelen zur nächsten Umdrehung des Lebensrades ab. Seien Sie zuversichtlich, daß Sie jetzt den Zweck der Seele in Ihrem Leben erfüllen und damit Einfluß nehmen auf ein Universum unendlicher Möglichkeiten.

Üben Sie sich heute mindestens einmal in der Meditation über die Vollkommenheit (Seite 294).

Wissen Sie, daß alles eins ist

Höre Israel [Gott-Ringer],
der Herr ist unser Gott [der Gott in mir],
der Herr allein
[und er ist eins mit dem Gott des Universums].

5. Mose 6,4*

Die Gesamtheit aller Dinge paßt durch eine Öffnung; die Wurzeln aller Angelegenheiten haben ihren Ursprung in einem Tor.

Huainanzi

Alles Dasein ist ein Leben. Sie wurden mit einem einzigartigen Ziel geboren, das Sie erreichen müssen und das sich auf die Menschheit und ihre Zukunft auswirkt. Der Erfolg Ihrer Mission hängt ab von Ihrer Verbindung zur Erde und all den Schöpfungsformen auf diesem Planeten. Ihr Erfolg hängt davon ab, ob Sie die Göttlichkeit anerkennen, die im gesamten Dasein wohnt, und sie in sich selbst integrieren können. Bei keiner Aufgabe, die Sie verrichten, sind Sie jemals allein oder isoliert.

Sie sind zugleich ein Individuum und eine Welt. Sie sind niemals nur ein gewöhnliches Selbst, und Ihr Leben ist nicht nur ein gewöhnliches Leben. Sie sind alle Seelen und alle Leben. Sie haben die Fähigkeit, auf ein ganzes Universum einzuwirken, indem Sie auf eine einzige Seele Einfluß nehmen.

Sie sind eine Seele, die sich in den Herzen der Menschen reinkarniert und dort Erinnerungen und Verbindungen

* Die in Klammern gesetzten Einfügungen in meine Übersetzung aus dem Hebräischen wurden durch meinen Lehrer Rabbi Zalman Schachter-Shalomi inspiriert.

wach- und hervorruft. Sie wissen es, wenn Sie eine Seelenverbindung hergestellt haben mit einem anderen Menschen, einem Gegenstand oder einem Symbol, dessen Essenz Ihre Seele berührt. Sie stehen vielleicht mitten in einer neuen nachbarschaftlichen Umgebung, und ein Duft weht von einem der Häuser herbei und weckt in Ihnen die Erinnerung an liebevolle, fürsorgliche Augenblicke in Ihrer Vergangenheit. Oder aber Sie befinden sich in einem überfüllten Stadion, und der kaum wahrnehmbare Ausdruck auf dem Gesicht eines Fremden veranlaßt Sie, an einen geliebten Menschen zu denken. Oder Sie sitzen in einem Konzertsaal, und die Melodie der Geige ruft ein neues Bild in Ihrem Geist hervor oder offenbart Ihnen eine neue Quelle, die Ihnen bei der Bewältigung einer schwierigen Aufgabe dienen kann und die Sie zuvor gar nicht kannten. Weiterhin sind da die zufälligen Begegnungen und das Ineinandergreifen der Beziehungen in Ihrer eigenen Familie oder bei Ihren Kollegen, die Sie auf neue Ebenen der Fertigkeiten und Leistungen und der Verherrlichung Gottes führen. Diese Dinge bemerkt vielleicht niemand außer Ihnen. Dennoch haben sie einen tiefgreifenden Einfluß auf die Art Ihres Denkens und auf Ihre Entscheidungen über Ihre nächsten Schritte.

Konzentrieren Sie heute Ihre Aufmerksamkeit darauf, sich mit allem, was ist, eins zu fühlen. Ob Sie nun von Gedanken, Worten oder Taten in bezug auf sich selbst oder auf andere in Anspruch genommen sind, machen Sie sich bewußt, daß es keine Trennung gibt. Sie sind der Gedanke, Sie sind die Worte, Sie sind die Handlungen, und Sie sind alle Seelen. Sie sind eins mit allem, was da ist. Seien Sie Zeuge der Wunder, die sich ereignen, wenn Sie sich der Menschheit wieder anschließen und nicht mehr länger von irgend etwas, irgend jemandem, irgendeinem Ort oder irgendeiner Zeit abgeschnitten sind.

Üben Sie sich heute mindestens einmal in der Meditation über die Vollkommenheit (Seite 294).

LivingWaters

Ich weiß, daß diese Reise durch die zehn Tore des Lebensbaumes machtvoll und lebensverändernd ist. Ich habe erfahren, daß es nicht dem Weg des Baumes entspricht, dieses Wissen für mich zu behalten und mit ihm allein zu bleiben. Leben zu besitzen heißt, Leben zu schenken. Meine Intention war es, diese Reise mit Ihnen zu teilen, damit Sie sie wiederum mit anderen teilen können und damit wir gemeinsam eine Welt ins Leben rufen, in der Gott zugänglich ist und Wunder in Fülle vorhanden sind.

Ich weiß, daß es möglich ist, eine Gemeinschaft zu entwickeln und ein Arbeitsumfeld, in dem die Leute in fortgesetzter spiritueller Praxis miteinander eingebunden sind. Meine Gemeinschaft ist mein Tempel. Er heißt Tempel Adath Or, weil diese Worte »Gemeinschaft des Lichts« bedeuten. Tempel Adath Or ist eine Gemeinschaft ohne Mauern. Licht kann weder zwischen Wänden eingesperrt noch anderweitig gefaßt werden. Das Akronym für »Tempel Adath Or« ist »Tao«, das Wort der Taoisten für »der Weg«. Tao ist der Weg des Einsseins. Wir sind eine Gemeinschaft von Menschen, die an das Einssein und an die Heiligkeit des gesamten Daseins glauben, und wir streben danach, unser Leben in fortgesetzter Ausübung der mystischen und spirituellen Prinzipien, die auf dem Wissen der Thora und auf den Lehren der Kabbala fußen, zu leben.

Unsere spirituelle Lebensweise im Tempel Adath Or wird sichtbar in der Art unserer Arbeit. Man kann unser Büro an jedem beliebigen Tag betreten und es mit Arbeit überladen antreffen, aber dennoch das überwältigende Gefühl reiner Intention und spiritueller Konzentration haben. Wenn das Streßniveau so weit ansteigt, daß wir schneller denken als atmen, halten wir inne. Wir machen eine Pause, lassen los und beginnen von neuem auf der Basis der Leere. Würden Sie uns in unseren Gottesdiensten aufsuchen, würde Ihnen dort ein freudiges Zusammenspiel von Körperbewegung, stiller Meditation, ekstatischer Instrumental- und Vokalmusik und tiefgehender Heilung durch Handauflegen begegnen. Während des sozialen Beisammenseins nach dem Gottesdienst haben sich schon viele Menschen zu der Liebe und Großzügigkeit des Geistes in unserer Gemeinschaft geäußert. Wir sind eine Familie von Seelen jeglichen Alters, unterschiedlicher wirtschaftlicher Verhältnisse und religiöser Neigungen, die die Reise durch die Zehn Tore des Lebensbaumes bewußt in die Praxis umsetzen.

Meine Rolle als Rabbinerin im Tempel Adath Or , wo ich mit meinem Mann zusammenarbeite, sehe ich eher darin, zu ermächtigen als zu führen. Ich ermächtige andere dazu, ihre eigenen Lehrer und Führer zu sein. Und sie wiederum ermächtigen ihre Freunde, Familien und Kollegen. Wenn man andere ermächtigt, kommt etwas Wunderschönes zum Vorschein. Es entsteht ein Gefühl der Sicherheit statt des Wettkampfs; ein Gefühl der Liebe statt der Angst, ein Gefühl des Wachstums statt der Stagnation; ein Gefühl, dadurch selbst ermächtigt zu werden, daß man andere ermächtigt.

Manchmal kann man den anderen durch Worte und die Sprache des Herzens ermächtigen, manchmal dadurch, daß man ihm den Weg zeigt, manchmal auch, indem man ihn einfach ermutigt zu *sein*. Und bisweilen ist es erforderlich, eine Umgebung zu schaffen, in der alle Aspekte der Ermächtigung ins Spiel kommen und das Fundament für eine wunderbare spirituelle Lebensweise bilden.

Ich habe von einer spirituell ermächtigenden Umgebung geträumt, in der jeder Anblick, jeder Klang und jeder Sinneseindruck die Vorstellung erfaßt, das Herz öffnet und die Seele befriedigt. Ich habe von einem Ort geträumt, an dem man sich zu Hause, sicher und in der eleganten Einfachheit der Natur gefördert fühlt; einem Platz, dessen Bilder und Klänge alte Erinnerungen wachrufen und das tiefste Verlangen des Geistes erwecken; ein Heiligtum zur Entspannung des Geistes, zur Stimulierung des Körpers und Befreiung der Seele. Dieser Traum ist nun Wirklichkeit geworden, und wir nennen ihn LivingWaters.

LivingWaters ist ein Projekt, das aus unserer Tempelgemeinschaft hervorgegangen ist. LivingWaters ist ein spiritueller Heilort, der Erfahrungen auf der Basis alter kabbalistischer Lehren vermittelt und für Menschen jeglichen Glaubens offen ist. Personell getragen wird die Einrichtung durch Menschen, die die gemeinsame Vision haben, eine außerordentliche Umgebung zu schaffen, um Spiritualität zu erfahren und sich selbst zu ermächtigen. Bei LivingWaters erleben die Teilnehmer geistige Durchbrüche, die ihre Art, auf die Welt zu reagieren, zutiefst transformieren. Sie empfinden sich mehr im Frieden mit sich selbst, positiver in ihren Beziehungen und blicken vertrauensvoller auf ihren Lebenssinn.

Diese spirituell gesunde Umgebung beschleunigt das Wachstum und ermutigt dazu, die Reise auch allein fortzusetzen. Personen, die an Treffen von LivingWaters teilgenommen haben, sind nach Hause in ihre Städte und Dörfer zurückgekehrt und fühlten sich dazu inspiriert, ihr eigenes spirituelles Wachstum weiter zu ermächtigen, indem sie andere ermächtigten. Gemeinsam mit ihren Freunden schaffen sie Rituale, die eine ästhetische, schöne, geistige und bewußte Lebensweise unterstützen. Der Prozeß, in dem sie andere Menschen an ihrer Reise Anteil nehmen lassen, hat ihnen bisher eine Gemeinschaft verwandter Geister beschert, in der ein jeder den anderen unterstützt, verbunden mit einem erweiterten Familiengefühl.

Ich glaube daran, daß Gott einen jeden von uns geschaffen hat, damit wir der sind, der wir sind und auch weiterhin die Großartigkeit des Menschen entfalten, zu dem wir werden. Indem wir unsere spirituelle Reise mit anderen teilen, erschaffen wir für uns selbst neue Erfahrungen und ein gegenseitiges Unterstützungssystem. Indem wir unsere Welt erweitern, erweitern wir auch unsere Vorstellung von Gott und unsere Möglichkeiten, mit dem Unendlichen in Berührung zu geraten und Wunder zu manifestieren. Möge die Reise, die wir in diesem Buch miteinander geteilt haben, so lebenswichtig für Sie werden, daß sie sich in das Universum Ihrer Erfahrungen ergießt, und Ihnen neue

Möglichkeiten des Umgangs mit sich selbst und in der Gemeinschaft mit anderen Menschen eröffnet.

Wir heißen Ihre Kommentare und Fragen ausdrücklich willkommen. Lassen Sie uns auch weiterhin unsere Geschichten und unsere Reise zu einem wunderbaren Leben miteinander teilen.

Wenn Sie mir Ihre Erfahrungen während der Reise durch die Tore des Lebensbaumes mitteilen wollen, schreiben Sie mir bitte an folgende Adresse:

LivingWaters
11450 Southwest 16th Street
USA-Davie, Florida 33325

Weitere Informationen über LivingWaters können Sie auch unter der folgenden Telefonnummer erhalten: USA-(945)-476-7466.

Danksagung

Ein Wunder geschieht, und dann blickt man zurück und erkennt all die Menschen und Ereignisse im eigenen Leben, die einen geschoben und motiviert haben, bis man den Ort erreicht hat, an dem man bereit war, sich zu leeren, zu öffnen und es zu empfangen. Dieses Buch ist ein Wunder. Es ereignete sich, als ich meinen Agenten John Brockman und Katinka Matson auf einem Friedhof in Südflorida begegnete. John sah mich an und sagte: »Rabbi, ich weiß, daß da ein Buch in Ihnen schlummert.« In diesem Augenblick veränderte sich mein Leben. Eine aufregende Beziehung mit zwei dynamischen Literaturagenten begann, und *Zehn Tore zum Glück* war empfangen.

Wenn ich nun zu jenen zurückblicke, die mir halfen, mich auf das Wunder dieses Buches vorzubereiten, fange ich mit meiner Familie an. Ich bin meinen Eltern, Rabbi Herschel und Nechama Leibowitz, dankbar dafür, daß sie mich mit der Liebe für die Gelehrsamkeit und der Wertschätzung der Spiritualität erfüllt haben. Ich bin meinen Kindern Marc, Arik, Pierre, Christina und Marina dankbar dafür, daß sie mich während der Pausen zwischen den einzelnen Kapiteln aufgesucht, mit mir gespielt und gebetet haben. Meine tiefste Dankbarkeit geht an Phillip, meinen Seelengefährten, Spielkameraden, Partner und Freund, dafür, daß er während der Monate des Schreibens physisch, emotional und spirituell mit mir synchron gegangen ist. Meine Liebe zu Gott wird am häufigsten in der Liebe, dem Vertrauen, dem Mitgefühl und der Demut widergespiegelt, die ich erlebe, wenn sich unsere Seelen in den Armen liegen. So wie sich mein Leben während des Schreibens an diesem Buch verändert hat, so tat es auch das seine.

Ich bin jenen dankbar, die den Weg pflasterten, den ich nun beschritten habe: meinem Mentor, Rabbi Zalman Schachter-Shalomi, dafür, daß er mich dazu inspirierte, kabbalistische Texte und die Schnittstelle mit Gott zu erforschen, und dafür, daß er mir zeigte, wie ich mich mit Gott »zusammenkoppeln« kann; meinen Lehrern und Freunden, den Autoren Dr. Joan Kaye, die mich in die mythische Magie von Jean Huston und in die spirituellen Reiche des Buddhismus einführte, Dr. Joan Borysenko und Dr. Carl Hammerschlag dafür, daß sie mich unter ihre Fittiche genommen und mich in neue spirituelle Arenen geführt haben; Nola und George Firestone, Dr. Harvey Frank, Dr. Aaron Boorstein, Deborah Fuller, Ellen Safran, Cheyenne Chernov, Caryn Farrell, der spirituellen Frauengruppe TAO, David Rubenstein, Ricki Tannen, Carol Chess, Heidi List und Tanya Russo für ihren Rat zur rechten Zeit, für ihr Feedback und ihre emotionale Unterstützung; Rebbetzin Ruth Leibowitz, Rabbi Tirzah Firestone, Rabbi Bernard Presler und vor allem Sue Ann Fotsch für ihre Freundschaft und Unterstützung bei der Recherche; Susan Dubitsky, Elisa und Richard Appelbaum, Nadiva Wilson und Susan Corbett, die mich zum Schreiben »kurzschlossen«; Elaine Bivetto für ihre administrative Hilfe; und Laurie Chittenden für ihre Unterstützung im Redaktionsprozeß. Außerdem schulde ich den Mitgliedern von Tempel Adath Or und den Organisatoren und Teilnehmern von LivingWaters meinen Dank dafür, daß sie meine Arbeit unterstützt und sich mir in einer magischen, mystischen Lebensweise angeschlossen haben.

Gott hat immer Engel geschickt, um das Eintreten von Wundern zu unterstützen. Die Engel, die Gott geschickt hat, damit sie mir beim Wunder dieses Buches zur Seite stehen, sind meine liebste und weiseste Freundin, Seelenschwester und meine Mutter im Geiste Florence Ross, von der ich mich gesegnet fühle und dankbar bin, daß ich sie in meinem Leben habe, da sie ohne Unterlaß das Licht hochhält, in dem sowohl Phillip als auch ich fliegen; mein spiritueller Bruder und professioneller Partner Howard Chess, dem ich dafür danke, daß er sich mir in meiner Vision angeschlossen hat und für seine Geduld, Integrität und seine meisterhafte Begabung im Zuhören und im Voranbringen meiner Angelegenheiten, denen er sich mit Ehrfurcht vor dem

Heiligen widmete; meiner Freundin aus Kindertagen und professionellen Beraterin Debrah Dopkin, der ich dafür Dank schulde, daß sie während dieses vergangenen Jahres eine entscheidende Rolle in meinem Leben gespielt, an mich geglaubt und mir geholfen hat, mit den Füßen auf dem Boden zu bleiben. Ich bin außerdem dankbar, daß Gott Edith Gordon (seligen Angedenkens) und ihren Ehemann Manuel in mein Leben gebracht hat. Jeder Schriftsteller braucht einen ruhigen Ort zum Nachdenken und Schreiben. Manuel Gordon hat großzügig ein freundliches Haus zur Verfügung gestellt, in dem ich während des Schreibens wohnen konnte. Als ich ihn fragte, was ich ihm im Gegenzug für seine Großzügigkeit anbieten dürfe, da verlangte er einfach: »Shoni, sorg dafür, daß dies ein *großartiges* Buch wird.« Ich danke dir, Manuel!

Die *Großartigkeit* dieses Buches beruht auf göttlicher Inspiration und auf der Einflußnahme durch das Lektorat. Ich kann für meine Lektorin Mary Ann Naples bei Simon & Schuster gar nicht genug bewundernde Worte finden. Sie öffnete mein Herz, erforschte meinen Geist, nahm meine spirituelle Umgebung vollständig an und hat das Beste dessen zutage gefördert, was Gott mir gegeben hat. Ich stehe tief in Mary Anns Schuld dafür, daß sie mit starkem Glauben an und Engagement für die Botschaft von »Zehn Tore zum Glück« meinen Gedanken Form und meinen Worten Leichtigkeit gegeben hat.

Gott des Universums, ich danke Dir dafür, daß Du mir und allen, die durch die Lehren in diesem Buch berührt werden könnten, dieses Wunder hast zuteil werden lassen.

Glossar

Baal-schem-tow: »Meister des göttlichen Namens«; eigentlich Israel ben Elieser (um 1700–1760). Begründer des Chassidismus.

Challa (Plural *Challot*): Weißbrot in Zopfform, das am Sabbat gegessen wird.

Chassidismus: Eine um die Mitte des 18. Jahrhunderts entstandene volkstümliche mystisch-religiöse Bewegung, die von Südpolen aus breite Schichten des Judentums in der Ukraine, Galizien, Zentralpolen, Weißrußland und Ungarn ergriff. Nach der Lehre des Chassidismus durchdringt Gott die gesamte Schöpfung. Begründet wurde der Chassidismus, der Lebensbejahung und Fröhlichkeit ins Zentrum der Religiosität stellt, von Israel ben Elieser, dem Baal-schem-tow.

Kabbala: »Überlieferung«, »Tradition«; jüdische Mystik und Geheimlehre, die im 12. Jahrhundert in Südfrankreich entstand, sich in Spanien weiterentwickelte und mit dem Sefer ha-Sohar (»Buch des Glanzes«) zur Blüte gelangte. Die Kabbala hatte großen Einfluß auf den Chassidismus.

Maggid: »Prediger«; Beiname einiger chassidischer Führer.

Rabbi/Raw: Titel der Gelehrten in talmudischer Zeit, welche die Vorschriften der Thora verbindlich festlegten. Dem entsprach in Babylonien der Titel Raw.

Sabbat: Siebter Wochentag, an dem die Juden keinerlei Arbeit verrichten sollen und damit des siebten Schöpfungstags gedenken, an dem Gott ruhte. Der Sabbat beginnt am Freitagabend und endet am Samstagabend nach Eintritt der Dunkelheit.

Schofar: Das Widderhorn, das in der Synagoge bei bestimmten Festtagen geblasen wird. Der Überlieferung nach kündigt dessen Ruf das Kommen des Messias an.

Talmud: »Lehren«, »Lehre«; die wichtigste Zusammenfassung der Lehren, Vorschriften und Überlieferungen des nachbiblischen Judentums. Setzt sich zusammen aus dem älteren Hauptteil (Mischna), einem späteren kommentierten Teil (Gemara), Gesetzespartien (Halakha) und erzählender Partien (Haggada).

Thora: »Weisung«, »Lehre«, »Gesetz«; die fünf Bücher Mose: Genesis, Exodus, Leviticus, Numeri, Deuteronomium.

Literatur

Der Sohar. Das heilige Buch der Kabbala, übertragen und hrsg. v. Ernst Müller, München: Eugen Diederichs, [8]1997
Der Talmud, ausgewählt, übersetzt und erklärt von Reinhold Mayer, München: Goldmann, 1963/1980
Lao Tse, *Tao Te King,* hrsg. von Gia-fu Feng und Jane English, München: Eugen Diederichs, 1994
Lao Tzu, *Te-Tao Ching,* übersetzt von Robert G. Hendrichs, New York: Ballantine Books, 1989
Neue Senfkornbibel, hrsg. v. der Deutschen Bibelgesellschaft, nach der Übersetzung Martin Luthers, Stuttgart 1970/1982

Afterman, Allen: *Kabbalah and Consciousness,* New York: Sheep Meadow Press, 1992
Aryeh Kaplan, Aryeh: *Gems of Rabbi Nachman,* Jerusalem: Yeshiva Chasidei Breslov, 1980
Ausubel, Nathan (Hrsg.): *A Treasury of Jewish Folklore.* New York: Crown Publishers, 1948
Blofeld, John: *Der Taoismus oder die Suche nach Unsterblichkeit,* München: Eugen Diederichs, [6]1998
Borysenko, Joan und Miroslav: *The Power of the Mind to Heal,* Carson/Kalifornien: Hay House, 1994
Buber, Martin (Hrsg.): *Des Rabbi Israel ben Elieser genannt Ball-schem-tow das ist Meister vom guten Namen Unterweisung im Umgang mit Gott,* Heidelberg: Lambert Schneider, [4]1981
Buber, Martin: *Das Problem des Menschen,* Heidelberg: Lambert Schneider, [5]1982
Buber, Martin: *Die Erzählungen der Chassidim,* Zürich: Manesse, [12]1996
Buber, Martin: *Hundert chassidische Geschichten,* Zürich: Manesse, 1996
Buber, Martin: *The Way of Man,* Wallingford/Pennsylvania: Pendle Hill, 1959
Calvocoressi, Peter: *Who's who in der Bibel,* München: Deutscher Taschenbuchverlag, [7]1997
Carlebach, Shlomo und Susan Yael Mesinai, *Shlomo's Stories,* Northvale/New Jersey: Jason Aronson, 1994
Dresner, Samuel H.: *Levi Yitzhak of Berditchev,* New York: Hartmore House, 1974
Grübel, Monika: *Judentum,* Köln: DuMont, [2]1997
Halevi, Z'ev ben Shimon: *Kabbalah Tradition of Hidden Knowledge,* New York: Thames & Hudson Inc., [44]1980

Heschel, Abraham Joshua: *A Passion for Truth*, New York: Farrar, Straus and Giroux, 1973
Heschel, Abraham Joshua: *Gott sucht den Menschen. Eine Philosophie des Judentums.* Neukirchen-Vluyn: Neukirchener Verlag, [4]1995
Hoffman, Edward: *The Way of Splendorm*, Boulder: Shambhala, 1981
Jacobs, Louis: *Jewish Mystical Testimonies*, New York: Schocken Books, 1977
Kaplan, Aryeh: *A Call to the Infinite*, New York: Maznaim Publishing, 1986
Kaplan, Aryeh: *Innerspace*, New York: Maznaim Publishing Corp., 1990
Kaplan, Aryeh: *Sefer Yetzirah*, Maine: Samuel Weiser, 1990
Kolatch, Alfred J.: *Jüdische Welt verstehen. Sechshundert Fragen und Antworten*, Wiesbaden: Fourier, [3]1997
Lapide, Pinchas: *Mit einem Juden die Bibel lesen*, Stuttgart/München: Calwer und Kösel, [3]1987
Musaph-Andriess, Rosetta C.: *Von der Tora bis zur Kabbala. Eine kurze Einführung in die religiösen Schriften des Judentums*, Göttingen: Vandenhoek & Ruprecht, 1986
Newman, Louis I.: *The Hasidic Anthology*, New York: Bloch Publishing Co., 1944
Pakuda, Bachja ben Joseph ibn: *Duties of the Heart*, Bd. 1 und 2, Jerusalem: Feldheim Publishers, 1962
Patai, Raphael: *The Hebrew Goddess*, Detroit/Michigan: Wayne State University Press, 1990
Schachter-Shalomi, Zalman: »Some Gurus Not Inimical to Judaism«, in: Harold Heifetz (Hrsg.): *Zen and Hasidism.* Wheaton/Ill.: Quest Books, Theosophical Publishing House, 1978, S. 135
Schachter-Shalomi, Zalman: *Fragments of a Future Scroll*, Philadelphia/Pennsylvania: B'nai Or Press, 1982
Schachter-Shalomi, Zalman: *Gate to the Heart: An Evolving Process*, Philadelphia: Aleph, 1993
Schachter-Shalomi, Zalman: *The Dream Assembly*, New York: Amity House, 1988
Scholem, Gershom: *Die jüdische Mystik in ihren Hauptströmungen*, Frankfurt: Suhrkamp, [6]1996
Schumann, Hans Wolfgang: *Buddhismus. Stifter, Schulen und Systeme*, München: Eugen Diederichs, [3]1995
Schwartz, Howard: *The Captive Soul of the Messiah*, New York: Schocken Books, 1983
Schwikart, Georg und Werner Wanzura (Hrsg.): *Die großen Gebete. Juden, Christen, Muslime*, Graz: Styria, 1996
Steinsalz, Adin: *Thirteen-Petalled Rose*, New York: Basic Books, 1980
The Baal Shem Tov on Pirke Avot, übersetzt v. Charles Wengrov, Jerusalem: Feldheim, 1974
The Teaching of Buddha, Tokio: Buuyo Dendo Kyokai, 1966

Trungpa Rinpoche, Chögyam: *Der Mythos Freiheit und der Weg der Meditation*, hrsg. v. John Baker und Marvin Casper. Berlin: Theseus, 1994

Vries, S.Ph. de: *Jüdische Riten und Symbole*. Reinbek: Rowohlt, 1996

Walker, Barbara G.: *Die geheimen Symbole der Frauen. Lexikon der weiblichen Spiritualität*, München: Heinrich Hugendubel, 1997

Walker, Barbara G.: *Die spirituellen Rituale der Frauen. Zeremonien und Meditationen für eine neue Weiblichkeit*, München: Heinrich Hugendubel, 1998

Walker, Barbara G: *Das geheime Wissen der Frauen. Ein Lexikon*, München: Deutscher Taschenbuchverlag, 1996

Weinreb, Friedrich: *Kabbala im Traumleben des Menschen*, Einleitung und Textfassung von Christian Schneider, München: Eugen Diederichs, ²1996

Wolfe-Blank, David: *The Meta-Siddur*, o.O. (Selbstverlag) 1990

Die Rabbinerin **Shoni Labowitz** studierte neben dem traditionellen Judentum und der Kabbala auch den Buddhismus und den Taoismus. Sie ist Co-Rabbi der jüdischen Gemeinde »Temple Adath Or« in Fort Lauderdale/USA, moderiert ein spirituell orientiertes Radioprogramm, ist Gründerin des Heilortes »LivingWaters« und gilt als bedeutende spirituelle Lehrerin und Schöpferin von Heilungsritualen.

Weitere Titel aus dem Sphinx-Programm

Jean Shinoda Bolen

Krankheit und die Suche nach dem Sinn

256 Seiten, Festeinband

Schwerkranke können den Verlauf ihrer Krankheit positiv beeinflussen, wenn sie sich der Auseinandersetzung mit ihren innersten Ängsten und Bedürfnissen bewußt stellen. Dieses Handbuch begleitet sowohl Betroffene als auch deren Angehörige und Freunde spirituell und praktisch durch die Krisen einer lebensbedrohlichen Erkrankung.

Dieses Buch hätte ich gebraucht, als meine Tochter krank war.

Isabel Allende

SPHINX

Barbara G. Walker

Die geheimen Symbole der Frauen

Lexikon der weiblichen Spiritualität

728 Seiten mit zahlreichen s/w-Abbildungen, Festeinband

Viele der althergebrachten spirituellen Symbole und sakralen Objekte wurzeln in frühen, weiblich zentrierten Kulturen, wurden jedoch im Laufe der Geschichte vom Patriarchat umgedeutet, so daß die meisten der ursprünglichen Inhalte dabei in Vergessenheit gerieten. Heute fordern die Frauen ihre alten Symbole wieder für sich zurück. Barbara G. Walker beleuchtet in über 700 Artikeln und zahlreichen Illustrationen Herkunft, Form und Inhalt dieser Symbole und zeichnet ihre wechselvolle Deutungsgeschichte bis zu ihren matriarchalen Ursprüngen nach.

SPHINX